地球の歩き方 A32 ● 2019～2020年版

極東ロシア シベリア サハリン

ウラジオストク　ハバロフスク　ユジノサハリンスク

Russian Far East　Siberia

JN040251

地球の歩き方 編集室

ハバロフスクの少年アイスホッケー選手たち

民間音楽博物館（→P.77）のオーナーカップル

アゼルバイジャンレストラン「バクー」（→P.82）のスタッフ

ウラジオストクの海辺通りで遊ぶ子供たち

サハリンのコルサコフで会った少年たち

ハバロフスクのホテルのフロントの女性たち

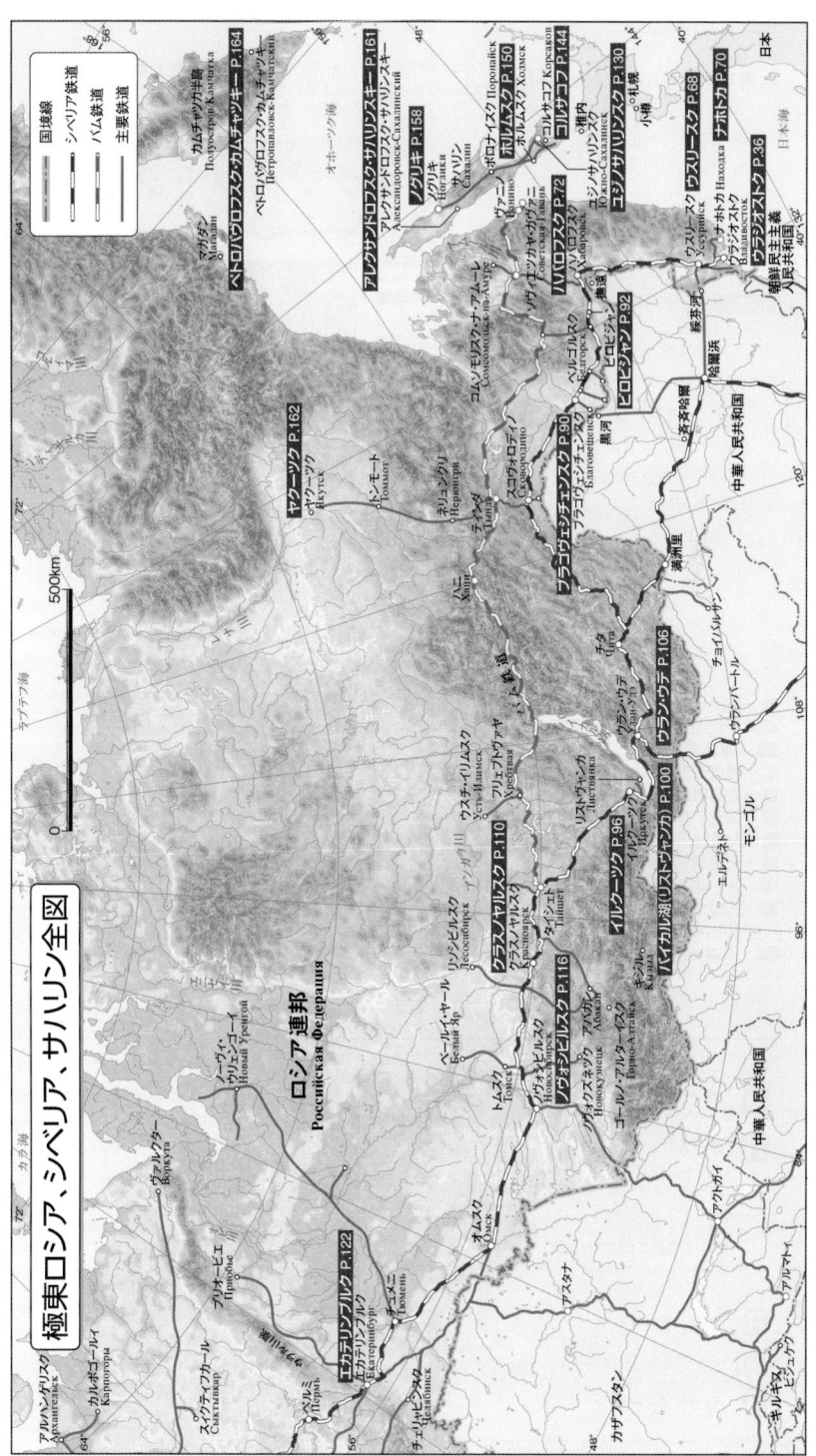

極東ロシア、シベリア、サハリン全図

ロシア連邦
Российская Федерация

エカテリンブルグ P.122
ヤクーツク P.162
ウラジオストク P.70
ウスリースク P.68
ナホトカ P.70
コムソモリスク P.130
ワニノ P.144
ホルムスク P.144
コルサコフ P.144
ユジノサハリンスク P.130
ノグリキ P.158
ティミルスク P.150
アレクサンドロフスク・サハリンスキー P.161
ブレクサンドロフスク・サハリンスキー P.164
ペトロパブロフスク・カムチャッキー P.164
カムチャツカ半島

ブラゴヴェチェンスク P.90
ビロビジャン P.92
ハバロフスク P.72
アムールスク P.72

ウラン・ウデ P.106
ウラン・ウデ(リストヴャンカ) P.100
バイカル湖(リストヴャンカ) P.96
イルクーツク P.96
クラスノヤルスク P.110
ノボシビルスク P.116
ノヴォクズネツク P.116

中華人民共和国

朝鮮民主主義
人民共和国

日本

5

本書で用いられる記号・略号

本文中および地図中に出てくる記号で、**i**は観光案内所を表します。
そのほかのマークは、以下のとおりです。

市外局番 →

ACCESS 目的地への行き方

ウラジオストク

Владивосток ※ ヴラヂヴァストーク

ウラジオストクの市街電話
TEL423

ACCESS

✈ 飛行機
　2019年2月現在、成田国際空港からの直行便が週2便ある(P.188)。国内各都市とも結ばれている。
　空港から市内へは、空港〜ウラジオストク駅間には、エレクトリーチカ(近郊列車)が8:00〜17:30に5往復運行、所要約1時間、220P(1等350P)。また107番バスが8:10〜20:30に10数往復運行、100P。タクシーなら市街中心部まで1500P。

🚢 船
　鳥取県の境港から韓国経由の定期船が週1便、所要2泊3日〜3泊4日(P.189)。

ウラジオストク港に停泊するDBSフェリー

在ウラジオストク日本国総領事館
Генеральное Консульство Японии
MAP P.38-A1外
🏠 ヴェルフネポルトーヴァヤ通り46
ул. Верхнепортовая 46
TEL226-74-81, 226-75-58
開9:00〜12:30, 13:30〜17:45
休土・日曜、ロシアの祝日および一部日本の祝日
交ウラジオストク駅前から60,62,81番バスなどで3つ目のЦирк下車、バス停正面の赤白の建物の6階。
URLwww.vladivostok.ru.emb-japan.go.jp/itprtop_ja/index.html

毎年9月に開催されるウラジオストク国際マラソン

ウラジオストクは日本海に面したロシア沿海地方 Приморски йкрайの州都で、成田からのフライトはわずか2時間30分。「日本にいちばん近いヨーロッパ」ともいわれる。約9000km離れたモスクワまで延びるシベリア鉄道の始発駅の町でもある。

ではなぜユーラシア大陸の東果てにロシア人の町があるのかといえば、19世紀以降の帝政ロシアの極東政策の結果であり、ウラジオストクという名も「東方を征服せよ」というロシア語が由来である。現在では、太平洋ロシア地域とも呼ばれ、ウラジオストクを自由港として経済発展が続くアジア太平洋諸国との交流を進めている。

第2次世界大戦後の冷戦構造のため、すっかり忘れられてしまっているが、日本との関係も深い。1876年に日本政府貿易事務所(領事館)がおかれ、ロシア革命直後のシベリア出兵から1922年に日本軍が撤退するまでの間、市内には日本人が多く住んでいた(ピーク時の1919年は約6000人が住民登録)。戦後の日本人のシベリア抑留など、悲しい過去もある。人口約60万4901人(2018年)。新潟市、秋田市、函館市の姉妹都市。

ウラジオストクの歩き方

ムラヴィヨフ・アムールスキー半島南端に広がるウラジオストクの町は、丘陵地帯にあるため坂道が多く、日本の函館や長崎などの港町に似ている。中心部は帝政時代からの建物が並ぶ金角湾の周辺にあり、おもな観光スポットは徒歩圏内にある。

まずロシア伝統建築の見事なウラジオストク駅を訪れてみよう。ここからはるかヨーロッパまで線路が結ばれていると思うと感慨深い。駅舎の裏はウラジオストク港で、国際客船ターミナルとは跨線橋で結ばれている。ここから鳥取県の境港行きの

36

🏠 …住所
MAP …地図のページ、エリア
TEL …電話番号
開 …開館時間
営 …営業時間
休 …休館、休業日
料 …入場料、宿泊料金など
交 …交通機関、行き方
M …メトロ(地下鉄)駅
URL …ウェブサイト
　　　(http:// は省略)
EMAIL …e メールアドレス

P エンターテインメントマーク
⏩

H ホテルマーク
　S …シングルルーム
　W …ダブルルーム
　T …ツインルーム
　D …ドミトリー
　室 …部屋数またはベッド数

R レストランマーク

S ショップマーク

ウラジオストク国立サーカス
Государственный Владивостокский Цирк
[サーカス] **MAP** P.38-B3
　ボリショイサーカスは世界的に有名だが、ウラジオストクでもロシアのサーカスを観ることができる。動物も
🏠 スヴェトランスカヤ通り103
ул. Светланская 103
TEL222-8252
開日によって開演時間が異なる
休関演中のみオープン
料演目による
交路線バス31番Цирк·サーカス下車、徒歩2

マリャーク
Моряк
[ロシア料理] **MAP** P.38-B1
　「海の男」という名のホテルで、ウラジオストク駅や海水浴場にも近く、観光には便利。リーズナブルで、シングルルーム
🏠 ポスエティエヴァ通り38
ул. Посьетская 38
TEL249-9499
料2900P〜4000P
CARD M V
室110室
交ウラジオストク駅から徒歩8分

ノスタルギーヤ
Ностальгия
[ロシア料理] **MAP** P.38-A1
　ウラジオストク駅にも近い、人気のロシア料理店。ビーフストロガノフやボルシチなど、伝統的なロシア料理をリーズナブルに味わえる
🏠 モルスカヤ通り6/25
ул. 1-я Морская 6/25
TEL241-05-13
営9:00〜23:00
CARD M V
交ウラジオストク駅から正面に真っすぐ徒歩9分

キタイスキー市場 (通称)
Китайский рынок
[市場] **MAP** P.38-B3外
　ウラジオストク最大の総合市場。広大な敷地内には衣料や家電、日用雑貨、食料品などいくつかのブースに分かれている。雑貨の大半は中国製ゆえにキタイスキー(中国の意味)と呼ばれるが、通称にすぎない。食品はロシア産が多い
🏠 ファデエヴァ通り1B 13
ул. Фадеева 1в 13
営店舗による
開10:00〜19:00
休無休 ※店舗により異なる
交路線バス31番Спортивная下車、徒歩

6

地　図

- **i** …観光案内所
- **H** …ホテル、ホステル
- **R** …レストラン、カフェ、バー
- **P** …エンターテインメント
- **S** …ショップ
- **m** …マクドナルド
- **♠** …教会
- **劇** …劇場、映画館
- **⚑** …大使館、領事館
- **M** …メトロ（地下鉄）駅
- **✉** …郵便局
- **☎** …電話局
- **B** …銀行
- **網** …インターネットカフェ
- WC …公衆トイレ
- **✈** …空港
- **🎮** …バスターミナル
- **🚏** …バス停
- **⚓** …船着場

- **住** …住所
- **TEL** …電話番号
- **営** …営業時間
- **休** …休館、休業日
- **交** …交通機関
- **M** …メトロ（地下鉄）駅
- **URL** …ウェブサイト（http://は略）
- **EMAIL** …eメールアドレス
- **CC** …クレジットカード
- A …アメリカン・エキスプレス
- D …ダイナース
- J …JCB
- M …MasterCard
- V …VISA
- € …ユーロ

■本書の特徴

本書は、極東ロシア、シベリア、サハリンを旅行される方を対象に個人旅行者が現地でいろいろな旅行を楽しめるように、各都市のアクセス、ホテル、レストランなどの情報を掲載しています。もちろんツアーで旅行される際にも十分活用できるようになっています。

■掲載情報のご利用に当たって

編集部では、できるだけ最新で正確な情報を掲載するよう努めていますが、現地の規則や手続きなどがしばしば変更されたり、またその解釈に見解の相違が生じることもあります。このような理由に基づく場合、または弊社に重大な過失がない場合は、本書を利用して生じた損失や不都合について、弊社は責任を負いかねますのでご了承ください。本書をお使いいただく際は、掲載されている情報やアドバイスがご自身の状況や立場に適しているか、すべてご自身の責任でご判断のうえでご利用ください。

■現地取材および取材時期

本書は、おもに2018年7月から2018年11月の取材調査データを基に編集されています。本書掲載の宿泊料金はホテルから回答のあった7～10月に宿泊した場合の料金です。しかしながら時間の経過とともにデータの変更が生じることがあります。したがって、本書のデータはひとつの目安としてお考えいただき、現地では観光案内所などでできるだけ新しい情報を入手してご旅行ください。

■発行後の情報の更新と訂正について

本書に掲載している情報で、発行後に変更されたものや、訂正箇所が明らかになったものについては『地球の歩き方』ホームページの「ガイドブック更新・訂正情報」で可能な限り最新のデータに更新しています（ホテル、レストラン料金の変更などは除く）。出発前に、ぜひ最新情報をご確認ください。

URL support.arukikata.co.jp

■投稿記事について

投稿記事は、多少主観的になっても原文にできるだけ忠実に掲載してありますが、データに関しては編集部で追跡調査を行っています。投稿記事のあとに（東京都○○'17.8）とあるのは、寄稿者の所在地と氏名、旅行年月を表しています。ただし、追跡調査で情報の確認、変更している場合は、寄稿者データのあとに調査年を入れ['18]としています。

ロシアの基本情報

国 旗
上から白、青、赤の三色旗

正式国名
ロシア連邦
Российская Федерация

国 歌
ロシア連邦国歌　Гими Р.Ф.

面 積
約1707万km²（日本の約45倍）

人 口
約1億4326万人（2018年推計）

首 都
モスクワМосква。
極東連邦管区の首都はウラジオストク
Владивосток

元 首
ウラジーミル・プーチン大統領
（2019年2月現在）

政 体
連邦共和制（共和国や州など83の構成
主体からなる連邦国家）。

民族構成
ロシア人79.8%のほか、180を超える
少数民族からなる。タタール人3.8%、
ウクライナ人2.0%、チュバシ人1.1%
など（2002年調査）。

宗 教
キリスト教（ロシア正教、カトリック）、
イスラム教、ユダヤ教、仏教など。

言 語
公用語はロシア語。各民族独自の言語
は100を超える。

通貨と為替レート

▶通貨と両替
→ P.206

通貨単位はロシア・ルーブルРубль
（本書ではpと表記）。補助通貨単位はカ
ペイカКопейка（本書ではkと表記）。
1p=100k。

US$1=63p。1p≒1.7円（2019年2月15
日現在）。レートは変動する。

　紙幣の種類は5000、1000、500、100、
50、10p、硬貨の種類は10、5、2、1p、
50、10、5、1kが2019年2月現在流通し
ている。

10P

50P

100P

200P

500P

1000P

2000P

5000P

1P

2P

5P

10P

1 カペイカ

5 カペイカ

10 カペイカ

50 カペイカ

電話のかけ方

▶通信事情 → P.208

日本からロシアへかける場合

国際電話会社の番号		国際電話識別番号	ロシアの国番号	市外局番	相手先の電話番号
001（KDDI）※1 **0033**（NTTコミュニケーションズ）※1 **0061**（ソフトバンクテレコム）※1 **005345**（au携帯）※2 **009130**（NTTドコモ携帯）※3 **0046**（ソフトバンク携帯）※4	+	**010** ※2	**7**	×××	123-4567

※1「マイライン」の国際通話区分に登録している場合は、不要。詳細は、
　 ![] www.myline.org/
※2 auは、005345をダイヤルしなくてもかけられる。
※3 NTTドコモは事前にWORLD WINGに登録が必要。009130をダイヤルしなくてもかけられる。
※4 ソフトバンクは0046をダイヤルしなくてもかけられる。

ロシア連邦の地方行政体の呼び名には「地方」と「州」があり、本書では沿海地方、ハ
バロフスク地方、カムチャツカ地方、サハリン州、アムール州と呼び分けている。

入出国

ビザ

　観光客もビザが必要。入国前にロシア大使館領事部か総領事館で取得しておく必要がある。また観光ビザの申請には全行程の交通機関と宿泊の予約証明書、バウチャーを得る必要がある。ただし、極東ロシア5地方では、電子簡易ビザの発給を開始しており、入国前に申請サイトを通じて取得が可能になった。

パスポート

　パスポートの有効残存期間はロシア出国時に6ヵ月以上必要。ビザ取得には見開きで2ページ以上の余白が必要。

入出国時

　ロシアに入国する場合、入出国カードの提出が義務づけられている。また規定された以上の通貨や物品を持ち込む場合は、税関申告書の提出が必要。

▶電子簡易ビザ
　→P.180
▶ビザ
　→P.182
▶バウチャーシステム
　→P.180
▶入国と出国
　→P.190

日本からの　フライト時間

　成田国際空港からウラジオストクまでは所要約2時間30分、ハバロフスクまでは所要約2時間50分、ユジノサハリンスクまでは所要約2時間10分、新千歳空港からユジノサハリンスクまでは所要約1時間20分。

▶ロシアへのアクセス
　→P.188

入出国カード記入例　※多くの空港ではデータを記入したカードが発行されるのでサインするだけでよい

"А" (Въезд/Arrival)		"Б" (Выезд/Departure)	
Российская Федерация / Russian Federation	Республика Беларусь / Republic of Belarus	Российская Федерация	Республика Беларусь / Republic of Belarus
Миграционная карта / Migration Card　Серия/Serial 08 07 №0054368		Миграционная карта / Migration Card　Серия/Serial 08 07 №0054368	
Фамилия/Surname (Family name)　姓 (ローマ字で可。以下同)		Фамилия/Surname (Family name)	
Имя/Given name(s)　名		Имя/Given name(s)	
Отчество/Patronymic　父称 (日本人は不要)		Отчество/Patronymic	
Дата рождения/Date of birth　生年月日　День/Day 日　Месяц/Month 月　Год/Year 年	Пол/Sex 性別　Муж./Male　Жен./Female　Гражданство/Nationality 国籍 (日本人は JAPANESE)	Дата рождения/Date of birth　День/Day　Месяц/Month　Год/Year	Пол/Sex　Муж./Male　Жен./Female　Гражданство/Nationality
Документ, удостоверяющий личность/Passport or other ID　パスポート番号		Документ, удостоверяющий личность/Passport or other ID	Номер визы/Visa number:
訪問目的など Цель визита (нужное подчеркнуть) Purpose of travel (to be underlined): Служебный/Official 観光/Tourism Коммерческий/Business, Учеба/Education, 就労/Employment, Частный/Private, Транзит/Transit	Сведения о приглашающей стороне (наименование юридического лица, фамилия, имя, (отчество) физического лица,населенный пункт/Name of host person or company, locality. ロシア側の招待者	Цель визита (нужное подчеркнуть) Purpose of travel (to be underlined): Служебный/Official, Туризм/Tourism Коммерческий/Business, Учеба/Education, Работа/Employment, Частный/Private, Транзит/Transit	Сведения о приглашающей стороне (наименование юридического лица, фамилия, имя, (отчество) физического лица,населенный пункт/Name of host person or company, locality.
滞在期間 Срок пребывания/Duration of stay: C/From: から До/To: まで	Подпись/Signature: (パスポートと同じ) 署名	Срок пребывания/Duration of stay: C/From: До/To:	Подпись/Signature:
Служебные отметки/For official use only		Служебные отметки/For official use only	
Въезд в Российскую Федерацию /Республику Беларусь/ Date of arrival in the Russian Federation/Republic of Belarus	Выезд из Российской Федерации /Республики Беларусь/ Date of departure from the Russian Federation/Republic of Belarus	Въезд в Российскую Федерацию /Республику Беларусь/ Date of arrival in the Russian Federation/Republic of Belarus	Выезд из Российской Федерации /Республики Беларусь/ Date of departure from the Russian Federation/Republic of Belarus

（"Б"側欄外：左と同様のデータを記入）

（中央：Линия разрыва）

ロシアから日本へかける場合

国際電話識別番号		日本の国番号		市外局番と携帯電話の最初の0は取る		相手先の電話番号
8-10	＋	81	＋	××	＋	1234-5678

▶**電話**

　ロシアでも携帯電話が普及したため、公衆電話はほとんど使われていない。ロシアで電話をかける予定がある人は、日本の携帯電話のローミングサービスを使ったほうがよい。
　一部の地域では、KDDIが日本語オペレーターを通す国際電話サービスを行っている。
　ロシア国内でロシアのほかの地域に電話する場合は、まず8を押してトーン音を確認し、そのあとにその地域の市外局番、相手の番号と続ける。

2017年8月よりウラジオストクが州都の沿海地方、18年9月からハバロフスク地方、カムチャツカ地方、サハリン州、アムール州で電子簡易ビザの発給が開始された。詳細はロシア連邦外務省領事部のウェブサイトにて（URL electronic-visa.kdmid.ru/index_jp.html）

気候

▶旅の服装
→ P.203

　沿海地方を除き、典型的な大陸性気候。国土の大部分は寒冷な気候で、短く冷涼な夏と、長く続く厳寒の冬が特徴。夏と冬の気温差は30 ～ 75℃に及ぶ。モスクワ周辺のヨーロッパ・ロシアの1 ～ 2月の平均気温は－ 10℃前後だが、シベリアでは－ 15 ～－ 35℃で、イルクーツクなどの内陸部は－ 50℃以下になるところもある。この時期に訪れる人は防寒対策を万全に。

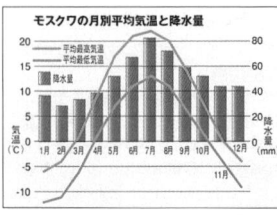

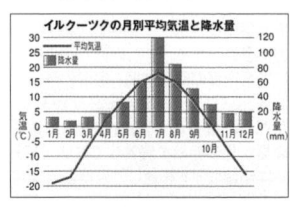

時差とサマータイム

　最西端の飛び地カリーニングラード州から東端のチュコト半島まで、国内が11の時間帯に分かれている。

　2011年にサマータイム制が廃止され、夏時間が通常時間とされたが、2014年10月26日から今度は冬時間が通常時間として固定された。時間帯も、2011年以前とほぼ同じものに再区分された。

	GMT	日本との時差	モスクワとの時差
日本	＋ 9	±0時間	＋6時間
ウラジオストク	＋10	＋1時間	＋7時間
ハバロフスク	＋10	＋1時間	＋7時間
ヤクーツク	＋ 9	±0時間	＋6時間
ウラン・ウデ	＋ 8	－1時間	＋5時間
イルクーツク	＋ 8	－1時間	＋5時間
クラスノヤルスク	＋ 7	－2時間	＋4時間
ノヴォシビルスク	＋ 7	－2時間	＋4時間
モスクワ	＋ 3	－6時間	±0時間
ユジノサハリンスク	＋11	＋2時間	＋8時間
カムチャツカ	＋12	＋3時間	＋9時間

ビジネスアワー

役所、大使館など：一般に月～金曜の9:00 ～ 17:00。土・日曜は必ず休み。大使館などでは受付の曜日や時間が限られているところも多い。

銀行：一般に月～金曜の9:00 ～ 18:00。13:00 ～ 14:00頃昼休みを取るところが多い。

郵便局：一般に月～金曜の8:00 ～ 18:00、土曜8:00 ～ 17:00。各地の中央郵便局は日曜も営業し、営業時間も一般局よりも長い。

デパートやショップ、レストラン：一般に食料品店は月～土曜の8:00 ～ 18:00、服飾雑貨店などは月～土曜の10:00 ～ 18:00。途中昼休みを取る店もある。現在は無休で営業する店も多い。大型ショッピングセンターでは年中無休がほとんど。一概にはいえないが、日本にあるような24時間営業はまだ少ない。

祝祭日（おもな祝祭日）

1月	1/1	新年
	1/7、8	ロシア正教クリスマス
2月	2/23	祖国防衛の日
3月	3/8	国際婦人デー
5月	5/1、2	春と労働の祝日
	5/9	戦勝記念日（対独戦争）
6月	6/12	ロシアの日
11月	11/4	民族統一の日

※土・日曜と重なる場合は翌月曜に振り替え

電圧とプラグ

　電圧は220Vで周波数は50Hz。
　プラグはCタイプ。日本の電化製品を使う場合はアダプターと変圧器が必要。

Cタイプ

※本項目のデータはロシア大使館、外務省などの資料を基にしています。

ビデオ方式

　ロシアのテレビ・ビデオ方式（SECAM）は、日本（NTSC）と異なるので、一般的な日本国内用ビデオデッキでは再生できない。DVDソフトは地域コードRegion Codeが日本と同じ「2」と表示されていれば、DVD内蔵パソコンでは通常PAL出力対応なので再生できるが、一般的なDVDプレーヤーでは再生できない（SECAM対応機種なら可）。

チップ

　ソ連時代はチップの習慣はなかった。現在も強制ではないが、観光客がよく訪れるレストランなどではチップが期待されている。目安としては総額の10％程度。一部のレストランでは10〜15%のサービス料が別途加算されており、その場合はチップを渡す必要はない。

飲料水

　生の水道水の飲用は不可。場合によっては細菌に汚染されていることも。十分煮沸するか、ミネラルウオーターを。ミネラルウオーターは炭酸入り（ガジローヴァンナヤ・ヴァダー「Газированная Вода」）と炭酸なし（ネガジーロヴァンナヤ・ヴァダ ― Негазированная Вода）がある。スーパーマーケットでは500㎖入りで20〜25pぐらい。

郵　便

　郵便事情はあまりよくない。大切な荷物などはEMSやDHLなどの国際輸送会社を利用したほうがよい。日本までのはがき（航空便）は35p〜、封書は20gまで35p。モスクワから日本まで2〜3週間かかることもある。

▶通信事情
→P.208

滞在登録

　滞在登録（レギストラーツィア）とは、ロシアに滞在する者に対して行われる登録のこと。これはロシア内での滞在都市ごとに適用される。
　通常のパッケージツアーでロシアを訪れる場合は、ホテルに宿泊した際に自動的にこの登録がなされるので、この滞在登録に関してあれこれと心配する必要はない。
　ホテルに宿泊する場合、滞在登録が終了すると、滞在登録用紙の半券か出国カードの裏面に証明印が押されたものが手渡される。合法的に滞在した証となるので、帰国するまで捨てないように。
　なお、知人宅などに宿泊する場合は、自分で滞在登録を行わなければならない。
　シベリア鉄道を利用する人は、乗車期間は滞在登録がなされないので、乗車券を必ず保管しておくこと。

安全と治安

　治安は悪くないが、スリや置き引きなどの軽犯罪から強盗事件もある。また国際テロの広まりもあり、観光に訪れる際には常に国際情勢に敏感になっておく必要がある。

警察署	02
消防署	01
救急車	03

▶旅の安全とトラブル対策
→P.210

年齢制限

　ロシアでは18歳未満の飲酒と喫煙は禁じられている。

度量衡

　日本の度量衡と同じで距離はメートル法。重さはグラム、キロ、液体はリットル単位。

その他

トイレ

　ロシアでは Туалет。町なかや駅、デパートなどの公衆トイレはほぼ有料で、15p程度。町なかに公衆トイレは少ないので、レストランや博物館に入ったときに済ませておこう。男性用は男性を示すアイコンかМ（ムシュスコーイ Мужской）、女性用は女性を示すアイコンかЖ（ジェーンスキィ Женский）が表示されている。

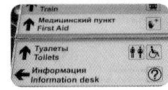

極東ロシア三都物語

・・・

01 ウラジオストク
Владивосток

港の明かりがだんだんともり始める夕刻の時間。金角湾大橋も車のライトで生まれる光の筋が美しい。鷲の巣展望台とそのアクセスについてはP.46参照

港を見渡す 極上の夕景に立ち会う

ウラジオストクに来た人が必ず訪れる鷲の巣展望台。夕日に赤く焼けた空が濃いブルーへと変わりゆく日没前の時間帯がおすすめだ。

上：プーシキン通りと鷲の巣展望台の手前のスハノヴァ通りをつないで上下するケーブルカーは、赤と青の2両がある。1962年以来、60年近く毎日走り続けている。下：鷲の巣展望台からの眺めは昼間も美しい。見渡せるのは、金角湾と日本からの客船が寄航するフェリーターミナル、遠くにはアムール湾に浮かぶルースキー島をはじめとした島並みが一望にできる。

金角湾大橋

　ウラジオストク港が位置する金角湾をまたぐ金角湾大橋は、2012年9月に開催されたAPEC（アジア太平洋経済協力会議）に合わせて同年8月に開通。それまで両岸は船で渡るなど往来は不便だったが、アクセスが飛躍的に改善した。対岸の橋のたもとには、バレエの殿堂マリインスキー劇場（→P.60）がある。

人気の演目はチャイコフスキー作曲の「くるみ割り人形」

◆

ウラジオストクはバレエとグルメの町

日本海に面した港町、ウラジオストクには5つの魅力がある。まずフォトジェニックなヨーロッパの町並み、多民族が暮らすミックスカルチャー、グルメとアート、1年中を通して繰り広げられる豊富なイベント、郊外に広がる大自然だ。なかでもあまり知られていないのが、バレエと劇場の町であること。ウラジオストクのマリインスキー劇場には日本人バレリーナが多く所属している。ソリストとして活躍しているひとりが西田早希さんだ。「ウラジオストクはレストランの質がとても高い。バレエとグルメが楽しめる町です」とその魅力について話す。彼女を応援しにウラジオストクに行こう。

3歳からバレエを始めたという西田早希さんは笑顔がすてき

本場のバレエを観に行こう

ウラジオストクには、ロシアの名門マリインスキー劇場の支部となる劇場がある。日本からこんなに近くで本場のバレエが観られるなんて驚きだ。公演は1年を通して行われている。

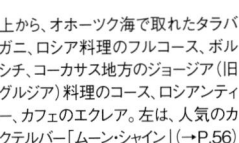

上から、オホーツク海で取れたタラバガニ、ロシア料理のフルコース、ボルシチ、コーカサス地方のジョージア（旧グルジア）料理のコース、ロシアンティー、カフェのエクレア。左は、人気のカクテルバー「ムーン・シャイン」（→P.56）

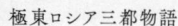

Хабаровск

02 ハバロフスク

丘の上の教会に
向かって歩こう

黄金に輝くタマネギ屋根のシルエットが目を引く
スパソ・プレオブラジェンスキー大聖堂は、この町のランドマーク。
ハバロフスクには美しい教会や建築が多い。訪ねに行こう。

ハバロフスクはアムール川に
面して3つの丘陵が平行に連
なっており、坂道の多い町だ

✦
アムールの河畔で
恋人と語ろう

　ハバロフスクはアムール川の河畔に
ある美しいロシアの町だ。19世紀に建
てられたヨーロッパの町並みが残り、
アールヌーヴォーやネオロシアなど当
時一世風靡した装飾的な様式の建築
とともに、ロシア様式の優美な建築も
多く見られる。夏になると、人々は川べ
りに繰り出し、海のような大河アムー
ルを眺めて暮らす。町の南端にある河
沿いの公園には、アムール川を一望に
できる展望台があり、地元カップルや
新婚さんの記念撮影スポットとなって
いる。旅行者なら遊覧船（→P.75）に乗
って、川からハバロフスクの町を眺め
てみるのもおもしろい。

上:アムール川の遊覧船に乗ると、ハバロフス
クの町並みが遠望できる 中:遊覧船で出会っ
たロシア人の家族 下:アムール川沿いの公園
にある観覧車は眺めがいい

上:展望台で寄り添う
地元のカップル 中:
夕暮れ時になると、河
畔の風景は一変する
下:展望台の近くに
立つ町の創設者、ム
ラヴィヨフ・アムール
スキーの銅像

エキゾチックな
コスチュームと
化粧を施したロ
シア人店員のコ
スプレ度の濃さ
にドキリとする

エンタメレストランが
続々誕生中

今、ハバロフスクでは話題のエンタメレストランが次々と生まれている。
なかでも中央アジア料理の店「スルタン・バザール」(→P.82)は
まるでアラビアンナイトの世界。色とりどりの絨毯を壁に飾り、
アラビアの弦楽器や食器、水たばこ、魔法のランプ（たぶん）、
天井からつり下げられた籠入りの真っ赤なオウムなど、
店内はエキゾチックな雰囲気に包まれている。

上:水たばこをくゆらすコスプレ
店員 左:日本では味わえないハ
チャプリやカバビなどコーカサス
の粉もの料理 右:炭火で焼く串
焼きシャシリクも中央アジア風
の味になる

内装は地元のデザイン会社が設計

大河のほとりで味わうアジア料理

店の扉を開けると、奇抜な内装に驚かされた。床に置かれたくぼみのある巨大な白い石と、その背後の壁にはひょうたんのような木彫り（マトリョーシカをイメージしているらしい）のオブジェが並んでいる。天井には、極東ロシアの湖水に咲く蓮の大きな葉で覆われた幻想的な装飾。「АВРОРАиЛИС（オーロラときつね）」という奇妙な名のレストランはアジア料理の人気店だ。

上：家族連れやカップルも多い 中：ナンプラーとニンニクで豚を炒めたタイ料理の「ムーガティアム」 下：メニューの表紙に日本語で「わび」「さび」とある

オーロラときつね
Аврора и лис

MAP P.74-A3 住コムソモール通り98 ул. Комсомольская 98 TEL24-69-99 時日～木11:00～14:00、金・土11:00～翌2:00 休無休 CMV 交教会広場から徒歩5分 URLwww.avroralis.ru

---

天井の高いレストランフロアには、自由かつおおらかなデコレーション

上：ちょっぴり甘口のロシアンカクテル 中：カクテルは女性のバーテンが作ってくれた 下：店内にはおしゃれな女性も多い

クラブ風レストランで味わうロシアンカクテル

郊外にできたうわさのクラブ風レストラン「エホー」。料理はカリフォルニアロール風の寿司から焼き魚、小籠包まで一応、和と中華を出してくれる。トムヤムクンなどタイ料理も。試してみたいのは、オリジナルカクテルだ。シベリアの森で取れる果実が豊富なロシアらしく、フルーツや木の実がざっくりグラスに入っている。野性味にあふれている。でも、おいしい。

エホー
эхо

MAP P.74-B3外 住ヴォロチャエフスカヤ通り54 ул. Волочаевская 54 TEL92-97-39 時12:00～翌1:00 休無休 CMV 交教会広場から車で10分 URLechokhv.ru

ロシアではソ連時代に多くの教会が破壊されている。現在の教会はソ連崩壊後、再建されたものが多い

ロシア正教会のミサで礼拝する

日曜朝9時、ユジノサハリンスクのロシア正教会を訪ねると、ミサが行われていた。その神秘的な雰囲気にゾクゾクした。お布施としてロウソクを買って火をともし、地元の人と一緒に礼拝に参加してみよう。

礼拝時の注意

　無数のイコンと揺れるロウソクの灯火、厳かな賛美歌と振りまかれるお香の匂い……。ロシア正教のミサは、他のキリスト教の宗派と比べても、相当ディープな世界である。教会に行くときは服装に気をつけたい。男性は脱帽し、半ズボンやサンダル履きはNG。女性は必ず頭をスカーフで覆い、露出の多い服装は避けたい。教会の聖堂に入る前に、必ず十字を描いてお辞儀をすること。

03 ユジノサハリンスク
Южно-Сахалинск

◆
町を見下ろす展望台のカフェで一服

展望台にはゴンドラで上る

　ユジノサハリンスクの市街地の東側にある高台に、市内を一望にできる「山の空気展望台」（→P.135）がある。展望台から町を眺めると、碁盤の目のように整備された町並みと、背後に広がる山並みが望める。その中腹に一軒のカフェ（→P.140）がある。ロシア料理を手頃な値段で味わえるうえ、眺めもいいので地元では人気の店だ。夏は音楽イベントなども開かれ、冬はスキー客が多く利用する。

季節によってユジノサハリンスクの景色は変わる。写真は11月に撮影したもの

上左：入口近くのバーカウンター　上右：かつてここにスキージャンプ台があったことを物語る写真が展示されている　下左：窓際の席からは海も望める　下右：カフェはゴンドラの乗り換え中継地点にある

21

夕暮れを迎えたユジノ
サハリンスクの町並み

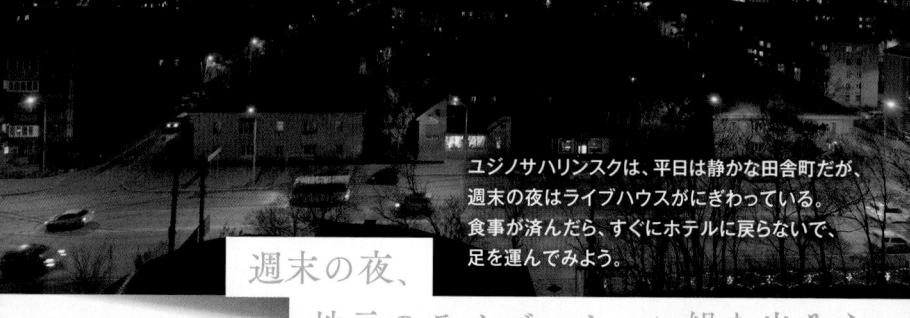

ユジノサハリンスクは、平日は静かな田舎町だが、
週末の夜はライブハウスがにぎわっている。
食事が済んだら、すぐにホテルに戻らないで、
足を運んでみよう。

週末の夜、
地元のライブハウスに繰り出そう

ふたりの女性ボーカルが主役

✦

地元バンドのライブで踊ろう

アメリカンパブの「カウボーイ」
(→P.141)では、毎週金・土曜の夜
は地元バンドによるライブがある。
演奏が始まるのはたいてい22:00
頃から。バンドにもよるが、ロックや
ジャズの演奏が多く、たまに英語の

ポピュラーなカバー曲が織り込ま
れる。ただし、ロシアのヒット曲のカ
バーだとロシア語になる。たとえ曲
目や歌詞がわからなくても、異国の
旅先で訪ねるライブハウスは楽し
い。食事のメニューも豊富。

上:チェーホフ記念ドラマ劇場の裏
手にある 中:ビール以外にもカク
テルなどドリンクは豊富 下:演奏
が盛り上がると、観客は踊り出す

演奏が佳境に入ると、カウンターの周辺に人だかりができる

◆

カクテル片手に演奏を楽しもう

「カフェ・オペラ」は、世界中どこにでもあるようなクラブ風のライブハウスで、地元の若者が集まっていた。演奏はやはり週末の22:00以降。

何ステージもやるので、朝5:00まで開いている。ライブステージは一段高く、カウンター越しにある。よく見える席をしっかりキープしよう。

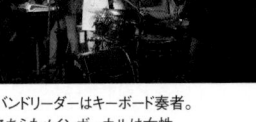
バンドリーダーはキーボード奏者。こちらもメインボーカルは女性

左:ドリンクはロシアのクラフトビールやカクテルが人気 中:客に笑いを取る陽気なバーテン 右:ライブのあとも客と語らうバンドメンバーたち

カフェ「オペラ」 Cafe Opera

MAP P.131-B1 **住** コミュニスト大通り21 ул.Коммунистический 21
TEL 22-88-11 **営** 月～木・日12:00～翌1:00、金・土12:00～翌5:00
休 無休 **C** M V **交** 日本国総領事館のある北海道センターの向かい

\絶品/

ロシアのグルメ案内

寒冷な気候から保存食を多用した煮込み料理や炙り焼き料理、
スープが多いのがロシア料理の特徴だ。ヨーロッパの影響も強く、
味つけも繊細なので、日本人の口に合う。
レストランのコースの順に代表的なメニューを紹介しよう。

前菜は何に
なさいますか？

前菜、サラダ
Закуска и Салаты

最初に選ぶのが、ザクースカ（前菜）とサラダ。
サラダはジャガイモやビーツなどの野菜を角
切りにしてミルフィーユのように重ね、マヨネー
ズで味つけされることが多い。

ケター（サーモンのマリネ）
Кета
ロシアの前菜にサーモンは定番。
肉厚にカットした新鮮なサーモン
にオリーブや自家製ピクルスなど
を添えて

**セリョートカ
（ニシンの酢漬け）**
маринованная
селёдка
ロシアや北欧で人気の前
菜。ニシンをハーブやニン
ニクと一緒に酢に漬け込
む。お酒のつまみにぴったり

ヴィニグリェート
винегрет
ビーツ（砂糖大根）のサラダ。ジャガ
イモやニンジン、タマネギ、ピクルス
も入る。ビーツの甘味とピクルスの
酸味が合体。ドイツ料理の影響あり

オリヴィエ
оливье
ジャガイモ、ニンジン、ピクル
ス、ハムなどをマヨネーズで
あえたサラダ。ニシンやタラ、
カニを使うこともある

ザクースカは
ロシアの酒のつまみ

　ザクースカは本来、前菜の意味だ
が、酒のつまみや軽食など全般を指
していて、これがウォッカによく合う。
なかでも「セリョートカ・バト・シューバ
Селёдка под шубой（毛皮を着た
ニシンの意味）」は見た目がきれいで、
ニシンとビーツの相性が抜群なので、
ウォッカ が進んでしまう。

スープ
Суп

ボルシチに代表されるロシアのスープは、どれも具がたっぷりで、食べ応えがある。どのスープにも共通するのは、その土地で取れた食材を生かした、素朴な味わいだ。

ボルシチ борщ
ビーツのほのかな甘さが特徴の赤い色をした野菜入りスープ。地域や家庭によって味や素材が違う。スメタナをかけて食べる

ウハー yxa
取れたての魚で作るウハーは、タラなど白身魚を使った濁りがないスープ。ハーブで風味をつけることが多く、さっぱりしたさわやかなスープ

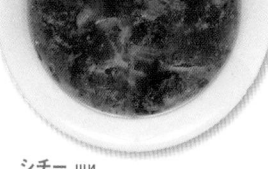

サリャンカ солянка
トマト味の肉入りスープ。具だくさんで食べ応えがある。これで十分食事になりそう

シチー щи
あっさり味のキャベツのスープ。メインをたくさん食べたいときにどうぞ

グリェーチカ гречка
ソバの実を炊いたもの。ロシア人にとってソバは健康食。付け合わせとして食べることが多い

パン
Хлеб

パンは始めからテーブルに置かれているか、スープと一緒に運ばれてくる。ロシアといえば、黒パン。ライ麦から作る酸味のあるパンで、2、3切れでもおなかにたまる。

ブリヌイ блины
ロシア風の軟らかいクレープ。肉や魚を入れると、しっかり食事になる

黒パン чёрный Хлеб
ロシア人の食卓になくてはならないもの。独特の酸味と酵母の香りがする。発酵食品であるビールやヨーグルトなどとの相性も抜群

ピロシキ пирожок
カレーパンのヒントになったといわれるロシア風揚げパン。ひき肉やキャベツ入りが一般的だが、フルーツやジャム入りもある

ゆっくり食事を
楽しんでくださいね

フタローエ・ブリューダ
（メイン料理）
Второе Блюдо

ロシア料理ではメイン料理のことをフタローエ・ブリューダと呼ぶ。まず肉か魚を選ぶ。フランス料理風のものから中央アジア料理まで、さまざまな味覚が楽しめるので、じっくり選ぼう。

カツレツ котлета
ひき肉にパンや卵を入れて鍋で揚げたハンバーグに似た料理。一般的にキエフ風カツレツは鶏肉をバターで包んで揚げたもの

ビーフストロガノフ
бефстроганов
ストロガノフ伯爵家のフランスの調理人が歯の悪い主人のために牛肉をスメタナなどで煮込んだといわれる一品。まろやかでクリーミーなおいしさ

サーロ сало
もともとウクライナ料理で、豚の脂身の塩漬け。ニンニクやタマネギも添えられる。そのまま食べる場合はスライスして黒パンと一緒にどうぞ

つぼ焼き
горшок
寒いロシアではアツアツのつぼ焼きが人気。パンを器代わりに穴を開け、肉やキノコを入れたスープを入れ、パンをかぶせてオーブンで焼く

ガルブツィ голубцы
日本の洋食でもおなじみのロールキャベツ。ロシアの特徴は具にお米を使うこと。肉汁や野菜のうま味をたっぷり吸い込んでジューシー

ペリメニ пельмени
こぶりでひと口サイズのロシア風水餃子。具材も肉やジャガイモ、野菜などいろいろで、スメタナをかけて食べるのがロシア式。スープ入りもある

シャシリク шашлык
中央アジアから来た肉の串焼き。ロシア式バーベキューといったらこれ。串のままテーブルに出されることも多い

パシフィック・ロシア・フード
Pacific Russia Food

古来、ロシア沿海地方にいた先住民族の伝統や中央アジアからの移民などの文化を取り込み、生まれた食の新潮流が「パシフィック・ロシア・フード」だ。おもな食材としては、タラバガニやホタテ貝、イクラ、ナマコなどの海鮮に加え、森で取れたワラビやリモンニク（五味子）など。

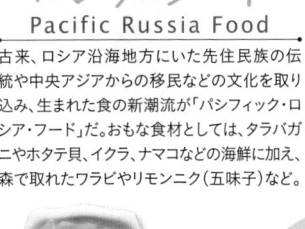

こんなに大きなカニを召し上がれ

カムチャツカで取れた巨大なタラバガニ

生ホタテ。ワサビとレモンを添えて

生ガキも新鮮だ

ナマコの酢漬はコリコリした食感とさわやかな風味

タラバガニを豊富に使ったオリヴィエサラダ

ジョージア料理（旧グルジア）
Грузинская кухня

肉はボクたちが焼いています

ロシアではジョージアなどコーカサスの国々はイタリアのような食に恵まれた温暖な土地で、おいしいものの宝庫と考えられてきた。ロシア料理にはないスパイシーな刺激も彼らを魅了している。

ジョージア（旧グルジア）を代表するスパイシーで激辛な牛肉のスープのハルチョー харчо

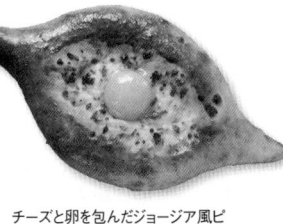

中央アジア風のユニークな形をした水餃子ヒンカリ хинкали

チーズと卵を包んだジョージア風ピザのハチャプリ хачапури

ビール
Пиво

ロシアでは若い世代を中心にビールを飲む人が増えている。地ビールも多く、同じ製品でもアルコール度数が異なるのでチェックしよう。

有名ブランドの「バルチカ（バルト海）」。0〜9番まであり、数が多いほど度数が高い

フレッシュな味わいの「ザラタヤ・ボーチカ（黄金の樽）」

アムールタイガーデザインをあしらった地ビール。ライ麦のエールでクワスのような香り

シベリアのハスキー犬の名をしたウオッカ。ボトルに烙印された足跡マークが目印

「白樺」の名を冠するウオッカ。柔らかい口当たり。ロシアの美しい雪景色を思わせる

サンクトペテルブルクでつくられた人気のウオッカ「ルースキー・スタンダルト」

ウオッカ
Водка

ご存じロシアを代表するアルコール飲料。40度以上が一般的で、全国で5000種にもなるという。冷蔵庫でキンキンに冷やして飲もう。

ロシアのドリンク
Русские напитки

お好みのカクテルは何ですか？

ロシアのお酒といえばウオッカが有名だが、最近は健康志向でクラフトビールやワインもよく飲まれるようになった。極東ロシアの人気の銘柄を紹介。

ワイン
Вино

黒海に面したジョージア（旧グルジア）のワインは、世界最古として知られ、ロシアで広く普及している。なかでもセミスイートが人気。

ワイルドベリーにかすなかスパイスの香りを備えたサペラヴィ

デザート
Десерт

どんなにおなかがいっぱいでも甘いものは別腹！なかでもロシア風クレープの「ブリヌイ」がおすすめ。

カクテル
Коктейль

ロシアではベリーや木の実、フルーツなどをふんだんに入れた甘いカクテルが人気。

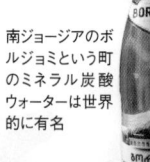

南ジョージアのボルジョミという町のミネラル炭酸ウォーターは世界的に有名

ブリヌイблины は軟らかいクレープで、ハチミツやジャムをかけて食べる

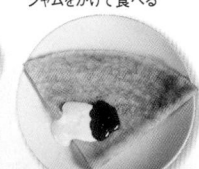

ロシア人はアイスクリームмороженое も大好き。日本のものと比べるととても濃厚

ウラジオストクのバーのカクテル3種。左からミントジュレップ、ビターブラック、スミノフコリンズ

ロシアを代表するケーキのナポレオンと紅茶のセット

番外編 ロシアの お菓子特集
Русские сладости

市場のお菓子は とても懐かしい 味がする

ロシアのお菓子は大きく市場系とスーパー系に分けられる。市場系は中央アジアのお菓子も多くて、とても甘い。でも、その甘さのバリエーションは豊富。試してみよう。

オレーシキ orex со сгущёнкой
練乳入りくるみ型のクッキー。クッキーの中に入ると練乳も思ったほど甘くない

メドヴィク медовик
ハチミツをクッキー生地に練り込み、間にクリームを挟んで重ねたケーキ。ナポレオンに似ているが別物

バメー баме
小麦の生地をたっぷりハチミツに浸した、とてもとても甘いお菓子

ムタキ мутаки
中にナツメやイチジクなどを入れ、袋に詰めて揚げたお菓子。香りがいい

パフラヴァ пахлава
アゼルバイジャン生まれの菱形パイで、何層にもなっている。アーモンドをトッピングする

チュルチヘラ
чурчхела
ジョージア生まれの棒状飴。クルミやブドウ果汁、ハチミツで煮込んで作る。ビタミンが豊富

コジナーク
козинак
日本のおこしに似たヒマワリの種などのナッツを砂糖で固めたもの。親しみのわく食感だ

スーシュカ
сушка
小さなドーナツ状をした乾パンのようなお菓子。甘い味のものもある

プリャーニク
пряник
原料は小麦粉と砂糖、ハチミツだけ。素朴な味で、ロシアで紅茶を飲みながら味わう。フレーバーはいろいろ

ハルヴァ халва
見た目は灰色で、スプーンを入れると、ほろほろと崩れる。素朴な甘さで、ロシア人は大好き

パスチラー пастила
リンゴとハチミツ、卵白でできた焼き菓子で、ふわっとした食感が特徴。バナナやコケモモなどフレーバーは豊富

マトリョーシカチョコ
市場のお菓子売り場で見かけたマトリョーシカ型のチョコ。中にはミルクやヌガーが入っている。おみやげに好評

ロシアの
おみやげ
大集合

ロシアの定番みやげはいろいろあるが、
雑貨系、ドラッグストア系、スーパー系に分けて、
極東ロシアやシベリアらしいみやげを選んでみた。

ロシアの伝統工芸
ホフロマの色柄を
プリントしたエプロ
ンや鍋敷き、鍋つ
かみなどのキッチン
セット 1650P

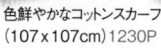

雑貨系
寒いロシアならではのぬくもりが
感じられる手づくり手芸品や
小物はおすすめ。

動植物をほのぼのと表現し
たロシア刺繍のステッチは
フォークロア感たっぷり。鳥
と花をモチーフにしたリネン
のテーブルクロス 1650P

亜麻色の生地に
ブルーの刺繍が施
されたエプロン
1000P

ロシア人女性がかぶる花柄のショールは
プラトークと呼ばれる。教会に行くときの
必需品。あでやかな赤のプラトーク（110
×110cm）2740P

色鮮やかなコットンスカーフ
（107×107cm）1230P

ロシアみやげの代名詞のマトリョーシカは、
産地や工房によってデザインが異なる。シベ
リア風のレース調フリルがかわいいマト
リョーシカ（9体）5000P。ネコ模様のマト
リョーシカ（7体）6500P

フェルト小物や編み
込み模様の美しい
ニット製品はいかに
もロシアっぽい。
ソックス 700P

ロシアのあった
かニットの手袋
650P

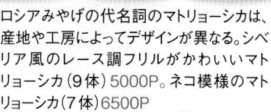

白地に青で描かれたグ
ジュリ陶器でできたチェ
ブラーシカ 4500P

ウラジオストクら
しい水兵さんの
マトリョーシカ
大 3000P、
小 2500P

ドラッグストア系

森と自然が豊富なロシア系オーガニックコスメやハンドクリームは、ドラッグストアでお手頃価格で買える。

ロシアの人気コスメブランド「アガフィアおばあちゃんのレシピ」のハンドクリームは、左からそれぞれバラ、カボチャ、亜麻の成分入りで、1個40Pという安さ

ロシアを代表する本格オーガニックコスメ「NATURA SIBERICA（ナチュラ シベリカ）」のハンドクリーム
228P

「アガフィアおばあちゃんのレシピ」の足のクレンジングクリーム
105P

同じく「アガフィアおばあちゃんのレシピ」の目じりのしわを取るアンチエイジングクリーム
197P

ナチュラ シベリカのベビー用ハンドクリーム
75P

ナチュラ シベリカのオーガニック歯磨き粉
183P

シベリアの森で取れた新鮮なハチミツはロシア食品みやげの人気ナンバーワン。イチゴや梨など、さまざまなフレイバー入り
1個150P

スーパー系

食料品から日用雑貨まで、何でも揃うスーパーマーケット。価格は表示されているので、おみやげのまとめ買いにぴったり。

ウラジオストクの地元チョコメーカー「プリモールスキー・コンデーチェル」の創業は1906年。濃厚な甘さが特徴
1個300P

ロシアを代表するチョコレート「アリョンカ（алёнка）」は、ミルクやナッツ入りなど種類も豊富
1個95Pから

ロシアののど飴「ホールズ」は日本にはないフレーバーがいろいろあり、口に入れると新鮮
1個40P

スーパーに行けば、高級ハチミツから日常品まで、値段はピンからキリまで265P

ボイル冷凍のタラバガニやエビ、ホタテ、イクラ、サーモンの燻製などの高級海鮮食材はおみやげとして喜ばれること請け合い。極東ロシアはフライト2時間圏内なので、パッケージしてもらえば安心

✳ ハバロフスク&サハリン ✳

イベント案内

極東ロシアの町では1年を通じてさまざまなイベントが行われている。ここではハバロフスクとサハリンの情報を紹介しよう。なおウラジオストクのイベント情報は、P.66参照のこと。年によって日程は異なるので事前に確認したい。

情報・写真提供／ジャパン・エア・トラベル・マーケティング（JATM）

クリスマスシーズンにデコレーションされたユジノサハリンスク駅前　撮影　中川善博

✳ ハバロフスク ✳

2月上旬 クロスカントリースキー大会
アムール河口から40kmの町、ニコラエフスク・ナ・アムーレで開催。

3月上旬 国際ワカサギフェスタ
氷結した海の上でワカサギ釣りや氷上サッカーなどを楽しむ。サハリンの対岸の港町ソヴィエツカヤ・ガヴァニで開催。

3月上旬 ロシアの春を祝う祭り「マースレニツァ」
古代スラヴからの伝統の祭りで、冬を意味する案山子を焼き、ブリヌィを食べる。

3月下旬～4月上旬 ハバロフスク音楽祭
ロシア生まれのヴィオラ奏者・指揮者ユーリ・バシュメットが主催する音楽祭。

5月9日 戦勝記念日
第2次世界大戦勝利を祝う。

5月31日 ハバロフスク創立記念日
ハバロフスクの創立を祝う。

5月下旬～6月上旬 国際ブラスバンドフェスティバル
軍楽隊パレードがある。

6月上旬 アムールのウハー祭り
魚のスープ（ウハー）のイベント。

12月下旬 アムールクリスタル
市内にたくさんの氷の彫刻が並び、コンテストがある。

✳ サハリン ✳

1月上旬～4月上旬 山の空気展望台スキーイベント
ゲレンデになった山の空気展望台でサンタクロースがスキーをするなど、シーズンが終わるまで各種イベントが繰り広げられる。

3月上旬 サハリン国際クロスカントリースキーマラソン大会
ロシアの春を祝う祭り「マースレニツァ」
山の空気展望台スキー場で行われる。

5月 山の空気展望台サイクリングイベント
ゲレンデの雪が消えると、展望台はマウンテンバイクのコースになる。

6月上旬 子供の日
ゲームなどの子供向けのイベントが行われる。

7月 紅茶の日
紅茶とブリヌィのイベント。ウグレゴルスクで開催。

9月 サハリン国際映画祭
ユジノサハリンスク市内の映画館「オクチャーブリ」で開催。

9月 ユジノサハリンスク創立記念日
ユジノサハリンスクの創立を祝う。

9月 サハリン軍楽隊祭り
スパスカヤタワー（軍楽隊）のパレードがある。

12月中旬～1月中旬 クリスマス
ロシア正教のクリスマスは1月7日。その前後約1ヵ月にわたり町はライトアップされる。

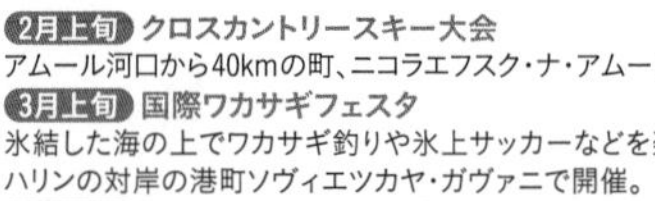

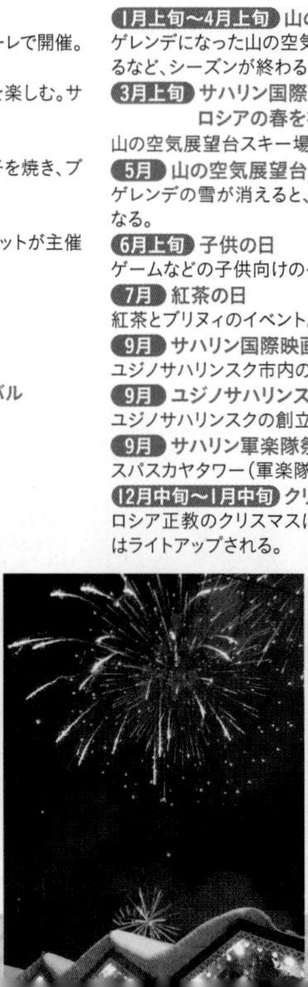

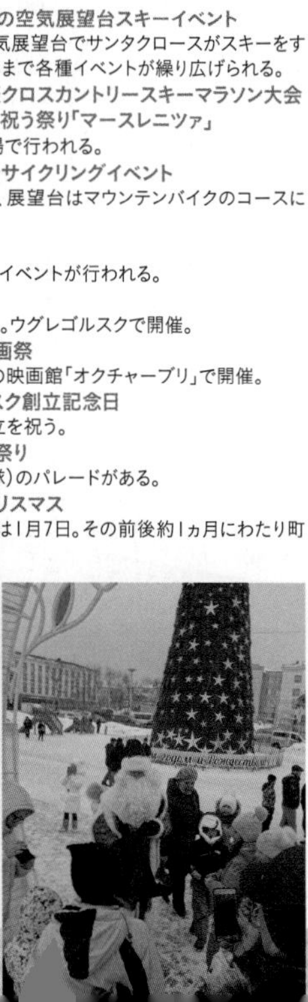

上:ハバロフスクの氷祭り　右:サハリンのカウントダウンとクリスマス

Дальний Восток России

極東ロシア

ウラジオストク
ウスリースク
ナホトカ
ハバロフスク
ブラゴヴェシチェンスク

33

極東ロシア

日本にいちばん近い西洋

成田から飛行機で
2時間圏内の近さ

モスクワから東へ7000km以上離れた極東ロシアは、アジア太平洋地域とも呼ばれ、
日本をはじめアジアの国々との歴史的、文化的、経済的な結びつきが強い。
2017年8月からウラジオストクが州都の沿海地方で電子簡易ビザの発給が始まり、
翌18年9月からハバロフスク地方、アムール州、カムチャツカ地方、
そしてサハリン州でも始まった。渡航手続きは大幅に緩和され、
極東ロシアを訪ねる日本人が増えている。

1 日本海に面した港町
ウラジオストク ▶P.36

鷲の巣展望台
ウラジオストク港と金角湾大橋が一望にできる展望台は、ウラジオストクに来た人は誰でも訪ねる人気スポットだ。

❺ ブラゴヴェシチェンスク
Благовещенск

マリインスキー劇場
サンクトペテルブルクの名門バレエ劇場の支部がある。日本人バレリーナも多数所属し、1年を通して公演が行われている。

本場のバレエを観よう

2 静かなロシアの田舎町
ウスリースク ▶P.68

生神女庇護聖堂
ロシア革命後、唯一破壊を免れたロシア正教会がある。ウスリースクは、ウラジオストクから日帰りで楽しめる。

3 もうひとつの港町
ナホトカ ▶P.70

ナホトカ港
ナホトカはかつてシベリア鉄道の始発駅だったので、多くの日本人がヨーロッパへ旅立った。もうひとつの日本海に面した港町だ。

毎年秋にカニフェスタがある

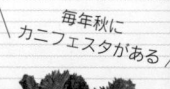

4 ハバロフスク ▶P.72

大河アムールの河畔の町

ムラヴィヨフ・アムールスキー通り

通りの南のアムール川沿いは郷土博物館や美術館、フィルハーモニーなどがある。写真はウスペンスキー教会。

アムール川

中露国境を流れる美しい大河で、オホーツク海に注ぐ。夏は遊覧船が出て、水浴びをする地元の人もいるが、冬は氷結してしまう。

5 ブラゴヴェシチェンスク ▶P.90

中露国境の町

凱旋門

ハバロフスクの上流にあり、対岸は中国黒龍江省の黒河。河沿いに美しい公園があり、凱旋門が建っている。

極東ロシアの世界遺産
◆シホテアリニ山脈中央部
2001年登録。18年にビキン川流域に拡大

シベリア鉄道
夜行寝台の旅
▶P.165

ウラジオストクはモスクワまで延びるシベリア鉄道の始発駅。約1週間の列車の旅になる。夜行で翌朝着くのがハバロフスクだ。

寝台車両は3種類。2人乗り、4人乗りのコンパートメントと開放式6人乗りがある。

ウラジオストク駅の現在の駅舎は1912年に建てられた。モスクワの終点駅ヤロスラヴリ駅を模したデザインがすばらしい。

ウラジオストク

Владивосток ＊ ヴラヂヴァストーク

ウラジオストクの市街電話
☎423

ACCESS

✈ 飛行機

2019年12月現在、成田国際空港や関西国際空港、新千歳空港からの直行便がある（P.188）。

空港から市内へは、空港〜ウラジオストク駅間には、エレクトリーチカ（近郊列車）が8:00〜17:30に5往復運行、所要約1時間、250P（1等380P）。また107番バスが8:10〜20:30に10数往復運行、100P。タクシーなら市街中心部まで1500P。

🚢 船

鳥取県の境港から韓国経由の定期船が週1便、所要2泊3日〜3泊4日（P.189）。

ウラジオストク港に停泊するDBSフェリー

在ウラジオストク日本国総領事館
Генеральное Консульство Японии
 P.38-A1外
🏠 ヴェルフネポルトーヴァヤ通り46
ул. Верхнепортовая 46
☎226-74-81、226-75-58
🕐9:00〜12:30、13:30〜17:45
🚫土・日曜、ロシアの祝日および一部日本の祝日
🚌ウラジオストク駅前から60、62、81番バスなどで3つ目のДвмгу下車、バス停正面の赤白の建物の6階。
🔗www.vladivostok.ru.emb-japan.go.jp/itprtop_ja/index.html

毎年9月に開催されるウラジオストク国際マラソン

ウラジオストクは日本海に面したロシア沿海地方Приморски йкрайの州都で、成田からのフライトはわずか2時間30分。「日本にいちばん近いヨーロッパ」ともいわれる。約9000km離れたモスクワまで延びるシベリア鉄道の始発駅の町でもある。

ではなぜユーラシア大陸の東の果てにロシア人の町があるのかといえば、19世紀以降の帝政ロシアの極東政策の結果であり、ウラジオストクという名も「東方を征服せよ」というロシア語が由来である。現在では、太平洋ロシア地域とも呼ばれ、ウラジオストクを自由港として経済発展が続くアジア太平洋諸国との交流を進めている。

第2次世界大戦後の冷戦構造のため、すっかり忘れられてしまっているが、日本との関係も深い。1876年に日本政府貿易事務所（領事館）がおかれ、ロシア革命直後のシベリア出兵から1922年に日本軍が撤退するまでの間、市内には日本人が多く住んでいた（ピーク時の1919年は約6000人が住民登録）。戦後の日本人のシベリア抑留など、悲しい過去もある。人口約60万4901人（2018年）。新潟市、秋田市、函館市の姉妹都市。

ウラジオストクの歩き方

ムラヴィヨフ・アムールスキー半島南端に広がるウラジオストクの町は、丘陵地帯にあるため坂道が多く、日本の函館や長崎などの港町に似ている。中心部は帝政時代からの建物が並ぶ金角湾の周辺で、おもな観光スポットは徒歩圏内にある。

まずロシア伝統建築の見事なウラジオストク駅を訪ねてみよう。ここからはるかヨーロッパまで線路が結ばれていると思うと感慨深い。駅舎の裏はウラジオストク港で、国際客船ターミナルとは跨線橋で結ばれている。ここから鳥取県の境港行きの

定期フェリーが出ている。港は金角湾の奥深くまで続き、軍艦の姿も見える。国際客船ターミナルからは2012年8月に完成した金角湾をまたぐ金角湾大橋3олотой мостが大きく迫って見える。この橋ができたことで、町の景観は現代的なものに一変した。

駅舎の北側のビルは空港行きエレクトリーチカの専用駅。駅前広場はバスターミナルだ。その向かいの公園にはレーニン像があり、その左側にある大きな建物が中央郵便局。駅を背に右側（北）に向かってアレウーツカヤ通り ул.Алеутскаяを歩くと、中央広場が見えてくる。

レーニン像（ソ連）やウラジオストク駅（帝政）の背後に新生ロシアを象徴する金角湾大橋が見える

(有)うらじお
MAP P.38-B2
住 オケアンスキー通り16
ул. Океанский проспект,16
TEL 7-914-687-11-79
開 10:00～18:00
休 土・日
EMAIL urajio.com@gmail.com
URL urajio.com
　ウラジオ.comを運営している旅行会社。

(有)うらじおを運営している宮本智氏のモットーは、ウラジオストクの人々と旅行者の交流をサポートすること

↑ハバロフスク、ウスリースクヘ

▶P.59
S ルイヴヌィイ・オーストロボク

シンハンドンヘ

ウラジオストク国際空港 ✈

アルチョム駅
Артём

ウダローヴァヤ駅
Угловая

シベリア抑留者慰霊碑

ウグローヴォエ
Угловое

アルチョム
Артём

ナホトカヘ

タヴリチャンカ
Тавричанка

ウーガリナヤ駅
Угольная

トゥルードヴォエ
Трудовое

1

ウーガリナヤ駅
Угольная

ティヒー橋

サナトールナヤ駅
Санторная

オケアンスカヤ駅
Океанская

P フェティソフ・アリーナ P.61

ティグレデクリスタル
（カジノ）

P

セダンカ駅
Седанка

▶P.48 要塞ナンバーセブン

▶P.48 ザリャー

近郊バスターミナル

フタラヤ・レーチカ駅
Вторая Речка

ムラヴィヨフ＝アムールスキー半島
п-ов Муравьёва-Амурского

シャモラビーチ

ピエルヴァヤ・レーチカ駅
Первая Речка

ウスリー湾
Уссурийский Залив

アムール湾
Амурский Залив

ウラジオストク駅
Владивосток

金角湾
Бухта Золотой Рог

シコータ半島
п-ов Шкота

海洋墓地

▶P.47 トカレフスキー灯台

バサルギン半島
п-ов Басаргин

2

ルースキー大橋

▶P.47 ルースキー島
Остров Русский

東ボスフォラス海峡
Пролив Босфор Восточный

N

0　　　10km

ビッグ・カントリークラブ

極東連邦大学

沿海地方水族館
▶P.47

ウラジオストク広域図
Владивосток

A B

ウラジオストク
Владивосток

38

メインストリートのスヴェトランスカヤ通り

　駅から徒歩8分で、市を東西に走るスヴェトランスカヤ通り ул.Светланская と交差する。この通りがウラジオストクのメインストリートで、デパートやレストランが通りに沿って建ち並ぶ。交差点の西角にある建物はアルセーニエフ記念総合沿海地方博物館。交差点東には中央広場 Центральная пл. があり、旗とラッパを持った大きな兵士の像が立っている。週末は近郊の農家が農産物やハチミツ、魚を持ち込み市場になる。

スヴェトランスカヤ通りは美しいロシア建築が並ぶ

ヨーロッパ調のおしゃれな噴水通り

　スヴェトランスカヤ通りの北側に並行して走るアドミラーラ・フォーキナー通り ул.Адмирала Фокина は通称「噴水通り」。数々の噴水と色鮮やかな花壇にヨーロッパ調の建物が映える歩行者天国で、観光客に最も人気のエリアだ。このあたりは、かつて「ミリオンカ Миллионка」と呼ばれたウラジオストクの旧市街で、入り組んだ路地や中庭がいたるところに見られる。路地裏に一歩足を踏み入れると、おしゃれなカフェやレストラン、雑貨店、ゲストハウスなどが見つかるだろう。

噴水通りの先には海が見える

港町らしさを味わえる海沿いの通り

　中央広場の奥を港に沿って走るカラベーリナヤ海岸通り Корабельная наб. は水兵の姿や飛び交うカモメ、間近に軍艦や貨物船を見ることができる。この通りをさらに東へ進めば、潜水艦C-56博物館やニコライ2世凱旋門、アンドレイ教会などの見どころがある。

　アムール湾 Амурский залив 沿いの通りも若者に人気がある。スヴェトランスカヤ通りを西へ歩き、アムール湾に突き当たったら、通り西端の階段を下りると堤防に囲まれたスポーツ湾に沿ったビーチに出る。ここは短い夏には肌を焼く水着姿の人々であふれる。湾内には噴水が上がり、湾沿いの石畳の通りにはビールやシャシリクなどが食べられる屋台ができ、ストリートミュージシャンも現れる。夏のミュージックフェスの会場となるのもここだ。ところが、冬は一転、水平線まで結氷して一面の銀世界と化す。この対照的な光景こそ、ウラジオストクの魅力といっていいだろう。

日本海ブリッジ
URL nihonkaibridge.com
　ウラジーミル・ルセンコ氏が代表を務める観光ガイドや旅行コースの開発、視察旅行のオーガナイズなどを行う旅行会社。

ウラジミールさんは家族で日本人をおもてなしする

市内交通

バス

　市街中心部のバスターミナルは2ヵ所。ウラジオストク駅前 Ж/Д.Вокзал とクローバーハウス前 Семёнов-ская にある。運賃は一律28P。キタイスキー市場やルースキー島など、郊外の観光スポットを訪ねるのに便利なバス路線が3つある。

①15番
市内中心部から鷹の巣展望台やマリインスキー劇場に行くのに便利。終点はルースキー島の沿海地方水族館。

②31番
ウラジオストク駅から東部に向かって走る路線で、鷲の巣展望台行きケーブルカー乗り場やウラジオストク国立サーカス、キタイスキー市場に行ける。

③59番
市内を南北に結ぶ路線で、南の終点はトカレフスキー灯台の近く、北の終点は現代アートスポットのザリャー。

タクシー

　車体に「TAXI」という文字と電話番号が書かれた車が正式なタクシーだ。メーター代わりにスマートフォンで乗車時間と距離に応じて運賃計算をするのが一般的。英語を話すドライバーもいるが、ロシア語しかわからない人も多いので、外国人が流しのタクシーをひろうのは難しい。ホテルやレストラン、カフェなどからタクシー会社に電話をかけて呼んでもらうといい。市内の初乗りは200pくらいから。深夜は追加料金になる。郊外を観光する場合は、半日または1日チャーターできる。

路面電車

市内中心部からスヴェトランスカヤ通りを東へ約5kmのエリアに、この町唯一の路面電車が走っている。東の終点のサバリンスカヤ Сахалинская から北の終点のミンヌィイ・ゴロドク Минный Городок までは約5kmで、約20分かけて走る。毎日6:02〜22:30の間、5分おきに運行。運賃は一律16P。

路面電車はキタイスキー市場の近くを走る

遊覧船

ウラジオストク港のある金角湾からルースキー大橋までを周遊する遊覧船が中央広場の南から出ている。夏季は毎日11:00から19:00までほぼ1時間おきに出航するが、秋以降、金角湾が氷結するまでの間は乗客が少ないため、チャーター運航になる。料金は1時間コース大人1200P、小人900P。

遊覧船乗り場は潜水艦C-56博物館の前

ウラジオストクの町並みを海から眺めるのもおもしろい

遊覧船乗り場
MAP P.38-B2
TEL 904-629-9590
✉ 中央広場から徒歩8分
URL mostvl.ru

鷲の巣展望台からの眺めは必見

市内中心部から徒歩20分ほどの高台に、鷲の巣展望台がある。ここからは港が一望できることから、ウラジオストクを訪れる人は必ず足を運ぶ観光スポットとなっている。行き方は、中央広場から北に向かって歩き、スハノヴァ通り ул. Суханова を東に向かう。スヴェトランスカヤ通りを歩いて、ケーブルカーで登る行き方もある。展望台からの眺めは、昼間も遠い島並みが望めてすばらしいが、夕景の空が青く染まる少し前に訪れるのがベストタイミングだろう。

バスでルースキー島へ

2012年に極東連邦大学のキャンパスが移転し、新しい沿海地方水族館も誕生したことで、かつての軍の島、ルースキー島も新しい観光エリアとなっている。地元の若者は、夏になると、自然あふれる島のビーチでBBQをする。沿海地方水族館へは、市内から15番バスで行くことができる。このバスは途中、半島と島を結ぶルースキー大橋を走り、極東連邦大学のキャンパスの前も通り、終点が水族館だ。ルースキー島には、ヴォロシロフスカヤ砲台 Ворошиловская Батарея をはじめとする要塞遺跡群もあり、一般公開されている。ただし、砲台行きの直行バスはないので、市内でタクシーをチャーターする必要があるだろう。

ルースキー大橋が市内と島を結んでいる

Column 無人島を訪ねるボートツアー

ウラジオストクの夏は海抜きでは語れない。市街地の南に位置するルースキー島とその周辺に浮かぶ無人島へクルーザーで訪ねる1日ツアーがある。ウラジオストクのマリーナを出たボートは金角湾を抜け、ルースキー大橋をくぐり、約40分で無人島のポポバ島へ。透明度の高い海で素潜りやダイビングを楽しんだ後、島に上陸して散策したり、海でとれた魚やホタテをBBQする。ソ連時代、この島に行くには許可が必要で、住む人も少なかったため、手つかずの自然が残されている。このボートツアーを催行しているのは、現地旅行会社の日本海ブリッジ（→P.39）、詳細は同社のサイトを参照のこと。

参加人数によってクルーザーの大きさを選べる

ボートを浮かべて、海に飛び込もう

空港からのアクセス

　ウラジオストク国際空港は、市内から北へ44km離れたアルチョム市にある。車で所要約1時間。移動手段は到着時刻や料金、荷物の量などを考えて選ぶことになる。バス、タクシー、鉄道などの3つの交通手段があるが、日本からのフライトは夜に到着する便なので、バスやタクシーを利用するのが一般的。

◆タクシー

　空港前にタクシー乗り場がある。市内までは所要約1時間、料金は1500Pが目安（荷物の量などで若干違う）。公式のエアポートタクシー以外にも、到着ロビーで待ち構えている白タク運転手もいて、到着便が遅れた場合など利用するしかないが、言い値で高めの料金を請求してくるケースもあるので、きちんと交渉したい。

正式なタクシーがこのタイプ

◆バス

　空港前のバス乗り場からのウラジオストク駅行きのミニバス（107番）が6:30から約30分に1本出ている。途中で乗客のリクエストに応じていくつかの場所で停車するため、ウラジオストク駅までは所要約1時間20分、料金は200P、スーツケース1個につき別途100P。ホテルへは駅からタクシーなどで向かうことになる。ナホトカ行き、ウスリースク行きのバスもある。バスの時刻表は空港サイトに掲載されているので、事前に確認しよう。

ウラジオストク駅行きのミニバス

◆近郊電車（エレクトリーチカ）

　空港からウラジオストク駅までを結ぶ近郊電車（エレクトリーチカ）がある。所要54分、料金1等380P、2等250P。乗り場は空港と直結していて、1階ロビーの到着口を背にして右側に入口がある。乗車前にセキュリティチェックがある。ただし、運行は1日往復5本で、空港からウラジオストク駅へ向かう最終便も早いため、夜便で到着した場合は利用できず、帰国時も必ずしもフライトに合っているわけではないので、現状では利用しにくい。時刻表は空港サイトに掲載されているが、変更もあるので、事前に確認しよう。

ウラジオストク空港駅で発車を待つ近郊電車

ウラジオストク国際空港
Международного аэропорта Владивосток
MAP P.37-B1
🏠 アルチョム・ウラジーミラ・サイベリャ通り45
г.Артём ул.Владимира Сайбеля 45
URL vvo.aero（日本語ページあり）

　ターミナルはコンパクトで、国際線と国内線の出発も到着も1階から。空港内にトラベルインフォメーションデスクやカフェ、みやげ店、海産物販売店、両替所、ATM、SIMカードの販売店などがある。

2012年に改装された現代的なターミナルビル

郊外行きバス（Электричка）
　郊外行きのバスターミナルАвтовокзалは、市北部のフタラヤ・レーチカВторая Речкаにある。中心部からはセミョーノフスカヤ始発の23番バスなどで行ける。アルチョムやウスリースク、ナホトカへのバスが出ている。

バスターミナルは中心部から少し離れている

近郊電車（エレクトリーチカ）
Электричка
　ウラジオストク駅から空港のあるアルチョムやウスリースク方面に向かう近郊電車（エレクトリーチカ）が出ている。電車は海沿いを走るため、車窓の眺めはすばらしい。

ウラジオストク駅の北側に空港行き近郊電車の駅がある

ウラジオストク駅
住 アレウーツカヤ通り2
ул. Алеутская 2
TEL 775-00-00
開 24時間
URL vladivostok.dzvr.ru
※Расписаниеが時刻表

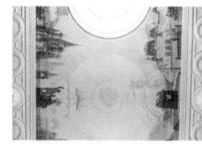
待合室の天井にウラジオストクと
モスクワの名所が描かれている

シベリア鉄道の終点を示すキロ
ポスト。モスクワからの距離
9288kmとある

ゲオルギウスの装飾

国際客船ターミナル「海の駅」
住 ニジュネポルトーヴァヤ通
り1
ул.Нижнепортовая 1
TEL 423-2497
開 7:00〜21:00
URL vlterminal.ru
交 ウラジオストク駅から徒
歩1分

ウラジオストク駅から橋でつなが
っている

ウラジオストクの見どころ

シベリア横断鉄道の百年駅舎
ウラジオストク駅
ジェレスナダロージュヌィ ヴァグザール
Ж ／ Д.Вокзал
MAP P.38-A1

　モスクワから9000km以上離れた極東の地に鉄道駅が竣工されたのは19世紀末。その後、古代ロシア風の新駅舎に改装され、すでに100年以上の月日がたつ。現在の駅舎は、1912年にモスクワのシベリア鉄道終着駅のヤロスラフヴリ駅を模して建てられたたもの。

　駅の建築デザインには、いくつかの特徴がある。古代ロシアのテレモーク（伝統木造住宅）をイメージさせるのが外観で、屋根の上に載っている鉄細工はロシアの国章である双頭の鷲がデザインされている。表玄関は、弓形の大きな門を4本の円柱が支える優美なフォルム。壁面のさまざまな場所にロシア民話を描いたレリーフやタイル細工が埋め込まれている。白馬にまたがった聖人ゲオルギウスの装飾はおもしろい。

一時期モスグリーンだった駅舎の色が2000年代になってクリーム色に戻された

港と橋のパノラマが一望
国際客船ターミナル「海の駅」
モルスコイ ヴァグザール
Морской Вокзал
MAP P.38-A1

　ウラジオストク駅の裏手に客船ターミナルがある。構内にはみやげ店やカフェ、レストランもあり、のんびり行き交う船や港の風景を眺めながらひと休みできる。特に港に面した正面に見える金角湾大橋の美しさが印象的だ。韓国や鳥取県境港行きの国際航路も出ていて、チケット売り場もある。

カモメやフェリーが行き交うウラジオストク港と金角湾大橋

極東ロシアの歴史と民族を解説

アルセーニエフ記念沿海地方博物館

Приморский Гос.Объединенный Музей им.В.К.Арсеньева

`MAP P.38-B1`

ロシア極東地方の探検家、人類学者として知られるウラジーミル・アルセーニエフ（1872～1930年）の名前を冠した沿海州地方最大の博物館。1975年公開の黒澤明監督作品『デルス・ウザーラ』の主人公こそ、この人物。文明人と未開とされた先住民族の関係をテーマとしたこの物語は、極東ロシアが今日の姿にいたる経緯を描いており、博物館を訪ねる前に観ておくと理解が深まるだろう。

館内は1、2階が常設展示で、石器時代からナナイ、ウデゲなどウスリー川流域にいた先住民族、渤海や後に大清帝国を興す満洲族が築いた金王朝、その後この地に訪れたロマノフ朝ロシア時代までの展示が収められている。多くの民族が往来した沿海地方のユニークな歴史を学べる。また3階では随時、さまざまな企画展が行われている。

沿海地方の先住民族の衣装や生活用具の展示　沿海地方で発掘された渤海や金王朝の仏教遺跡

ロシア近代美術を鑑賞する

沿海地方国立美術館

Приморская Государственная Картинная Галерея

`MAP P.38-B1`

ロシア絵画をメインに展示する美術館で、開館したのは1966年。モスクワのトレチャコフ美術館から移管された作品を中心に、数は多くはないものの、イコン絵から近現代までのロシア絵画の歴史を俯瞰できる構成となっている。イワン・クラムスコイ（1837～1887年）をはじめ移動展派の著名な画家の作品も展示されている。閲覧室は1階と2階で、常設展示の部屋と企画展の部屋に分かれている。企画展はモスクワの美術館からの巡回展も多いが、極東ロシアの作家の作品も紹介される。子供のための美術教育も積極的で、館内のアートスタジオでは美術教室やワークショップも開催。地元の子供たちの作品展も行われるが、この国の美術教育の水準の高さに驚くだろう。

地元の学生たちの美術の授業に使われている

アルセーニエフ記念沿海地方博物館

住 スヴェトランスカヤ通り20
ул.Светланская 20
TEL 241-11-73
開 10:00～19:00（入館は閉館30分前まで）
休 無休
料 200P（写真無料）
交 中央広場の西側
URL arseniev.org

19世紀半ば以降のロシア関係の展示室

建物は横浜正金銀行（→P.52）として使われた時期もある

沿海州国立美術館

住 アレウーツカヤ通り12
ул.Алеутская 12
TEL 241-061-05
開 10:00～18:00
休 月
料 500p（写真無料）
交 ウラジオストク駅から徒歩3分
URL primgallery.com

アレウーツカヤ通りの海側の建物

ウラジオストク日本センター

`MAP P.38-B2外`
住 オケアンスキー大通り69
Океанский пр 69
TEL 242-42-60
開 9:00～18:00
休 土・日曜
交 7、60番バスなどでダリプレス下車。
URL vladivostok.jc.org.ru/ru/index.html
　日本とロシアの経済交流促進を目的に設置された機関。

潜水艦C-56博物館

住 カラベーリナヤ海岸通り
ул.Корабельная наб.
TEL 221-67-57
時 9:00～20:00
休 無休
料 100p（写真50p、ビデオ200p）
交 中央広場の南東、カラベーリナヤ海岸通り沿い
URL museumtof.ru

潜望鏡や発射管に装填された魚雷の展示など、潜水艦のメカニズムを見られる

潜水艦の内部が見学できる
潜水艦C-56博物館
パドヴォードナヤ ロートカ С-56
Подводная Лодка С-56
MAP P.38-B2

　ソ連太平洋艦隊が1930年代から40年代にかけて建造した潜水艦C-56の内部を見学できる博物館。ロシア海軍の歴史や第2次世界大戦当時の写真などを展示。全長77.75m、幅6.4mという巨大な潜水艦の後部から入り、出口は船首になる。博物館の前のカラベーリナヤ海岸通りは、ロシア人がこの地に入植した最初の場所でもある。当時はこの近辺の森の中にもウスリータイガーが生息していたという。

金角湾大橋のたもとに近い

ニコライ2世凱旋門

交 カラベーリナヤ海岸通りとスヴェトランスカヤ通りを結ぶ公園内

生前のニコライ2世

日本とロシアの歴史を物語る記念碑
ニコライ2世凱旋門
トリウムファーリナヤ アールカ
Триумфальная Арка
MAP P.38-B2

　帝政ロシア最後の皇帝となるニコライ2世は、1890～91年に世界旅行に出かけ、最後に立ち寄ったのが日本だった。その帰路にウラジオストクに立ち寄った記念として建てられたが、ロシア革命で破壊されてしまう。彼はシベリア鉄道の着工式に立ち会っている。現在の門は2003年に再建された。

ニコライ2世は最後の皇帝だったが、今日名誉回復している

ウラジオストク市博物館

住 ペトラ ヴェリーコヴォ通り6
ул.Петра Великого 6
TEL 222-5077
時 10:00～19:00
休 無休
料 200P
URL arseniev.org
交 グム百貨店から徒歩8分

ロシア艦隊の歴史を語る太平洋艦隊博物館（**住** ул.Светланская 66）

150年の町の歴史を解説する
ウラジオストク市博物館
ムズィエーイ ガラダー
Музей города
MAP P.38-B2

　ウラジオストクの歴史をそこに暮らす市民の立場から紹介する歴史博物館。ロシア人がこの地を訪れて150年間に起きたさまざまな出来事を豊富な写真や遺品の展示しており、録音されたラジオの音声などを駆使して伝えようとしている。博物館内ではネコが飼われている。

ニコライ2世凱旋門の隣にある

日曜は市場になる
中央広場
ブローシャチ バルツォフ ザ ヴラースチ サヴェートフ
Площадь Борцов за власть Советов

MAP P.38-B2

　スヴェトランスカヤ通りに面した広場で、正式名は「革命戦士広場」。南側は港で、北側には古い建築で囲まれている。週末には朝から市場になり、カニやサーモンなどの海産物や野菜、山菜、ベリー、ハチミツなどの地元の食材がたくさん並ぶ。売り手は近郊の農家の人たちなので、夕方近くまで屋台を出している。

1917〜22年に極東のソビエト政権樹立のために活躍した戦士の像

町いちばんのおしゃれ通り
噴水通り
ウーリッツァ アドミラーラ フォーキナー
Улица Адмирала Фокина,

MAP P.38-B1

石畳の続く噴水通り

　市の中心部からビーチに向かって真っすぐに延びる噴水通りは、この町でいちばんおしゃれなエリアだ。噴水近くのベンチでくつろぐ地元の人たちの憩いの場となる。通りから海に向かう眺めは、日を背にした午前中が美しい。そのまま通りを歩くと、スポーツ湾が見えてくる。ビーチ沿いにはレトロな観覧車やサッカースタジアムもある。夏になると、肌を焼く水着姿の地元の人たちであふれる。屋台やバーも出店し、夜遅くまでにぎわう。

海岸通りの近くに要塞博物館
(住ул.Батарейная, 4a)もある

夏のスポーツ湾は海水浴場になる

中央広場
住 ブローシャチ　バルツォフ ザ　ヴラースチ サヴェートフ
Площадь Борцов за власть Советов
交 ウラジオストク駅から31番バスのЦентр下車

市場は4月から12月まで

噴水通り
住 アドミラーラ・フォーキナー通り
ул.Адмирала Фокина
交 中央広場から徒歩5分

ビルの壁に描かれた帽子の絵は地元ストリートアーティストのパヴェルさんの作品

パヴェルさんの作品のひとつ、旧市街のミリオンカにかつて住んでいた中国人労働者の絵。ミリオンカとは、19世紀末から20世紀初頭にかけて市内に形成された中国人労働者のための一角で、帝政ロシアの法の行き届かない世界だった。1930年代にソ連政府によって閉鎖されたが、ウラジオストク市民の記憶には今も残っているという。

噴水通りの裏にネコカフェ「ヴァレリヤニチ」がある。お茶目なロシア猫を見に行こう

鷲の巣展望台

図 セミョーノフスカヤから15
番バスなどでフニクリョール
フニクリョール下車。ケーブルカー
は毎日7:00～20:00の運行で
料金14P。どちらも下車後、ロータ
リーを突っ切る地下道を抜け
て丘に上がる

境港行きDSフェリーが停泊して
いるのがよく見える

ケーブルカー乗り場は左のクラ
シックな建物

乗車時間はわずか2分。ケーブル
カーの下の乗り場は、プーシキン
通りにある。31番バスでДВГТУ
下車、徒歩3分

スハーノフの家博物館

住 スハノヴァ通り9
ул. Суханова, 9
TEL 243-28-54
開 10:00～19:00
休 無休
料 200P（写真無料）
図 セミョーノフスカヤからス
ハノヴァ通りを徒歩15分
URL arseniev.org

鷲の巣展望台に向かう途中の
坂道にある

ウラジオストク港を見渡す
鷲の巣展望台
オルリーンノエ グニェズドー スモトロヴァーヤ プラシャートカ
Орлинное Гнездо Смотровая Площадка

MAP P.38-B3

　ウラジオストク中心部の最高地点、
標高は192mの丘の上にある展望台。眼
下には優雅な姿を見せる金角湾大橋を
中心に、右側に国際客船ターミナルや
ウラジオストク駅、左側に軍港に係留
されている軍艦、はるか向こうにはルー
スキー島も見える。地元では結婚式や
カップルが記念撮影をする定番スポッ
トとして知られている。目の前の金角
湾大橋は、ふたつの主塔とケーブル線
で支えられた斜張橋で、湾をまたぐ橋
桁部分は長さが737m。建設は2008
年7月25日に始まり、ウラジオストク
でAPEC首脳会議が開催される直前の
2012年8月11日に開通した。

スラヴ世界にキリスト教を布教し、
キリル文字を創案した聖キリルとメ
トディオス像が立つ

昼間は人の姿はまばらだが、夕方は観光客でにぎわうようになった

100年前の暮らしがわかる
スハーノフの家博物館
ドーム ムズィエーイ スハーナヴィフ
Дом-музей Сухановых

MAP P.38-B2

　革命家として知られるコンスタンチ
ン・スハーノフ（1894～1918年）が、
家族とともに暮らした家。鷲の巣展望
台に向かう高台の上にある木造邸宅で、
彼の父親は帝政ロシア時代はこの地に
派遣された文官だった。ロシア革命後、
ウラジオストクでの革命運動の先駆者
として活躍するが、チェコ軍団に捕
らえられ、わずか24歳で銃殺された。
博物館となった彼の家の内部は当時の
まま保存されている。帝政ロシア時代
の人々の優雅な生活ぶりをうかがい知
ることができる。

各部屋には彼の業績や100年前
の暮らしを物語るピアノ、食卓など
の調度品が展示

半島の先端に浮かぶ白塔
トカレフスキー灯台
トカレフスキー マヤーク
Токаревский маяк

MAP P.37-A2

　1910年に建てられた高さ11.9mの灯台で、周辺は浅瀬のビーチとなっているので、夏は海水浴場としてにぎわう。ウラジオストク駅からバスで所要20分、停留所から相当歩く。冬には観光客以外に人の姿は少ないが、海にアザラシの姿が見られることも。満潮時には浅瀬が海に沈み、そばまで行くことができないので注意。

日差しを浴びて真っ白に輝く美しい灯台

自然あふれる海と森の島
ルースキー島
ルースキー オーストラフ
Русский Остров

MAP P.37-A2

　ルースキー島は、ウラジオストクの南に浮かぶ面積97.6㎢ほどの美しい島。19世紀末から要塞の建設が進められ、ソ連時代は太平洋艦隊の基地となり、閉ざされた島となっていた。そのため、手つかずの自然が多く残されている。その後、プーチン首相のイニシアチブのもと、APECの開催とともに島全体を開発する計画が実施された。見どころは豊かな自然と、ロシア最大級のヴォロシロフスカヤ砲台 Ворошиловская Батарея など。東ボスフォラス海峡をまたぎ、半島と島をつなぐルースキー大橋　長さ3100mの斜張橋。主塔の高さは324mである。ウラジオストク港から出る遊覧船は、この橋まで来て一度くぐったあと、折り返すことになる。

ルースキー大橋のたもとにあるノボシリツェフスカヤ砲台。この場所はバス停からだと相当島の道を迂回して行くことになるので、タクシーで連れて行ってもらうのが無難だろう

巨大アクアリウム誕生
沿海地方水族館
プリモールスカヤ アケアナリウム
Приморский акеанариум

MAP P.37-A2

　ルースキー島の入江に新しくオープンした水族館で、極東ロシアのアムール川やハンカ湖、バイカル湖、日本海などに生息する多様な水中生物をみることができる。当日券の発売は9:30から。イルカのショーを観る場合は大人プラス200P、小人プラス100P。噴水通りにある古い水族館とは別物。

ロシアの大河にすむ生物の貴重な展示が観られる

トカレフスキー灯台
🏠トカレフスキー マヤーク
Токаревский маяк
🚌ウラジオストク駅から59番バスの南の終点下車、徒歩20分。タクシーで行くと、灯台の見える場所まで行ってくれるが、そこからも徒歩10分近くは歩くことになる

海から顔を出すアザラシ

ルースキー島
🚌本土とルースキー島との間には15、29番バスが走る。砲台を訪ねるには車をチャーターする必要がある。その場合、半日はかかることを覚悟しておこう

ルースキー島に新設された極東連邦大学のキャンパス

夏は海水浴客でにぎわうノビック・カントリークラブ

沿海地方水族館
🏠アカデミカ カスィヤノヴァ д.25
Русский. ул.Академика Касьянова д.25
📞223-9422
🕙10:00～20:00
🚫月・水
💰平日大人1000P、小人500P（土・日はプラス200P）
🚌路線バス15番終点、市内から所要1時間
URLprimocean.ru

巨大なホタテ貝殻のように波打つ水族館の特徴ある外観

左カラム

ザリャー
🏠ウラジオストク通り155
ул.Владивостока 155
📞231-7100
🕐12:00～20:00(金・土・日は11:00～22:00)
無休
無料
🚌路線バス59番の終点
ファブリカ "Заря" 下車、徒歩2分
🌐zaryavladivostok.ru

1階にはおしゃれなカフェ「Tree」もある

敷地内には8棟の赤れんが建築がある

クラシックカー博物館
🏠サハリン通り2a
ул.Сахалинская 2а
📞221-2477
🕐10:00～18:00
無休
大人200p、小人100p
🚋路面電車の東の終点
サハリンスカヤ下車、徒歩1分
🌐automotomuseum.ru

要塞ナンバーセブン
🏠リェースナヤ通り155
ул.Лесная155
📞902-485-6025
🕐11:00～19:00
月
550p(グループの場合、料金設定が変わる)
🚕市内からタクシーで所要30分
🌐fort7.ru

ウラジオストク空港の近くには、カジノ「ティグレデクリスタル」(MAP P.37-B1)もオープン

右カラム

工場跡に生まれたアートスポット
ザリャー
ザリャー
ЗАРЯ
MAP P.37-A2

　2013年にソ連時代の縫製工場跡地に生まれた現代アートコンプレックス。定期的に国内外のアート展示や映画上映、ワークショップを行う。テーマは現代ロシアや極東に固有の問題をアートを通じて考えることを狙った企画展示が多く、興味深い展示が多い。美術系の学生のたまり場となっていて、作品制作に取り組む若者の姿も見られる。施設周辺はアートinレジデンスの実験場でもある。

施設内にはアート関係の本を集めたブックカフェもある

ソ連時代の車が勢揃い
クラシックカー博物館
ムズィエーイ アフタマタスタルィヌィ
Музей автомотостарьины
MAP P.38-B3外

　20世紀のソ連のアンティーク車やオートバイを展示したユニークな博物館。基本はソ連の高級車や軍用車を展示。冷戦構造の時代にソ連でもデザイン性豊かな車が製産されていたことがわかる。館内はソ連時代のポップスが流され、郷愁たっぷりなのもおもしろい。ほかにもドイツや日本の軍用車両やバイクの展示もある。バイク好きやミリタリーマニアにはたまらないスポットだ。おみやげのミニカーもある。

1960年代のソ連で人気だった3A3-965

人気の地下要塞
要塞ナンバーセブン
フォルト7
Форт ь7
MAP P.37-A2

　ウラジオストクやルースキー島、ムラヴィヨフ・アムールスキー半島全域には100を超える古い要塞がある。ここは1910年に建造された地下要塞で、トンネル部分は全長1.5kmにも及ぶ。武器庫やトイレ、炊事場なども残っている。要塞は丘の上にあり、古い砲台も置き捨てられている。アムール湾の見晴らしもいい。専任ガイドが案内してくれる。

見学は最短コースでも1時間はかかる

＼ワンデイトリップのすすめ／

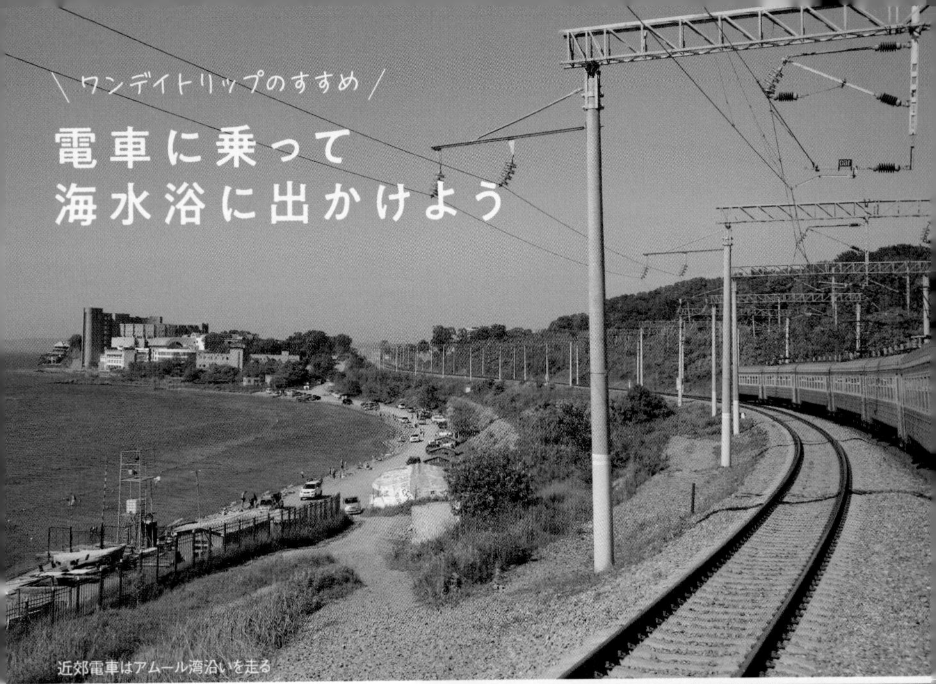

電車に乗って
海水浴に出かけよう

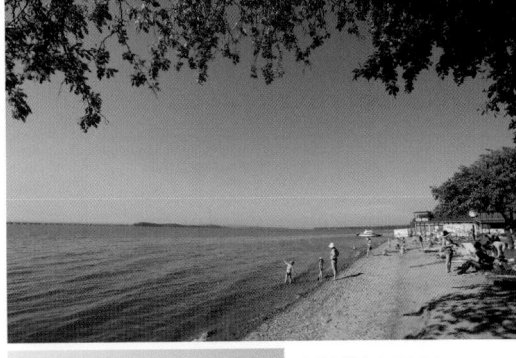

近郊電車はアムール湾沿いを走る

**ウラジオストク駅からは
1日何本もエレクトリーチカ（近郊電車）
が出ている。海辺の光景を眺めに
出かけてみるのはどう？**

ウラジオストクっ子の夏の楽しみ

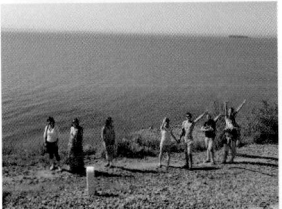

ウラジオストクの7月は1年でいちばん暑い季節。この時期、近郊電車に乗ると、海水浴に出かける若い乗客に出会う。彼らは身軽ないでたちで、水着を持って電車に乗り込む。しばらくするとビーチが見えてくる。車窓から海水浴客の姿も見える。ウラジオストクから6つめの駅「サナトールナヤ」で降りると、目の前は海水浴場だった。極東ロシアの短い夏を彩る海辺の光景である。

↑波も穏やかで小さな子供たちが水遊びに興じている ←海水浴に来た若者たちが手を振る ↓санторная到着。ウラジオストク駅から所要15分、運賃は42P。海水浴場は駅前の公園の中にある

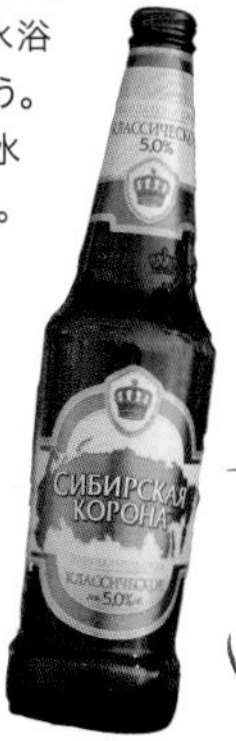

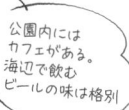

公園内にはカフェがある。海辺で飲むビールの味は格別

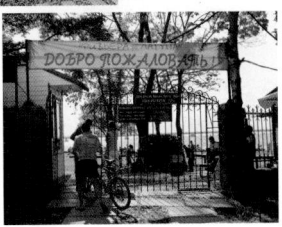

郊外の貸し別荘で プチ「ダーチャ」体験

夏がくると都会を抜け出し、郊外の菜園付き別荘（ダーチャ）でのんびり過ごす。そんなロシア人のスローライフをちょっぴり体験してみたい。

まるで大草原の小さな家。子供連れでも楽しめる

ロシアの田舎暮らしへ ようこそ！

貸し別荘の1日は、おばあちゃんの手づくり朝ご飯で始まる。食後はファーム内の散策。牛や豚、ニワトリのいる家畜小屋を訪ね、畑や果樹園の続く小道を歩く。ミツバチの巣箱が並んでいて、新鮮なハチミツを採取する光景も見学。そして、いよいよペリメニ作りが待っている。

1.

2

3

4

5

1.おばあちゃんに教わるペリメニ作り体験 2.養蜂もやっている 3.完成！ 自家製の果実酒や黒パン、ボルシチと一緒にどうぞ 4.牛小屋の中 5.寝室は2階に3部屋

＼ 地元でも人気の貸し別荘 ／

この貸し別荘はウラジオストク市内から車で約2時間ほど離れたシンハンドンという白樺の森の中にある。リューダさんとユーラさんのご夫婦は、10年前にウラジオストクから移り住み、自給自足の田舎暮らしをしている。ロシアの田舎暮らしを多くの人に体験してもらおうと貸し別荘を始めた。問い合わせはLucky Tour（✉vladivostok@luckytour.com 日本語可）へ。

Column 日本とウラジオストクをつなぐ人々の歴史でつくられた街歩きマップ

左：モルグン・ゾーヤさん　右：このマップは在ウラジオストク
日本国総領事館とアルセーニエフ博物館が共同で制作

19世紀後半から20世紀前半にかけて、多くの日本人が暮らしたウラジオストク。市内には、その当時の在留邦人の活動を物語るスポットが数多く残っている。それらを訪ねるのに役立つ街歩きマップがある。「浦潮旧日本人街散策マップ～日本にゆかりのあるウラジオストクの名所・旧跡巡り～」（2011年7月発行、以下「浦潮散策マップ」）がそれだ。

日本では、ウラジオストクに在留邦人がいた歴史があったことなどすっかり忘れられているのに、誰がどのような理由で、このマップをつくったのだろうか。

ペレストロイカとともに始まった

「浦潮散策マップ」の制作に関わったロシア人のひとりが、極東連邦大学で日本語を教えるモルグン・ゾーヤさんだ。ゾーヤさんは、1947年、ウラジオストク市郊外のルースキー島生まれ。高校時代から日本語を学び、卒業後はソ連の国営旅行会社インツーリストに所属する。そんな彼女に転機が訪れたのは、ペレストロイカが始まった80年代後半のこと。89年5月に、日本から戦後初めての観光ツアーが、当時、軍港だったウラジオストクに、客船で訪れることになり、彼女は通訳ガイドを担当することになった。

そのときツアーで訪れた日本人のなかに、戦前のウラジオストクや当時は満州国だったハルビンに住んでいた、ロシアとのゆかりが深い人たちがいた。彼らと出会った後、ゾーヤさんは文通などを通じて交流を始めた。さらに、グラスノスチで情報公開が進むなか、ロシア側に眠っていた20世紀初頭の資料を集め、当時この地に住んでいた日本人居留民に関する研究を進めた。

「多くの日本の方に当時のウラジオストクの絵はがきや家族に宛てたお手紙などを見せていただ

きました」とゾーヤさんは話す。

その成果が、2014年にロシアで刊行された「ウラジオストク 日本人居留民の歴史 1860～1937年（日本語版書名）」（2016年、東京堂出版刊）だ。同書は、初めて日本人がウラジオストクに現われ始めた1860年代から、1930年代に立ち去るまでの記録を、膨大な資料を元に整理している。当時の日本企業や商店、無名の個人の名前も数多く登場する。ロシア人と日本人がお互いを身近な存在として受けとめ、共生していた日々が綴られている。

ウラジオストクの「日本語の母」

日本人が忘れていた過去の歴史を、後世に伝えてくれたゾーヤさんだが、彼女の研究に大きな影響を与えた、もうひとりの日本人女性がいる。戸泉米子さんだ。

戸泉さんは、2002年に自伝である「リラの花と戦争」（福井新聞社刊）を出版している。同書には、1930年代に現地で見聞したスターリン時代の粛清や、敗戦直後にウラジオストクに戻って体験した収容所生活などが赤裸々に語られている。彼女はゾーヤさんが書いた歴史を、実際に生きた人物なのだ。

戸泉さんは2009年に亡くなられたが、長く交流を続けていたゾーヤさんは、生前に病床の彼女を訪ねたとき、「日本とウラジオストクをつなぐ仕事を引き継いでくださいね」と言われたという。

「いまもその言葉を忘れない」というゾーヤさんは、ウラジオストクの「日本語の母」とでもいうべき存在だ。ウラジオストクを訪ねた際、現地で街を案内してくれる若いロシア人ガイドたちの多くは彼女の教え子だからである。

p52の地図は、「浦塩散策マップ」をもとに現地を訪ねて作成したものだ。ぜひ日本のゆかりの場所に足を運んでほしい。

『ウラジオストク 日本人
居留民の歴史 1860～
1937年』の日本語版

Владивостокъ. Свѣтланская улица.
Vladivostock. Svietlanskaïa Street.

スヴェトランスカヤ通りはかつて路面電車が走っていた

こんなにいろんなご縁があった

日本にゆかりのある スポットをご案内

20世紀前半、
ウラジオストクには多くの日本人が暮らしていた。
当時日本人が活動していた場所は今も数多く残っている。
散策の合間に訪ねてみよう。

❶ 旧日本人小学校

最初の日本人学校は浦潮本願寺の一室として1894年に開校したが、1913年この建物を購入。1922年当時生徒数256人で運営された。1931年閉鎖。
🏠 ул.Фонтанная 21

❷ 旧堀江商店

堀江直造は1892年に日用雑貨輸出商としてウラジオストクに渡り、99年に経営者になる。妹尾商店、大田商店も並んでいた。
🏠 ул.Алеутская 39

❸ 旧日本国総領事館

日本貿易事務所の跡地に1916年に建てられた石造りのギリシア式建築。建築家の三橋四郎による。現在、沿海地方裁判所。
🏠 ул.Океанский проспект 7

浦潮本願寺記念碑

1886年開設。在留邦人の癒やしの場所だった。37年閉鎖。

ディナモ・スタジアム

1940年代後半、日本人シベリア抑留者によって建設されたサッカー場。

旧横浜正金銀行

1918年から24年までの間営業。現在はアルセーニエフ博物館。

ウラジオストク駅

シベリア横断鉄道の始発駅。かつて日本人もここからヨーロッパへ。

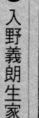

❶ Фонтанная
❷
❸
❹
❺
❻
❼
Адмирала Фокина
Алеутская

❹ 旧朝鮮銀行

1919年、朝鮮銀行浦潮斯徳支店開設。その後、オホーツク海の漁業に関する業務を行ったが、30年にソ連政府によって閉鎖させられる。
🏠 ул.Океанский проспект 9

❺ 旧杉浦商店

1880年、アメリカと取引していた横浜の貿易商会がウラジオストクに支店を開設。同支店の杉浦久太が事業を引き継いだ。
🏠 ул.Адмирала Фокина 23

❻ 入野義朗生家

現代音楽家の入野義朗は1921年ウラジオストク生まれ。入野の父は鈴木商店の支店長としてこの建物に住んでいた。1927年に一家は日本へ帰国。
🏠 ул.Краснознамённый переулок 5

かつて6000人近い日本人が住んでいた

ロシア人がウラジオストクの建設を始めたのは1860年。すでに日露和親条約によって長崎、下田、函館の3港が開かれ、ロシア船の日本への渡航は自由になっていた。その頃から日本人はウラジオストクに渡航している。1876年（明治9年）、日本は貿易事務所を開設。以降、多くの日本人が「日本にいちばん近いヨーロッパ」へと渡り、1919年には6000人近い在留邦人がいた記録もある。ところが、1920年代半ば以降、ロシア革命後の情勢の変化で多くが帰国した。その後、ウラジオストクはソ連崩壊の1990年代まで外国人が訪問できない軍港となった。

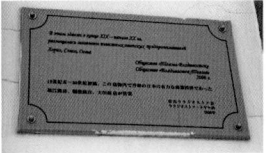

日本とのゆかりのあるスポットにはプレートで当時の歴史が日本語で解説されている

与謝野晶子記念碑
1912年5月、与謝野晶子はウラジオストクを訪れている。

0　　　200m

旧「浦潮日報」編集部
1917年12月9日創刊の日本語新聞の編集部があった。

ニコライ2世凱旋門
1891年日本から帰国したニコライ皇太子が立ち寄った記念として建設。

「ロシア柔道の祖」ワシリー・オシェプコフと嘉納治五郎の像
サハリン出身のオシェプコフは1911年に講道館に入門。帰国した14年にクラブを創設。

Светланская

Корабельная Набережная

⑫ シベリア抑留者慰霊碑

旧収容所のあった場所に建てられた慰霊碑。空港に近い。毎年8月、ウラジオストク日本人会と総領事館が中心となって参拝が行われる。

🏠 Артём, ул.Вахрущева 1　MAP P.37-B1

⑪ プーシキン劇場

1915年、芸術座の松井須磨子が出演している。当時彼女が歌った『カチューシャの唄』は日本でも大ヒットした。

🏠 ул.Пушкинская 27

⑩ 旧東洋学院

1899年に極東ロシアで最初の高等教育機関として設立。中国語や日本語、モンゴル語、満州語などが教えられた。現在は極東連邦大学。

🏠 ул.Пушкинская 10

❼ 旧松田銀行部

日露戦争後の1907年、長崎市の十八銀行支店として開設。19年に朝鮮銀行浦潮斯徳支店となる。

🏠 ул.Океанский проспект 24

❽ 二葉亭四迷のゆかりの地

東京外国語学校でロシア語を学んだ明治の作家、二葉亭四迷は1902年には3週間ウラジオストクに滞在した。現在はウラジオストク市博物館。

🏠 ул.Петра Великого 6

❾ ロシアにおける柔道発祥の地

1914年この建物でロシア初の柔道普及が始まった。在留邦人とロシア人が柔道を通じ交流した。

🏠 ул.Корабельная Набережная 21

Restaurant

ウラジオストクの
レストラン

ウラジオストクの食のレベルは驚くほど高い。ロシア料理だけでなく、中央アジア料理や日本海の海鮮を使った味覚、近隣アジアの料理など、さまざまな食が楽しめる。

ポルトカフェ
PORT CAFE
シーフード料理　MAP P.38-B1外

　日本海に面したウラジオストクは海の幸はもちろん、タイガと呼ばれるシベリアの針葉樹林が育む森の幸にも恵まれている。こうした豊かな自然のエネルギーを取り込んだ魅惑のグルメが「パシフィック・ロシア・フード」だ。この新しい食の潮流を牽引する代表的レストランがここだ。店内にはカニの生けすやハチミツなどの地元食材の展示販売もしている。写真付きの日本語のメニューあるので、注文にも困らない。新鮮なカキやホタテ、ナマコ、ゆでたタラバガニを存分に味わおう。場所は、中心部からは少し離れた高台にある。

船内をイメージしたインテリアの店内

極東ロシア版カニづくし御膳はこんなに豪華

(住)コムソモーリスカヤ通り 11
ул. Комсомольская 11
(TEL)924-731-5868
(時)12:00～24:00
(休)無休　(C)M V
(交)15番、59番バスДальпресс下車、徒歩3分
(URL)port-cafe.ru

オゴニョク
Огонёк
ロシア料理　MAP P.38-B2外

　アストリアホテルに併設する新感覚のオーガニックレストランで、シェフは地元の沿海地方で取れた食材しか使わないというポリシーの持ち主。例えば、タイガの森に棲む鹿肉料理。まさにジビエの野性味あふれる味覚が楽しめる。厨房も客の目の前で調理するオープンキッチン。食堂の内装も落ち着いた雰囲気を醸し出す斬新なデザインで、ウラジオストクに来たら、一度は足を運んでみたいレストランのひとつだ。店に置かれたワインの種類も多いので、ワイン好きのロシア人も集まっている。

天井からつり下げられた装飾がおもしろい

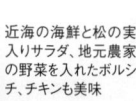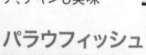
近海の海鮮と松の実入りサラダ、地元農家の野菜を入れたボルシチ、チキンも美味

(住)パルチザンスキー　プロスペクト 44 к6
Партизанский проспект 44 к6
(TEL)230-20-45
(時)12:00～翌1:00
(休)無休　(C)M V
(交)ТЦ "Изумруд" (верх) から15番バスでИнструментальный завод下車、すぐ
(URL)ogonekvl.ru

パラウフィッシュ
PALAU FISH
シーフード料理　MAP P.38-B2

ウラジオストク港で取れた新鮮な海鮮を使い、素材のよさを生かしたシンプルな味わいの人気店。店内は高級感のあるインテリアで落ち着いた雰囲気で食事ができる。海鮮を選ぶ生けすもある。シーフード盛り合わせ630P、生ガキ1個250P。

(住)スハノヴァ通り 1
ул. Суханова 1
(TEL)243-3344
(時)11:00～24:00
(休)無休
(C)M V
(交)グム百貨店から徒歩5分
(URL)palaufish.com

レストラン

スボイフェーテ
Svoy Fete

ヨーロッパ調のインテリアの落ち着いた雰囲気の店。本場のロシア料理を安心して食べるならここ。この店のボルシチはあっさり味で日本人の口に合う。シーフードの種類も豊富で、サーモンの冷製などの前菜もおいしい。写真付きの英語メニューもある。

ロシア料理　MAP P.38-B1

🏠 アドミラーラ・フォーキナー通り 3
ул. Адмирала Фокина 3
📞 222-8667
🕐 11:00～翌1:00
休 無休　💳 M V
🚇 噴水通りから徒歩2分
🔗 svoy-fete.ru

クヴァルチーラ30
Квартира3

ロシアのレストランランキングトップ60にも選ばれた隠れ家レストラン。「クヴァルチラ」の意味は「集団住宅」で、ソ連時代のアパートに郷愁が込められている　レストランの隣にあるオープンキッチンでは、観光客を対象に料理教室をやっている。

ロシア料理　MAP P.38-B2外

🏠 ポロガヤ通り 65
ул. Пологая 65
📞 297-4483
🕐 12:00～23:00
休 月　💳 M V
🚇 グム百貨店から徒歩10分
🔗 instagram.com/kvartira30vvo
※料理教室に関する問い合わせは、🔗 ウラジオ.com参照

ミッシェル
Michelle

グム百貨店の裏手にある雑居ビルの8階にあり、食事をしながら窓の外の港の風景が眺められる。特に夜景が美しい。おすすめはそのときどきの旬の素材を使ったシェフズスペシャル。繊細な味付けと手の込んだ盛りつけの一品が楽しめる。

ロシア料理　MAP P.38-B2

🏠 ウボレヴィチャ通り 5a 8F
ул. Уборевича 5a 8F
📞 230-8116
🕐 12:00～24:00
休 無休　💳 M V
🚇 グム百貨店から徒歩2分
🔗 vladmichelle.ru

ノスタルギーヤ
Ностальгия

ウラジオストク駅にも近い、人気のロシア料理店。ビーフストロガノフやボルシチなど、伝統的なロシア料理がリーズナブルな値段で味わえる。店は2018年にリニューアルオープンしたばかり。やわらかい色調の内装やインテリアでくつろげる。

ロシア料理　MAP P.38-A1

🏠 モルスカヤ通り6/25
ул.1-я Морская 6/25
📞 241-05-13
🕐 9:00～23:00
休 無休　💳 M V
🚇 ウラジオストク駅から正面に真っすぐ徒歩約3分。
🔗 www.nostalgy.ru

ペリメニ・ピロギ
Пельмени Пироги

ロシア風水餃子のペリメニと半月型のウクライナ風餃子のピロギ（ヴァレーニキともいう）はもともと家庭料理だが、最近カフェ風の専門店が現れている。ペリメニの具は肉や魚で軽食として、ピロギの具はベリーやイチゴなどでスイーツ感覚。ロシアビールも飲める。

ロシア料理　MAP P.38-B1

🏠 アレウーツカヤ通り43
ул.Алеутская 43
📞 705-5015
🕐 9:00～20:00
休 無休　💳 M V
🚇 噴水通りから徒歩6分

ウフ・トゥイ・ブリン
Ух Ты, Блин!

噴水通りにあるブリヌイの店。クリームやカッテージチーズ、ジャムなどのスイーツ系と、ハムやチーズなどを具にした食事系のブリヌイもある。カウンターで注文し、料金を先払いするスタイル。ボリュームも満点で食事代わりになる。

カフェ、軽食　MAP P.38-B1

🏠 アドミラーラ・フォーキナー通り 9
ул.Адмирала Фокина 9
📞 256-59-47
🕐 10:00～22:00、11～4月は～21:00
休 無休
🚇 アドミラーラ・フォーキナー通り沿い

スプラ
Супра

スポーツ湾に面した海辺通り沿いのディナモ・スタジアムのそばにあるジョージア料理店。市内には数多くの中央アジア料理店があるが、人気No.1はここで、いつも行列ができている。お客を待たせるだけに、行列客にもドリンクのサービスなど至れり尽くせりだ。ジョージアのスープやサラダ、肉料理などはどれもおいしいが、マリインスキー劇場のバレリーナ西田早希さんのおすすめは、デザートに出てくるチェブレキで、

小麦粉を風船のように大きくふくらませたパンの中にリンゴが入っている。肉やチーズ入りもある。ジョージアワインの種類も豊富。

店内に入ると、中央アジアの世界

串焼きのシャシリクは
スパイシーなソースが
塗られていて美味

🏠 アドミラーラ・フォーキナー通り1б
ул.Адмирала Фокина 1б
☎ 227-7722
🕐 11:00～24:00
🚫 無休　💳 M V
🚇 噴水から徒歩5分
🔗 supravl.ru

サツィヴィ
Сациви

チキンにスパイシーなクルミソースをかけた名物ジョージア料理「サツィヴィ」から名を取った店で、料理も雰囲気も地元で評判。場所は沿海地方国立美術館の裏手で、古いれんが造りの洋館を改装している。内装もとてもおしゃれで、くつろげる。この店のジョージア風スープのハルチョーはとてもスパイシーなのが特徴。ピザ風のハチャプのチーズは濃厚で、卵を崩して一緒に食べるとたまらない。ジョージア産ワインも豊富に揃っている。

この店には日本語メニューがあるので、注文はまったく困らない。

暖色系だけど、エキゾチックさも漂う内装

骨付き羊肉のグリルは
手でつかんで食べよう

🏠 ラニンスキー通り3
ул. Ланинский 3
☎ 268-5555
🕐 12:00～24:00
🚫 無休　💳 M V
🚇 ウラジオストク駅から徒歩4分
🔗 sacividv.ru

ムーン・シャイン
Moon shine

スポーツ湾に近いおしゃれなワイン&カクテルバー。モダンなれんが造りの内装で何時間でもくつろげる。この店のおすすめはカクテルで、ウィスキーベースでハチミツ入りという「ペニシリン」が知られている。英語メニューあり。

🏠 スヴェトランスカヤ通り1
ул. Светланская 1
☎ 984-197-7051
🕐 日～木18:00～翌2:00、金・土18:00～
翌4:00
🚫 無休　💳 M V
🚇 噴水通りから徒歩3分
🔗 vl.papaguide.ru/moonshine

ムミー・トローリ
Мумий Тролль

ウラジオストク出身のロックグループ「ムミー・トローリ」のメンバーが運営するミュージックバー。週末はもちろん、平日でも月火を除く23:00からライブがある。奥にダンスフロアも。料理もあるが、着席する場合は席料がかかるので確認。

🏠 パグラニーチナヤ通り6
ул. Пограничная 6
☎ 262-0101
🕐 18:00～翌8:00
🚫 無休　💳 M V
🚇 噴水通りから徒歩3分
🔗 vk.com/mumiytrollbar_vvo

レストラン

レストラン

コントラバンダ
Контрабанда

ジャズバー MAP P.38-B1

ウラジオストクにはジャズファンが多く、地元バンドの活躍の場として知られるジャズバーがここ。ライブは木〜土の21時からで、平日は渋いバーとして営業。オーナーは地元出身のミュージシャンのスタニスラーフさん。地元客ばかりだが、日本人は大歓迎と話す。

⌂ アドミラーラ・フォーキナー通り17
ул. Фокина, 17
☎ 728-1774
🕐 19:00〜24:00　金・土〜翌4:00
💳 M V
🚶 噴水通りから徒歩1分
URL www.instagram.com/contrabanda.
club

ニ ルィダイ
Не рыдай

スタローヴァヤ MAP P.38-B1

ビュッフェスタイルの大衆食堂をロシアではスタローヴァヤと呼ぶ。この店はリーズナブルなのにレストランのような雰囲気が楽しめる店だ。地元の家族の利用も多い。料理は庶民的なメニューが多く、いろいろ選べるのが楽しい。お財布にも優しい。

⌂ スヴェトランスカヤ通り10
ул. Светланская 10
☎ 908-994-4413
🕐 月〜金 9:00〜22:00、土・日 10:00〜22:00
休 無休　💳 M V
🚶 中央広場から徒歩3分

トウキョウ カワイイ
Tokyo Kawaii

日本料理 MAP P.38-B1

日本好きのロシア人オーナーが始めた和食レストランだが、店内は日本のゆるかわアイテムに囲まれた不思議な世界。だが、地元では人気で、「原宿風」「アクアリウム風」などのチェーン展開が大成功。ただし日本人にはカリフォルニアロールはちょっとかも。

⌂ セミョーノフスカヤ通り7в
ул. Семёновская 7в
☎ 244-7777
🕐 11:00〜翌1:00
休 無休　💳 M V
🚶 噴水通りから徒歩3分
URL tokyo-bar.ru

ダブ
DAB

ハンバーガー MAP P.38-B1

店名はDrinks and Burgersの略で、2015年にオープンしたアメリカンスタイルの店。ウラジオストクのハンバーガーブームの火付け役となった店で、手づくりハンバーガーがおいしいと評判。なかでも真っ黒なパンの炭入りハンバーガーが人気。

⌂ アレウーツカヤ通り 17
ул. Алеутская 17
☎ 262-0170
🕐 月〜木 9:00〜翌2:00、金 9:00〜翌6:00、土 10:00〜翌6:00、日 10:00〜翌2:00
休 無休　💳 M V
🚶 中央広場から徒歩2分
URL dabbar.ru

シーズンズ
Сезоны

カフェ MAP P.38-B2

フィラルモニア・コンサートホール（P.61）の1階にあるカフェ。オリジナルのケーキやスイーツの種類が豊富。抹茶味などカラフルなコーヒーも味わえる。照明や内装のデザインもおしゃれ。コンサートの幕間に利用するだけでなく、市内散策の合間に立ち寄りたい。

⌂ スヴェトランスカヤ通り 15
ул. Светланская 15
☎ 656-9006
🕐 8:30〜22:00
休 無休　💳 M V
🚶 中央広場の向かい。コンサートホールに隣接
URL cafeseasons.ru

カフェマ
Кафема

カフェ MAP P.38-B1

ハバロフスクに本拠地をおき、ロシア各地にチェーン展開するカフェで、ウラジオストクには全4店舗。カウンターでオーダーするセルフサービス式で、手づくりマカロンやクッキーも店頭に並ぶ。コーヒー豆やカップなどを買いに訪れる人も多い。

⌂ スヴェトランスカヤ通り 17
ул. Светланская 17
☎ 267-8788
🕐 8:00〜21:00
休 無休　💳 M V
🚶 中央広場の向かい、徒歩1分
URL www.kafema.ru

Shopping

ウラジオストクの
ショッピング

ウラジオストクではマトリョーシカのようなロシアの定番みやげを買える店もあるが、できれば極東ロシアならではの個性的な一品を持って帰りたい。以下の店を訪ねて探してほしい。

グム百貨店

ГУМ

百貨店 　MAP P.38-B1

　帝政ロシア時代の1865年にドイツの貿易会社クンスト・アルベルス商会が建てたウラジオストクを代表する歴史的建造物で、19世紀末にアールヌーヴォー様式に改装された。ソ連時代は国営百貨店を意味する「グム」と呼ばれるようになり、今日にいたる。2017年2月、100年ぶりに大改装されたが、そのリニューアルに合わせて、2016年頃から百貨店の裏手にあったれんが倉庫の中に地元の若者たちが次々とカフェやレストランをオープンし、「グム裏」と呼ばれるようになった。個性的な雑貨店やゲストハウス、美容室などもできて、ツーリストに人気のスポットに生まれ変わっている。

「グム裏」のれんが倉庫には飲食店も多い

風格と繊細なデザイン性を併せもつ建築

🏠 スヴェトランスカヤ通り 35
　ул.Светланская 35
☎ 222-2054
🕐 10:00～20:00
🚫 無休　💳 M V
🚌 路線バス31番Центр下車、徒歩1分
🌐 www.vladgum.ru

ギフトマーケット

Gift маркет

民芸品 　MAP P.38-B1

　中央広場の小さな地下商店街にあるロシア雑貨の店。ありきたりな商品ではなく、店主がセレクトした変わり種のマトリョーシカや陶器、絵皿、布製品などの個性的な雑貨が並ぶ。見ているだけでも楽しくなる。本書を見せると、10%割引してくれる。

🏠 スヴェトランスカヤ通り 13 ст2
　ул Светланская 13 ст2
☎ 8-966-270-78-10
🕐 10:00～19:00
🚫 無休　💳 M V
🚌 中央広場の南側の地下街
🌐 www.instagram.com/giftvl

ルースカヤ・ゴールニッツァ

Русская Горница

民芸品 　MAP P.38-B2

　こちらはロシアの王道のみやげ店。マトリョーシカの種類も豊富で、選ぶのに苦労するほど。ロシアのニット小物やフェルトのルームシューズ、手袋、テーブルクロスなどの手づくり感覚あふれる刺繍製品などが揃う。極東ロシアみやげにおすすめだ。

🏠 オケアンスキー通り 11
　ул. Океанский проспект 11
☎ 8-967-958-0335
🕐 10:00～20:00
🚫 無休　💳 M V
🚌 中央広場から徒歩2分

カリナモール

Калина Молл

ショッピングモール 　MAP P.38-A2外

　2019年3月にオープンしたウラジオストク最大のモダンなショッピングセンター。国内外のアパレルブランドやコスメ、子供服など、女性も楽しめる店が揃う。1階には新感覚の食品スーパーがあり、フードコートやロシア系、中央アジア系、日本、韓国などのレストランも揃う。

🏠 カリナ通り 8
　ул.Калинина 8
🕐 10:00～22:00
🚫 無休　💳 M V
🚌 中央広場から路線バス55番、62番、13番
🌐 kalinamall.ru

ショッピング

58

ショッピング

イクラ
IKRA

ファッション MAP P.38-B1

ウラジオストク出身のデザイナーの作品を置くおしゃれなアパレルショップ。極東ロシアの自然や文化をイメージさせる個性的なアクセサリーやプリントTシャツ、トートバッグなども揃う。店は2階にあり、同じビルの中にゲストハウスもある。

圏スヴェトランスカヤ通り5
ул.Светланская 5
TEL997-1903
圏11:00～20:00
図中央広場から徒歩5分
URLinstagram.com/ikra.store

ウベージシェ14
Убежище14

書店 MAP P.38-B1

ウラジオストクを代表するコスプレイヤー5人衆が集結しているのは、地元コミックショップの「ウベージシェ14」。アメリカン・コミックスの扱いが多いが、日本のマンガもある。毎年春に開催されるコスプレイベント『ANIMATE IT!』も注目。

圏アドミラーラ・フォーキナー通り10a
ул.Адмирала Фокина 10a
TEL8-914-6900541
圏10:00～20:00
休無休 C M V
図噴水通りから徒歩1分
URLinstagram.com/vault_14
※ウラジオストクのコスプレイベントANIMATE IT! URLanimate-it.ru

キタイスキー市場（通称）
Китайский рынок

市場 MAP P.38-B3外

ウラジオストク最大の総合市場。広大な敷地内は衣料や家電、日用雑貨、食料品などいくつかのブースに分かれている。雑貨の大半は中国製ゆえにキタイスキー（中国の意味）と呼ばれるが、通称にすぎない。食品はロシア産が多い。

圏ファデエヴァ通り1B 13
ул.Фадеева 1в 13
TEL店舗による
圏10:00～19:00
休店舗により異なる
図路線バス31番Спортивная下車、徒歩1分

ルィヴヌィイ・オーストロボク
Рывный островок

食料品店 MAP P.37-B1

ボイル冷凍のタラバガニやエビ、ホタテ、イクラ、サーモンの燻製などの高級海鮮食材はおみやげとして喜ばれることうけあい。ここは高級食材店の空港店。日本へ持ち帰るのに便利なように、保冷包装にしてくれるのでおみやげに便利。

圏ウラジーミラ・サイベリャ通り45
ул.Владимира Сайбеля 45
TEL268-5999
圏6:00～22:00
休無休 C M V
図ウラジオストク国際空港内

プリモールスキー・コンヂーチェル
ПРИМОРСКИЙ КОНДИТЕР

食料品店 MAP P.38-B1

ウラジオストク生まれのチョコレートメーカーの直販店。2017年11月に噴水通りに出店した新店舗には板チョコから豪華な箱入りまで揃っている。なかでも地元で人気なのは「鳥のミルク」と呼ばれるチョコでコーティングした商品だ。

圏アレウーツカヤ通り
ул.Алеутская 25
TEL240-6740
圏8:00～23:00
休無休 C M V
図噴水通りから徒歩1分
URLprimkon.ru

フレッシュ25
Фреш25

スーパー MAP P.38-B1

クローバーハウスの地下1階にある24時間スーパー。みやげ用のチョコレートや酒類など何でも揃う。パンコーナーのピロシキは好評。屋上はフードコートになっている。配りもの用の小さなお菓子など、おみやげにピッタリ。

圏セミョーノフスカヤ通り15
ул.Семёновская 15
TEL234-3434
圏24時間
休無休 C M V
図噴水通りから徒歩3分。
URLfresh25.ru

ウラジオストクの
エンターテインメント

ウラジオストクはバレエの町として有名だが、それ以外にもたくさんのエンターテインメント
が揃う。サーカスや人形劇、アイスホッケーなどのスポーツ観戦もおすすめだ。

マリインスキー劇場

Мариинский театр

オペラ&バレエ　MAP P.38-A2外

1.「くるみ割り人形」
の公演シーン　2.収
容人数1356人の大
ホール　3.同劇団で
ソリストとして活躍す
る西田早希さんの「く
るみ割り人形」アラブ
の踊り　4.劇場のカ
フェでスパークリング
ワイン

公演の予約はネットでできる。トップページから
個人登録をし、完了メールを受けたらログインし、
公演予定をチェック。観たい演目や座席を指定し、
クレジットカード(VISAかMASTER)で決済する。
その後、メールでEチケットが送られてくるので、
プリントアウトして劇場に行けばいい。

　金角湾をまたぐ大橋を渡ったすぐ先に2012年に完成した現代的な
シルエットが美しい劇場がある。ロシア国立マリインスキー劇場沿海ス
テージだ。2016年からロシアを代表するバレエ劇場でサンクトペテル
ブルクにあるマリインスキー劇場の支部となり、人材の交流も行われる
ようになり、日本からこれだけ近いのに、本格的なバレエが楽しめるよ
うになった。劇団には日本人バレリーナも多数所属しており、1年を通
じて公演が行われている。チケット価格もお手頃なので、気軽に観劇が
できると、多くの観光客が訪れている。マリインスキー劇場の公演チケ
ットは、劇場の窓口でも買えるが、同劇場サイトから予約ができる。

住 ファストーフスカヤ通り 14 стр. 2
Фастовская 14, стр. 2
TEL 240-6060
時 切符売り場 10:00～19:00
休 無休　C 不可
料 演目と席による
交 1、15、63番バスなどで Театр оперы и
балета オペラ・バレエ劇場下車
URL prim.mariinsky.ru/

エンターテインメント

フィラルモニア・コンサートホール

Приморская краевая филармония

コンサート MAP P.38-B1

中央広場に面した古いコンサートホールで、パステルカラーの外観が目印だ。館内は歴史を感じさせる雰囲気で、ホールもすばらしい。平日からクラシックやポピュラー音楽など、さまざまなアーティストの演奏を聴くことができる。毎年11月にジャズフェスティバル（→P.67）が開かれ、町に出演者のポスターが貼り出される。チケットの購入は劇場窓口でも買えるが、同ホールの公式サイトからも予約できる。日本に比べると、手頃な料金で音楽鑑賞が楽しめるのがうれしい。できれば正装して出かけよう。

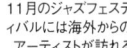

11月のジャズフェスティバルには海外からのアーティストが訪れる

演奏の合間にホール内のカフェで過ごす

🏠 スヴェトランスカヤ通り15
ул.Светланская 15
☎ 226-4022
🕐 10:00～14:00、15:00～20:00
🚫 無休　💳 M V
🚇 ウラジオストク駅から徒歩5分
🔗 primfil.ru

ウラジオストク国立サーカス

Государственный Владивостокский Цирк

サーカス MAP P.38-B3

ボリショイサーカスは世界的に有名だが、ウラジオストクでもロシアのサーカスを観ることができる。動物もいろいろ登場し、子供も大人も楽しめるプログラムだ。劇場の公式サイトで公演日時を確認し、なるべく早めにチケットを入手しよう。

🏠 スヴェトランスカヤ通り103
ул.Светланская 103
☎ 222-8252
🕐 日によって開演時間が異なる
🚫 開演日のみオープン　🎫 演目による
🚇 路線バス31番Циркサーカス下車、徒歩2分
🔗 circus-vladivostok.ru

人形劇場

Приморский краевой театр кукол

人形劇 MAP P.38-B2

ロシアの人形劇はクオリティが高く、どんな町でも専門の人形劇場があるほど。公演の日には小さな子供連れの家族が大勢劇場を訪れるが、観光客だって十分楽しめる。劇場内のステージに浮かび上がる幻想的な人形たちをぜひ観に行きたい。

🏠 ペトラ・ヴェリーコヴォ通り8
ул.Петра Великого 8
☎ 222-1344
🕐 12:00～（基本的に土・日が定期公演だが、平日にも行う）
🎫 250P
🚇 グム百貨店から徒歩3分
🔗 primpuppet.ru

フェティソフ・アリーナ

Фетисов Арена

スポーツ MAP P.37-B1

ウラジオストクには、ロシアを中心に7カ国が参加するプロホッケーリーグKHL（Kontinental Hockey League）に所属するアドミラルという地元チームがある。アイスホッケーはロシアの国技。滞在中日程が合えば、ぜひ観戦に行こう。

🏠 マコフスコヴォ 234
ул.Маковского 284
☎ 279-3033
🕐 10:00～17:00（切符売り場）
🚫 土・日（試合開催日以外）
🚇 市内から車で所要30分
🔗 hcadmiral.ru/arena

ディナモ・スタジアム

Стадион "Динамо"

スポーツ MAP P.38-B1

ウラジオストクにはロシアプロサッカーリーグ2部に属するルチ・エネルギアというチームがあり、ここが本拠地だ。スタジアム正面玄関にスケジュールが貼り出されている。チケットは250Pほどなので、日程が合えば地元の人と一緒に応援しよう。

🏠 アドミラーラ・フォーキナー通り1
ул.Адмирала Фокина 1
☎ 221-4759
🚇 噴水から徒歩5分
🔗 dinamo-prim.ru

 Hotel

ウラジオストクの
ホテル

ウラジオストク旅行の唯一の難点は、ホテルの数が少ないことだ。インターナショナルクラスのホテルはロッテくらいだが、リーズナブルなミニホテルは増えている。

ロッテホテル ウラジオストク
LOTTE Отель Владивосток

★★★★★ MAP P.38-B2

ウラジオストクにおける高級ホテルのひとつ。ヒュンダイから同じ韓国系のロッテに生まれ変わった。市内中心部に位置し、観光に便利。館内には市のツーリストインフォメーションや韓国料理店がある。鷲の巣展望台への坂道の途中にある。

🏠セミョーノフスカヤ通り29
ул.Семеновская 29
📞240-7201
💰ST12500P〜80000P
💳A M V J 🛏153室
🚉グム百貨店から徒歩5分
🔗www.lottehotelvladivostok.com

アジムト
АЗИМУТ Отель Владивосток

★★★★★ MAP P.38-A1

アムール湾が見渡せる高台の上に立つ高級ホテルで、館内はクールなデザインで統一されている。客室もスタイリッシュで快適だ。海辺通りにも歩いて行けるので観光にも便利。フロントとバーが隣接しているのがおもしろい。

🏠ナーベレジナヤ通り10
ул.Набережная, 10
📞241-1941
💰ST6500P〜21500P
💳A M V 🛏378室
🚉ウラジオストク駅から徒歩12分
🔗azimuthotels.com/russia/vladivostok

プリモーリエ
Гостиница Приморье

★★★★★ MAP P.38-A1

ウラジオストク駅から最も近い場所にあるホテル。港側の客室の窓から金角湾大橋が望める。館内は清潔でビジネス出張者にも利用されている。ホテル内にピザ屋が入店しているので、朝食ではピザが食べられる。カフェとは別にパン屋もある。

🏠バスイェーツカヤ通り20
ул.Посьетская 20
📞241-1422
💰ST4200P〜6100P
💳A M V J 🛏120室
🚉ウラジオストク駅から徒歩3分
🔗hotelprimorye.ru

ヴェルサイユ
Отель Версаль

★★★★★ MAP P.38-B1

1909年に建てられたウラジオストクで最も古いホテル。館内はその名のとおり、クラシカルな趣がある。モダンなスタローヴァヤ「ニ ルィダイ」が隣接しているし、周辺は観光スポットやバーエリアにも近いので、滞在を楽しめるだろう。

🏠スヴェトランスカヤ通り10
ул.Светланская 10
📞226-4201
💰ST4800P〜12600P
💳A M V J 🛏42室
🚉ウラジオストク駅から徒歩10分
🔗hotel-versailles.com

ジムチュージナ
гостиница Жемчужина

★★★★★ MAP P.38-A1

「真珠」という名のホテル。内装がリニューアルされ、客室はきれいなわりにリーズナブルなホテルなので、日本人に人気。1階ロビーにカフェバーがある。ロシアのホテルによくあるが、アイロンがけできる専用の部屋があり、自由に使えるのがうれしい。

🏠ベストゥージェヴァ通り29
ул.Бестужева 29
📞241-4387
💰ST4300P〜8400P
💳M V 🛏89室
🚉ウラジオストク駅から徒歩6分
🔗gemhotel.ru

ホテル

アジムト アムールスキー ザリーフ

Амурский ЗаливВладивосток

★ ★ ★ ★ ★ MAP P.38-A1

アジムトホテルのエコノミーブランドで、同ホテルよりさらに徒歩5分ほど海側にある。客室はアジムトに比べるとかなり簡素だが、客室からのアムール湾の眺めは同様にすばらしい。なかなか客室の予約が取れないとき重宝する。

🏠 ナーベレジナヤ通り9
ул.Набережная, 9
📞 241-2808
💰 ST 2500P〜8500P
💳 A M V 🛏 201室
🚶 ウラジオストク駅から徒歩17分
🌐 azimuthotels.com/Russia/a-hotel-amur-bay-vladivostok

マリヤーク

Моряк

★ ★ ★ ★ ★ MAP P.38-B1

「海の男」という名のホテルで、ウラジオストク駅や噴水通りに近く、観光には便利。リーズナブルだが、ソ連時代の建築なので、4階建てなのにエレベーターがないなど客室も含めて施設がかなり古い。2階に小さなカフェがある。

🏠 パスイェーツカヤ通り38
ул.Посьетская 38
📞 249-9499
💰 ST 2900P〜4000P
💳 M V 🛏 110室
🚶 ウラジオストク駅から徒歩8分
🌐 hotelm.ru

シビールスコエ・パドヴォーリエ

Сибирское подворье

★ ★ ★ ★ ★ MAP P.38-B2

オケアン通りの坂を上り、市庁舎を越えた先の右手の路地の中に立つ洋館を改装したホテル。客室はヨーロッパ調でアットホームな雰囲気。部屋のタイプや広さはいろいろある。ホテルのスタッフはフレンドリーだ。フロントでネコが飼われている。

🏠 オケアンスキー通り26
ул.Океанский пр-т 26
📞 222-5266
💰 S 3000P〜5000P T 4500P〜12000P
💳 M V 🛏 31室
🚶 中央広場から徒歩7分
🌐 otelsp.com

サンライズアパートメンツ

Sunrise Apartments

★ ★ ★ ★ ★ MAP P.38-B2

ロッテホテルの裏のフォンターンナヤ通りにあるアパートタイプの宿。部屋はどれも明るくキッチン付きなので、スーパーで食材やワインを買い込み、自炊もできるので、現地で暮らすような旅が楽しめる。スタッフも明るくとても親切。

🏠 フォンターンナヤ通り59
ул.Фонтанная улица 59
📞 248-5848
💰 ST 3850P〜5750P
💳 M V 🛏 22室
🚶 グム百貨店から徒歩6分
🌐 sunrise-apartments.ru

テプロ

Тепло

★ ★ ★ ★ ★ MAP P.38-A1

プリモーリエホテルの隣にあるおしゃれなホステルで、各種タイプの個室がある。カフェのような広い共同ロビーがあり、ゲストは調理もできる。駅からも近く観光に便利。同ホテルサイトを利用すれば、日によってスペシャル料金で予約できる。

🏠 パスイェーツカヤ通り16
ул.Посьетская 16
📞 800-500-0751
💰 S 2700P〜5500P
💳 V 🛏 28室
🚶 ウラジオストク駅から徒歩4分
🌐 teplo-hotel.ru

ディープ

Deep

★ ★ ★ ★ ★ MAP P.38-A1

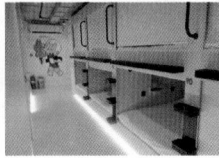

アジムトホテルのそばの高台の上にあるカプセルホテル。カプセルのあるフロアが男性用と女性用に分かれているが、カップルのための2人用ツインカプセルや個室もある。フロントや24時間営業のバーはクールでおしゃれなイメージ。快適な滞在が楽しめる。

🏠 ティグロヴァヤ通り 16a
ул. Тигровая 16а
📞 201-8020
💰 S 1600P T 2600P　スーペリアルーム 3300P
💳 M V 🛏 72室
🚶 ウラジオストク駅から徒歩12分
🌐 www.deephotel.ru

ホテル

観光客が少ないから
むしろ狙い目

ロシアの冬を楽しもう

ロシアの冬はとても寒いけれど、ウラジオストクの人たちはアクティブだ。
厳寒の季節でしか味わえない極冷体験に挑戦！

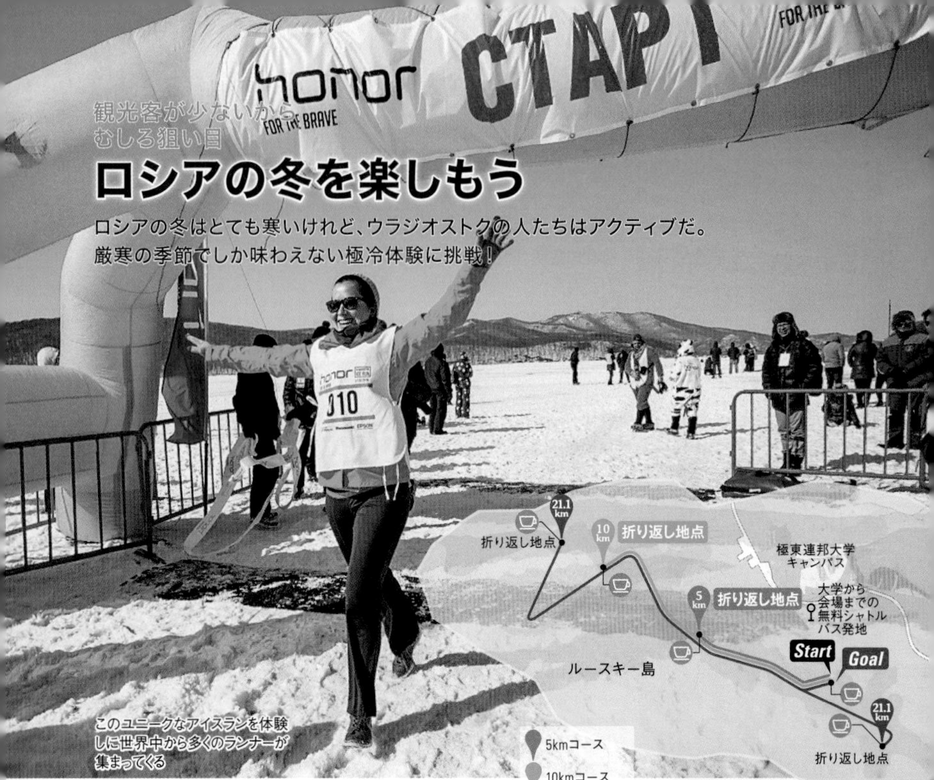

honor
FOR THE BRAVE
CTAPT
010
21.1 km
折り返し地点
10 km
折り返し地点
極東連邦大学
キャンパス
5 km
折り返し地点
大学から
会場までの
無料シャトル
バス発地
Start
Goal
ルースキー島
21.1 km
折り返し地点
5kmコース
10kmコース
21.1kmコース
(ハーフマラソン)
Food,drink,
medical station

このユニークなアイスランを体験しに世界中から多くのランナーが集まってくる

氷結した海の上を走る！

ウラジオストク国際アイスラン (VLADIVOSTOK INTERNATIONAL ICE RUN)

2月下旬

ルースキー島東部の深い入江も、冬になると氷の海に変わる。毎年2月下旬、そこは氷上ハーフマラソンが開催される舞台となる。平均気温はマイナス7℃、風も強いが、毎年多くのランナーが参加する。コースは5km、10km、21.1kmから選べ、6歳から13歳まで参加できる500mランもある。滑り止めスパイクを付けて走破しよう。

● 参加手続き

アイスランの参加申し込みは、ロシア国内のランニングイベントの総合サイトRussia Running (URL russiarunning.com/events)のイベント情報から「VLADIVOSTOK INTERNATIONAL ICE RUN」を探し、希望のコースを登録し、カード決済する。
大会の詳細については
ウラジオストク国際アイスラン公式サイト
URL jp.vladivostokice.run

※現地の対応は必ずしも万全ではないため、JATM（→P.187）のような極東ロシアの専門旅行社に手配を頼むのが無難だ。

honor
ФИНИШ

honor
060

honor

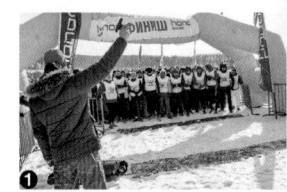

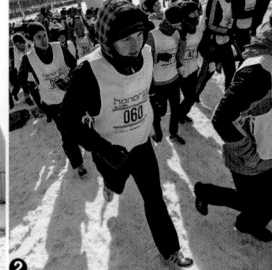

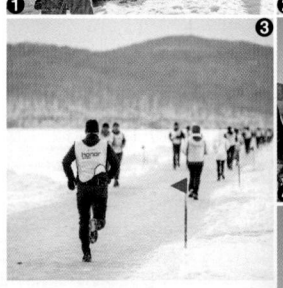

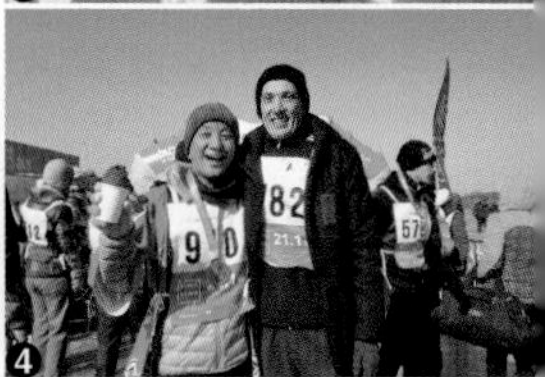

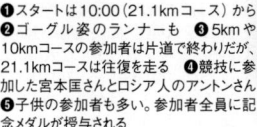

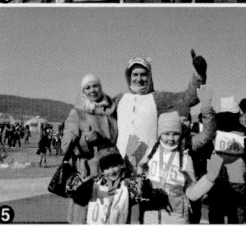

❶スタートは10:00（21.1kmコース）から ❷ゴーグル姿のランナーも ❸5kmや10kmコースの参加者は片道で終わりだが、21.1kmコースは往復を走る ❹競技に参加した宮本匡さんとロシア人のアントンさん ❺子供の参加者も多い。参加者全員に記念メダルが授与される

12月中旬〜1月中旬

ロシアのクリスマスを過ごす

ロシア正教のクリスマスは1月7日だが、12月中旬から町は美しくライトアップされ、クリスマスムードに染まる。マリインスキー劇場ではクリスマスの時期に合わせて「くるみ割り人形」の公演が実施され、大晦日はカウントダウンのために夜遅くまで町はにぎわう。一方、この時期教会に足を運ぶと、敬虔な信者たちの姿も見かけるだろう。ロシアらしいクリスマスを過ごしてみては。

❶中央広場に特設される電飾ツリー
❷ 金角湾大橋が見える　❸電飾サンタさん
❹日本にはないクリスマス用装飾を見に行こう
※写真はウラジオストク在住の写真家Yuriy Smityukさんが撮影

冬の風物詩 ワカサギ釣り

1月〜2月

ウラジオストクでは毎年12月頃から海上に氷が張り始める。夏は海水浴場だったスポーツ湾も風景が一変し、氷の上を散歩する人たちの姿が見られる。なかでもこの町の冬の風物詩といえるのが、氷穴釣りだ。

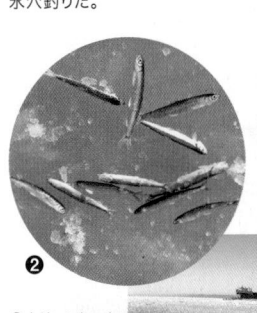

❶氷結した海の向こうにルースキー大橋が見える　❷キュウリウオやワカサギが釣れる　❸ドリルで氷に穴を開け、釣り糸をたらす　❹氷の海がオレンジ色に染まる。この時期にしか撮れない夕景だ
※ 写 真 ❶ と ❹ は Discover Vladivostok photobank提供

ウラジオストクの年間イベント情報

ウラジオストクでは1年を通じてさまざまな祝日やイベントがある。
これらの記念日には多くの市民が町に繰り出し、祭りを楽しんでいる。
旅行の日程を決める際の参考にしたい。
情報提供：ジャパン・エア・トラベル・マーケティング（JATM）

ウラジくん
「トラの日」のフェイスペインティング

> ● ウラジオストクのイベント情報サイト
> 各種イベントの日程が決まるのは、例年遅い傾向にある。
> 渡航時期にどんなイベントや公演があるかを調べるには、
> 現地情報サイトのVL.RUが参考になる（ただし、ロシア語）。
> URL www.vl.ru/afisha/vladivostok

 春 Весна

5月9日 戦勝記念日

第2次世界大戦の戦勝記念日。毎年9:00より戦車や軍人の行進が行われる。昼過ぎからは、噴水通りや海岸通りで演奏や撮影会、夜は8:00より中央広場でコンサートや花火とにぎやかな1日。前夜の予行演習から盛り上がっている。

3月〜5月未定 コスプレフェスティバル　Animate It!

毎年春にコスプレイベントが開催され、ウラジオストクのアニメファンが集まる。アメコミ部門やアジア部門、ゲーム部門に分かれてコスプレを競い合う。日程や会場は年によって変わるので確認が必要。
URL animate-it.ru

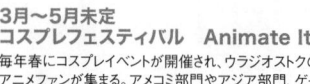

4月〜5月未定 ハンドメイドフェスタ

地元の手づくりアーティストが参加する販売イベント。ジャンルはアクセサリーから陶器、手芸作品まで多種多様。会場はグム百貨店裏。
URL vladgum.ru

夏 Лето

2019年は市の建設から159年目。特に7月の第1土曜には民族衣装を着た人々のダンスやパレードが繰り広げられる。

7月2日 市制記念日

7月下旬〜8月 ウラジオストク・ロックス（V-ROX）
URL vrox.org/en

ロシアを代表するウラジオストク出身のロックミュージシャン、イリヤ・ラグテンコさん（ムミー・トローリのリーダー）らが立ち上げた音楽フェスで、スポーツ湾のウオーターフロントの特設ステージで開催される。日本からも含め、国内外から多くの若手アーティストがやってきて、町は熱気で盛り上がる。

V-ROX 2016, фото Екатерины Сансар

7月最終日曜 海軍の日

海軍のお祭りで、見ものなのはスポーツ湾で繰り広げられる戦艦のショーだ。町なかではコンサートなども行われる。

8月未定 極東国際音楽祭（FAR EASTERN INTERNATIONAL FESTIVAL）

アジア各国やアメリカ、中南米からもアーティストが集い、マリインスキー劇場でコンサートが開かれる。
URL prim.mariinsky.ru/en

秋 Осень

9月中旬
国際映画祭アジア太平洋地域
(The International Film Festival for the Asian-Pacific Region)

スポーツ湾に面したオケアン映画館をメイン会場として開催される。市内のホテルや劇場、博物館などで関連イベントもある。

URL pacificmeridianfest.ru

9月未定
コーヒーフェスタ
(Kofevostok)

グム百貨店裏の路地をすべて埋め尽くすほどのコーヒー関連のブースが出店。アフリカのコーヒー農園とチャットで会話するワークショップや専門家によるレクチャーやビデオ上映会なども行われる。

9月中旬〜下旬
タラバガニ祭り

市内のシーフードレストランで開催される。レストランについてはパシフィック・ロシア・フード(P.27)参照。

URL kingcrabrussia.ru

9月第4週目の土曜
ウラジオストク国際マラソン
(VLADIVOSTOK INTERNATIONAL MARATHON)

2015年より開催されているマラソン大会。ルースキー島をスタートし、普段は歩けないルースキー大橋や金角湾大橋を走り、ゴールは中央広場。ハーフマラソンや5kmコース、子供用1kmコースなどがある。参加申し込みは、ロシア国内のランニングイベントの総合サイトRussia Running (URL russiarunning.com/event) のイベント情報から「VLADIVOSTOK INTERNATIONAL MARATHON」を探し、希望のコースを登録し、カードで決済する。

URL vladivostokmarathon.ru

❶ゴール目前のスヴェトランスカヤ通りを走る ❷道路を埋め尽くすランナーたち ❸参加者全員にメダルとグッズがもらえる

9月最終日曜
「トラの日」パレード

ウラジオストクで最も盛り上がるフェイスペイントイベント。オケアンスキー大通りで市のシンボルであるトラに扮した仮装パレードが繰り広げられる。

❶トラはウラジオストクのシンボル ❷町中の人たちが仮装して通りを埋め尽くす

冬 Зима

11月中旬未定
ウラジオストク国際ジャズフェスティバル
(VLADIVOSTOK INTERNATIONAL JAZZ FESTIVAL)

中央広場の前のフィラルモニアコンサートホールで開催される。毎年海外や日本からもアーティストが参加する。

URL primfil.ru

12月下旬
「くるみ割り人形」上演

URL prim.mariinsky.ru

「くるみ割り人形」はチャイコフスキーの3大バレエのひとつ。クリスマスのストーリーのため、年末年始はマリインスキー劇場で連続上演される。

12月31日
カウントダウン

ウラジオストクのカウントダウンイベントは中央広場で行われる。派手な電飾ツリーや屋台も出て、花火も上がる。市内のバーの多くは朝まで営業し、各種イベントで盛り上がる。

2月下旬
ウラジオストク
国際アイスラン
(Vladivostok International ICE RUN)

冬の風物詩となったウラジオストクの氷上ハーフマラソン。6歳から13歳までが参加できる500mコースもあり、家族で楽しめるイベント。日本からの参加者も年々増えている。

URL jp.vladivostokice.run

ウスリースク

Уссурийск ＊ ウスリースク

ウスリースクの市外局番
TEL 4234

ACCESS

🚌 列車

ウラジオストク駅からウスリースク駅までエレクトリーチカ（近郊電車）が1日4往復運行。所要時間約2時間30分、200P。

駅から市内へは車で5分。駅前から真っすぐ延びるプーシキン通りを進むと町に着く。

🚌 バス

ウラジオストクのフタラヤレーチカのバスターミナルからウスリースク行きバスが頻発。所要2時間、360P。ウスリースクのバスターミナルからは、中国行きの国際バスも出る。

ウスリースク駅は町から少し離れている

ウスリースク観光ガイド

URL ussuriyskrussia.wix.com/ussuriysk

ウスリースク在住の日本人とロシア人のカップル、フョードロフ・アンドレイ＆優子さんが運営する観光案内サイト。事前に問い合わせれば、町を案内してくれる。

郊外にある中世・古ロシアの生活文化を体験できるテーマパーク「エメラルド・バレー」
URL dvpark.ru/main

　ウスリースクはウラジオストクから北へ約100km離れたロシア沿海地方第2の都市。人口は17万2017人（2018年）。中国や北朝鮮からの鉄道がシベリア鉄道に合流する交通の要衝だ。19世紀半ば、ロシアは中国から延びる東清鉄道とウラジオストクへの連絡を図るため拠点を建設。ニコリスコエ村と名づけられた。当時の建築が残る旧市街は、現在の駅から少し離れているが、由緒ある劇場や教会、青空市場、博物館などがある。なかでも生神女庇護聖堂 Церковь покрова Пресвятой Богородицы は、1914年に建設された後、ロシア革命時も破壊を免れた沿海地方で唯一の教会だ。ウスリースクにはもうひとつの特徴がある、郊外に7世紀から10世紀にかけてこの地で栄えた古代王朝の渤海国の遺跡が残っていることだ。

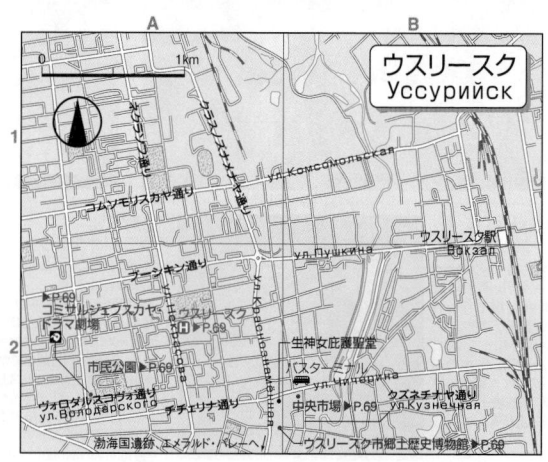

ウスリースクの見どころ

Музей Уссурийского городского округа
ウスリースク市郷土歴史博物館

　もともとウスリースク周辺は北方の先住民族が住んでいた。町の周辺で発掘された渤海国や金王朝の遺跡の出土品や19世紀以降に植民したロシア人の生活などを展示し、郷土の歴史を教えてくれる。

渤海時代の王宮を描いた絵が大きく展示

🅼🅰🅿 P.68-A2
🏠ул. Краснознамённая 80
☎32-02-34　🕐10:00〜12:30、13:00〜17:00
🈺月　💴100P　🚃生神女庇護聖堂の南側すぐ
🆄🆁🅻 ussuri-museum.ru

Театр драмы им. В.Ф. Комиссаржевской Уссурийск
コミサルジェフスカヤ・ドラマ劇場

　ロシアの名女優ヴェーラ・フョードロヴナ・コミサルジェフスカヤの名を冠して1937年に建てられた劇場。大人から子供まで楽しめる作品を公演。ウスリースクにはもうひとつ軍の劇場もある。

古く格式ある劇場だが、子供向けの公演日も

🅼🅰🅿 P.68-A2
🏠ул. Володарского д33　☎32-40-90
🕐演目によって異なる　🈺演目によって異なる
🚃ウスリースクホテルから徒歩10分。市民公園の隣
🆄🆁🅻 usteatr.ru

Парк Дора
市民公園

　ウスリースクの市民公園で、白樺林と芝生に覆われた憩いの場所。興味深いのは、敷地内に12世紀にこの地域を支配した金王朝の亀の石碑が置かれていること。動物園もあり、家族連れが訪れている。

市民公園にある「アイ♥ウスリースク」のオブジェはロシア語で書かれている

🅼🅰🅿 P.68-A2
🏠ул. Володарского　🕐24時間
🚃ウスリースクホテルから徒歩10分

Центральный рынок
中央市場

　地元産の野菜やハーブ、肉などの食材や日用雑貨などを売る市場。青空市場も隣接している。教会の裏に広がる青空市場では、衣料やさまざまな生活雑貨が売られている。

陽気な肉屋のおじさんが笑顔で迎えてくれる

🅼🅰🅿 P.68-B2
🏠ул.Кузнечная 14　🕐9:00〜21:00　🈺無休
🚃バスターミナルの通りの斜め向かい

 Hotel

ウスリースクのホテル

ウスリースク
Уссурийск

★ ★ ★ ★ ★　🅼🅰🅿 P.68-A2

　ウスリースク市内中心部にあるこの町でいちばん大きなシティホテル。客室は改装されて新しい。バスターミナルや市場、旧市街などの観光スポットにも近くて便利。1階に広いカフェがあり、ホテルの宿泊客はビュッフェスタイルの朝食を取っている。

🅼🅰🅿 P.68-A2
🏠ул.Некрасова 64
☎914-711-0120
💴シングル&ダブル2000P〜3200P、ツイン2400P〜5500P
🍴なし　📶無線(無料)
💳M V　🏨128室
🚃ウスリースク駅からタクシーで5分
🆄🆁🅻 hotelussuriisk.ru

ナホトカ

Находка ＊ ナホートカ

ナホトカの市外局番
☎4236

■ ACCESS

🚃 列車

ウラジオストク駅からチハオケアンスカヤ駅までエレクトリーチカ（近郊列車）が1日1〜2往復運行。所要約5時間、395P。

駅から市内へは、チハオケアンスカヤ駅から徒歩圏内。

ナホトカ駅は港のそばにある

🚌 バス

ウラジオストクのフタラヤレーチカのバスターミナルから506番または特急バスが頻発。所要4〜5時間、450〜655P。

ウラジオストク発のバス

市内交通

バス25P。多くのバスがナホトカ大通りを走り、市内中心部とチハオケアンスカヤ駅、バスターミナルを結んでいる。

ナホトカ博物館は博物館は
駅から徒歩でも10分ほど

小高い丘にある展望台から眺めるナホトカ港

　ナホトカは南北約15kmにわたる弓状の港町。かつては横浜と定期船で結ばれ、日本からシベリア鉄道経由でソ連やヨーロッパへ向かう日本人が最初にロシアに入国する町だった。日本人シベリア抑留者の収容所があり、引き揚げ拠点でもあった。以前は日本国総領事館もおかれ、日本との歴史的な関係は深い。

　ナホトカ湾に沿ってナホトカ大通り пр. Находкинский が走っており、ここに日露友好を伝える見どころが集中。チハオケアンスカヤ駅前から北東に歩くと最初に出合うのが舞鶴市との「友好の石」（1978年建立）。その少し先の海側には展望台があり、ナホトカ港が一望できる。さらに進むと敦賀市との「友好の庭」（1983年造園）がある。チハオケアンスカヤ駅から西に向かうと、「小樽・舞鶴・敦賀・ナホトカ友好都市友好の壁」もある。

　近年ナホトカを訪れる日本人は水産関係のビジネス目的が多い。小樽市、舞鶴市、敦賀市の姉妹都市。人口14万9316人（2018年）。

ナホトカの見どころ

ナホトカ博物館
ナホトカの歴史を知るには

ムズィエーイノ　ヴィスタヴォチヌイイ　ツェントル　ナホートカ
Музейно-Выставочный Центр Находка

石器時代から現代にいたるナホトカの歴史を展示。日本と関わる歴史も豊富。シベリア出兵時の日本兵や敗戦後にナホトカに連れてこられた日本人抑留者の状況を伝える写真や彼らの極限状況を描いた絵など、興味深い資料を見ることができる。館内は2年前にリニューアルされ、現代的な技術を駆使したビジュアル展示も多い。展示解説用のタブレットの無料貸し出しも行っており、英語と一部日本語でも説明が見られる。

タブレットを使うと日本語の解説も出てくる

ナホトカ博物館
- MAP P.70-A2
- ул.В ладивостокская 6
- TEL 65-64-26
- 時 10:00～18:00
- 休 月
- 料 100P（写真、ビデオ無料）
- 交 チハオケアンスカヤ駅前から2、4、5、9番バスなどでЛенинская下車、北へ徒歩約1分
- URL museum-nakhodka.ru

英語のできる案内係に頼めば有料（100P）でガイドをしてくれる

Restaurant, Hotel

ナホトカのレストラン・ホテル

ビッグブッダ
アジア料理　MAP P.70-A2

BiG будда

ウラジオストクのグム百貨店店内にあるアジア料理レストランの支店。メニューはロシア人の旅行先として人気のあるタイやベトナム料理が中心だが、日本ではお目にかかれないカリフォルニアロールのような日本食もある。メニューは写真付きなので指差し注文できる。

- MAP P.70-A2
- ウラジオストク通り 18　ул.Владивостокская 18
- TEL 79-90-88
- 時 11:00～24:00
- 休 無休　CM V
- 交 ナホトカ博物館から徒歩2分
- URL www.instagram.com/big_budda_nhk

カフェ・テラサ
ロシア料理　MAP P.70-A1外

Кафе терраса

ヨーロッパ料理やジョージア料理が食べられるレストラン。写真付きメニューがあるので、困らない。ナホトカでは人気の店で、家族やグループのパーティなどでも利用される。レストランのスタッフは地元の美女揃いで、とても気さくで親切だ。

- MAP P.70-A1 外
- ул.Проспект мира41
- TEL 77-89-88
- 時 11:00～24:00、金・土・日翌2:00
- 交 バスターミナルから徒歩10分
- URL www.instagram.com/cafeterrasa

プリスコ・レント
★ ★ ★ ★ ★　MAP P.70-A1

Приско Рент

ローカル色たっぷりのカジュアルなホテルで、高台にあるので日当たりもよい。全室バスタブ付きなので、日本人にはおすすめ。フロントは英語が通じるので安心。併設したレストランは写真付きメニューで利用しやすい。キッズルームもある。

- MAP P.71-A1
- ул.Пограничная 27
- TEL 65-99-10　FAX 74-73-05
- 料 2600P～　3400P～　4200P
- CM V　客34室
- 朝 あり　無線（無料）
- 交 4、16番バスで「БЕП」下車、南へ徒歩約2分
- URL www.priscohotels.ru

ハバロフスク

Хабаровск ✳ ハバーラフスク

夕暮れを迎えたムラヴィヨフ・アムールスキー通り

ハバロフスクの市外局番
☎4212

ACCESS

✈ 飛行機

　2019年2月現在、成田国際空港からの直行便が週3便ある。大韓航空やアシアナ航空が日本の主要空港からソウル経由便を多数運航していて、国内各都市とも結ばれている。

　空港から市内へは、国内線ターミナルの駐車場の前から出る1番トロリーバスを利用。市内まで30〜40分。タクシーならレーニン広場まで約500〜600P。

ハバロフスク空港
URL www.airkhv.ru

ハバロフスク空港国際ターミナル。現在新ターミナル建設中

🚃 列車

　ウラジオストク駅から「ロシア号」「オケアン号」などで1泊2日。モスクワのヤロスラヴリ駅から「ロシア号」で6泊7日。

　ハバロフスク駅前から1、2、6番トラム、24番バスが中心部へ行く。

在ハバロフスク日本国総領事館
Генеральное Консульство Японии
MAP P.74-B3
🏠ツルゲーネフ通り46
ул.Тургенева46
☎41-30-44、41-30-45
🕐9:00〜12:30、13:30〜17:45
🚫土・日、ロシアの祝日および一部日本の祝日
🚶教会広場から南へ徒歩約12分。
URL www.khabarovsk.ru.emb-japan.go.jp

　大河アムールのほとりに位置するハバロフスクは、古いヨーロッパ調の町並みが美しい町だ。日本からのフライトは2時間圏内で、気軽に訪ねることができるのが魅力である。2018年9月から沿海地方に続き、ハバロフスク地方も日本人に対する電子簡易ビザの発給を開始したことから、渡航が飛躍的に容易になった。冬の平均気温はマイナス20℃になるが、6月初めから8月にかけての夏は25℃を超え、快適な旅が楽しめる。

　ロシア人がハバロフスクの建設を開始したのは1858年。地名は、1649年にこの地を訪れた探検家のエロフェイ・ハバロフにちなんでいる。人口は61万8150人（2018年）で、極東ロシアで最大の都市である。

　ウラジオストクと同様、ハバロフスクには20世紀初頭、多くの日本人が暮らしていた。目抜き通りのムラヴィヨフ・アムールスキー通り ул.МуравьёваАмурского周辺には、かつて日本人が営んでいた商店や事務所などが残っている。

　ハバロフスクはグルメの町でもある。市内にはロシア料理はもちろん、日本では珍しいジョージアやアゼルバイジャン、オセチアなどコーカサスの料理店がある。近年おしゃれなデザインホテルが市内に次々と開業しており、ウラジオストクに比べ、宿泊事情は恵まれている。

ハバロフスクの歩き方

　ハバロフスクは坂道の多い町だ。町の形成は、川に対して垂直に並ぶ3つの丘の上に通りを敷き、その間のふたつの谷間に白樺の美しい並木通りと公園を設置している。

　ハバロフスク観光は、まずアムール川の眺めを見ることに始まる。対岸の島はロシア領だが、その先は中国だ。海のような大河の流れを目に焼きつかせたい。さらに、川沿いに広がる公

園には、展望台や遊覧船乗り場、観覧車、レーニンスタジアム（サッカースタジアム）などのアミューズメント施設に加え、ロシア正教会や博物館、美術館、コンサートホールなどの歴史・文化施設が集中している。

ムラヴィヨフ・アムールスキー通りで建築散策

　次は、建築散策がテーマ。川に面したコムソモリスカヤ広場（ウスペンスキー教会が立つ）からレーニン広場 пл.Ленина までの約1.6kmを結ぶムラヴィヨフ・アムールスキー通りの両側にはヨーロッパ調のれんが造りの建築が続く。19世紀末にヨーロッパで一斉風靡したアールヌーヴォーやネオロシアといった装飾的な様式や、ロシア風の優美で曲線的な建築が並んでいる。20世紀初頭にこの町で日本人が生活していたことを思うと、不思議さとともに親しみを感じないだろうか。

花と緑が美しいアムールスキー並木通り

　レーニン広場から先は通りの名前が変わり、カール・マルクス通り ул.Карла Маркса になる。レトロな遊園地もあるディナモ公園の脇を抜け、しばらく歩くと、レニングラード通り ул.Ленинградская との立体交差になり、交差点の南西角にHKのマークの現代的なショッピングセンター、エヌ・カー・シティがある。おみやげなどの買い物はここで何でも揃う。

　2本ある並木通りのひとつ、北側のアムールスキー並木通り Амурскийбульвар は、公園から駅へと続く美しい道だ。プーシキン通りとレフ・トルストイ通り ул.Льва Толстого 沿いに中央市場がある。ロシアの食文化に触れることができるだろう。

レーニン広場にはレーニンの銅像と噴水がある。毎年5月下旬、市の創立記念日の祝賀パレードが開かれる

ハバロフスク駅。ウラジオストクからの夜行列車はここに着く

ポータル セゾノフ
Портал Сезонов
🗺 MAP P.74-A1
🏠 レニングラード通り 58 a
ул. Ленинградская 58а
📞 38-92-88
🕐 10:00～19:00
🌐 www.dvtravel.ru/jp
　日本留学の経験があるアナスタシア・ステパシコさんの旅行会社。オフィスは駅のすぐそば。ハバロフスクのグルメツアーも企画しているので、サイトに注目。

ダリゲオ・ツアー
Dalgeo Tours
🗺 MAP P.74-A2
🏠 ヴァロチャーエフスカヤ通り163
ул. Волочаевская 163
📞 31-88-30
🕐 10:00～19:00
🌐 www.dalgeo.com/Jp
　ヤコベンコ社長と日本語のできるエレーナさんの旅行会社。ユニークな現地発ツアーを多数企画。

ハバロフスク日本センター
🗺 MAP P.74-A1
🏠 マスコーフスカヤ通り 7
ул.Московская 7
📞 22-74-60（日本語可）
🕐 9:00～12:30、14:00～18:00
🚫 土・日
🚌 バス停Ленинградская下車、北西へ徒歩約8分。
🌐 www.japancenter.khv.ru
　おもに日露間の経済交流に資する情報提供を行う機関だが、日本人スタッフも常駐し、幅広い相談に対応している。

ハバロフスク
Хабаровск

空港、日本人墓地 ▶P.78、子供鉄道 ▶P.78、
アムール川鉄橋歴史博物館 ▶P.78、カザケヴィチェボ村 ▶P.85、
リビエラ ▶P.89、グランプリ(バーニャ) ▶P.86、
ハバロフスク国立サーカス ▶P.86、バルティカ・ビール工場へ ▶P.79

ハバロフスクの見どころ

夏は遊覧船が楽しめる
アムール川
リカー・アムール
p.Амур

MAP P.74-A・B-3

シベリア南東部と中国との国境を流れる全長4440kmの大河アムール。ハバロフスクから支流のウスリー川と南北に分かれ、オホーツク海に注ぐ。中国名は黒龍江だ。2000年代に大ウスリー島（黒瞎子島）をはじめとする中国との流域国境を画定した。夏はのどかな岸辺に水浴びを楽しむ人たちが見られる。アムール大橋の近くで折り返す遊覧船も運航している。中国行きの船も岸辺から発着している。一方、冬には川が完全に凍結する。

河畔に立つウスペンスキー教会

アムール川流域は緑豊かな大自然

20世紀初頭日本人が多く住んでいた
ムラヴィヨフ・アムールスキー通り
ウーリッツァ ムラヴィヨヴァアムールスカヴァ
ул.МуравьёваАмурского

MAP P.74-B2〜3

ウスペンスキー教会のあるコムソモリスカヤ広場からレーニン広場にいたるムラヴィヨフ・アムールスキー通り沿いは、カフェや劇場、映画館などが並ぶ繁華街だ。興味深いことに、1880年代から1920年にかけて多くの日本人が居住し、商店やホテル、病院、レストランなどを経営していた。最盛期の1910年代は約5万人の人口のハバロフスクに600〜850人の日本人がいたという。なかでも1896（明治29）年にこの通りで写真館を開業した愛知県出身の竹内一次（1868〜1927）は手広く商売したことで知られる。1912年には外国人として初めて貿易事務所（竹内洋行／ホテルルーシー）を設立。その建物は、コムソモール通りと交差する場所に現在も残っている。ロシア風のタマネギ屋根と通りに面した円柱のビルの表面に彫られた竹内家の家紋「笹りんどう」は、今ではハバロフスクの文化遺産のひとつである。

竹内一次の貿易事務所は、現在ハンバーガーショップ「フレーバミョーサ」が入店

この町で一番美しい建物といわれる旧ハバロフスク市議会の1階には日本の商店もあった

アムール川
⊠コムソモリスカヤ広場から西へ徒歩約2分

川沿いの公園の中に絶壁Утёсと呼ばれる展望台がある

アムール川の遊覧船
☎68-88-88
🕐12:00〜23:00の間、2時間ごとに出航。昼は1時間の遊覧、夜（19:00〜）は1時間30分の遊覧
💰大人350P、子供150P（約1時間）
⊠教会広場から南へ徒歩約5分の客船ターミナル近くから出港。出発時間は岸の立て看板に出る。運航期間は、5月中旬〜10月中旬。切符は船内で購入する

ムラヴィヨフ・アムールスキー通り
⊠レーニン広場とコムソモリスカヤ広場の間

日本人居留民会と日本人学校だった建物

竹内家の家紋「笹りんどう」

市内交通
トラム、トロリーバス、バス、マルシルートカ20P〜30P。

ハバロフスク地方グロデコフ記念郷土誌博物館

🏠 シェフチェンコ通り11
ул. Шевченко 11
☎ 30-31-92
🕙 10:00〜18:00（入館は17:00まで）
🈵 月、毎月最終金
💴 400P（写真無料）
🚇 コムソモリスカヤ広場から北へ徒歩約5分
🔗 hkm.ru

アムール川左岸をロシア領に編入した1958年のアイグン条約締結を描いた絵

博物館入口前に11世紀の女真族の墓標が置かれる

ハバロフスク地方グロデコフ記念郷土誌博物館
ハ バ ロ フ ス キ ー クラエーヴォイ ムズィエーイー・イーミェニエヌ イー グロデコバ
Хабаровский Краевой Музей имени Н.И. Гродекова

MAP P.74-A3

アムール流域の先住民族の衣装が展示される

　1894年に設立された博物館で、極東ロシアの自然や民俗文化、歴史に関する資料を多数展示している。名前の由来は、博物館設立に尽力したグロデコフ総督（1843〜1913年）にちなむ。館内は「森林」（タイガに生息する動物）「アムール川」（水生動物やマンモス、恐竜）「考古学」（石器時代の出土品）「民俗学」（先住民族の生活や祭祀に関するコレクション）「ハバロフスク地方史」（19世紀半ば以降のコサックを中心にしたロシアの東進に関わる歴史）「児童博物館」（古代ロシアの生活文化）などのセクションに分かれている。なかでも近代以降、ロシアが極東地域を当時の清国との交渉で編入していく歴史の解説は、ハバロフスクを理解するうえで、どの展示も興味深い。

児童博物館では民族衣装を着たロシア人のおばあさんが案内してくれる

極東美術館

🏠 シェフチェンコ通り7
ул.Шевченко 7
☎ 31-28-43
🕙 10:00〜18:00（入館は17:30まで）
🈵 月
💴 250P（写真200P）
🚇 コムソモリスカヤ広場から北へ徒歩約4分。入館の際に靴にビニールをかぶせる

ルネサンス初期を代表するイタリアの画家、ベンヴェヌート・ティシ・ダ・ガロファロの描いた「5つのパンで食べさせるキリスト」

極東フィルハーモニーに隣接

極東美術館
ダリニヴァストーチヌイ フドージェストヴェンヌイ ムズィエーイ
Дальневосточный Художественный Музей

MAP P.74-A3

　1931年に開館した極東美術館は、ロシア美術館やトレチャコフ美術館、エルミタージュ美術館から寄贈されたコレクションを礎にしている。ロシア正教のイコンや西洋の古代美術からルーベンスなど各国別の近代絵画を時代別に展示していて、西洋美術の歴史をわかりやすく観て回れる。レーピンやレヴィタンやシュシキンなどのロシアの近現代画家の作品も鑑賞できる。極東ロシアの自然や風景をテーマにした作品も多く、楽しめる。

西洋絵画が時代、各国別に展示されている

考古学博物館
先住民族の古代文化を解説
ムズィエーイ アルヘオロギー
Музей Археологии

MAP P.74-A3

極東ロシアの石器時代から地域固有の古代文化について解説する博物館。約16万点のコレクションが収蔵される。興味深いのは、この地域にいたツングース系先住民族の古代文化の展示。タイガの森の中での住居や木製の火起こし道具、獲物を射る矢などを学芸員が実演しながら解説してくれる。

岩穴に描かれた動物の壁画を再現

考古学博物館
🏠 ツルゲーネフ通り 86
ул.Тургенева 86
☎ 32-41-77
🕐 10:00～18:00（入館は17:00まで）
休 月 💴 250P（写真無料）
🚇 コムソモリスカヤ広場から北へ徒歩約4分
URL hkm.ru/to-visitors/arkheologiya.html

2019年2月現在、本館の展示は未公開

民間音楽博物館
レトロな蓄音機を多数展示
チャースヌイ ムズィカーリヌイ ムズィエーイ
Частный Музыкальный Музей

MAP P.74-B3

2018年8月にオープンした、ハバロフスク在住の若いカップルが始めたユニークな博物館。時代物のレトロな蓄音機や、ソ連時代のビニール版レコード、1970年代のカセットテープ、ロックのLP盤など、20世紀に民間で聴かれた音楽の歴史をたどるコレクションを展示している。オーナーのふたりは、民間音楽の文化に関するワークショップや海外交流を計画している。

古い民家に残っていた蓄音機を収集した

民間音楽博物館
🏠 フルンゼ通り 50
ул.Фрунзе 50
☎ 25-11-77
🕐 木・土12:00～、14:00～（15名以内のグループで見学。事前予約要）
💴 250P
🚇 コムソモリスカヤ広場から徒歩12分
URL www.vinyl27.com

シナゴーグの向かいにある

スパソ・プレオブラジェンスキー大聖堂
金色に輝くハバロフスクのランドマーク
スパソ プレオブラジェンスキー カフィドラーリヌィ サボール
Спасо-Преображенский Кафедральный Собор

MAP P.74-B3

5つの金色のドームをもつこの教会は、ロシア正教会ハバロフスク大主教直轄の首座聖堂であり、栄光広場にある。2003年建設。広い堂内には、数々の美しいイコンが並ぶ。大聖堂のドームの屋上に登ると、アムール川とハバロフスクの街全体のパノラマを一望にできる。近くに神学校が併設され、第2次世界大戦犠牲者慰霊碑もある。

厳かな聖堂内では、キリスト降誕祭や復活祭が行われる

スパソ・プレオブラジェンスキー大聖堂
🏠 ツルゲーネフ通り 24
ул.Тургенева 24
☎ 21-28-20
🕐 9:00～21:00 休 無休
💴 無料
🚇 56番バスなどでПлощадьСлавы下車、南へ徒歩約1分

高さ70mで極東ロシアでは最大

アムール川鉄橋歴史博物館
住 ヴォフル1a
BOXP 1a
開 10:00～16:00
※参観は予約制。P.73の地元旅行会社に依頼すること。
交 市内から車で所要30分

ロシア帝政時代の機関車などの車両や旧橋の一部を展示

5000ルーブル紙幣に描かれるアムール橋鉄橋

子供鉄道
住 クラスノダルスカヤ通り3
ул.Краснодарская 3
TEL 27-30-79
開 9:00～18:00
休 月
料 220P
交 13番バスで Детская Железная Дорога 下車、すぐ
※子供鉄道の一般試乗は、毎年5～9月までの期間以外は、特定の祝日などにかぎられるが、全国の子供たちが鉄道の運行技術を学ぶため集まる学校や宿泊施設があり、見学できる。これらの手配は、事前予約が必要で、P.73の地元旅行会社に依頼すること。

日本人墓地
交 1番トロリーバスで Питомник 下車、空港へ向かってすぐ右側が市営墓地。駐車場の奥の鉄柵に囲まれた中にある

日本人墓地とは別の場所に、1995年7月31日、シベリア抑留者の慰霊のためのモニュメントを建立。周辺は平和慰霊公苑となっている。市内から車で30分

「アムールの奇跡」の歴史を公開
アムール川鉄橋歴史博物館
ムズィエーイ イストーリィ アムールスコヴォ モスタ
Музей истории Амурского моста

MAP P.74-B1外

　帝政ロシアが満洲北部に建設した東清鉄道がウラジオストクまで開通したのは1903年だが、ハバロフスク経由のシベリア鉄道が開通するためには、巨大なアムール川鉄橋が完成した1916年を待たねばならなかった。全長2.5kmの鉄橋は当時世界最長の長さを誇った。この「アムールの奇跡」と呼ばれた鉄橋の建設の歴史や1998年に完成した新橋の設計過程などの貴重な資料を展示している。博物館の隣に旧鉄橋を再現した橋の一部が展示しており、橋の上に上ることができる。

建設過程の写真や設計図が展示されている

小さいけれど、本格的
子供鉄道
チェーツカヤ ジェリェーズナヤ ダローガ
Детская Железная Дорога

MAP P.74-B1外

　ロシアには「子供鉄道」と呼ばれる11～17歳の青少年が運営する鉄道施設が各地にあり、一般の人も試乗できるように開放されている。敷地内には軽便用蒸気機関車やディーゼル機関車も保存されている。

全長約2.5km、750mmゲージの線路にディーゼル機関車と6両の客車が走っている

シベリア抑留日本人の墓
日本人墓地
イポーンスコエ クラードビシェ
Японское кладбище

MAP P.74-B1外

　第2次世界大戦後、日本の多くの将兵や一般人たちがスターリンによってシベリア各地の収容所に抑留され、森林伐採やビル建設などの強制労働に従事させられた。ハバロフスクには彼らが建設した建築物は残っており、日本人墓地もある。

墓地の周辺はきれいに清掃されている

Column バルティカビールの工場見学

　ロシアのお酒といえばウォッカが定番のように思うかもしれないが、国産ビールの種類も豊富だ。
　極東ロシアのビールといえば、サンクトペテルブルクに本社のある「バルティカビール」が有名だ。特徴はアルコール度数を0〜9（数字が大きいほど高い）にきめ細かく分けて製品化していること。ボトルにナンバーが書かれているので、自分の好みやその日の気分で選べる。
　ハバロフスク工場では事前に予約すれば、見学ができる。見学内容は、まず麦芽を煮込んで麦汁をつくり、ホップを加えてビールの香りと苦みを引き出す仕込みから始まり、次に麦汁に酵母を加えて発酵させ、低温貯蔵する。最後に、できたビールを容器に詰め、ベルトコンベヤで運ばれ、パッケージングされるまでの流れを、解説を聞きながら歩く。見学は団体のみだが、申し込みはダリゲオ・ツアー（→P.73）で受け付けている。

1.海外ビールのライセンス生産や自社のクラフトビールを製造　2.工場を約1時間かけて見学　3.市内から車で約20分

バルティカ・ハバロフスク　Балтика-хабаровск
🏠 ヴォロネジススカヤ通り 142　ул. Воронежская 142
☎ 7-421-241-15-51　🚗 ハバロフスク市内から車で約25分　URL www.baltika.ru

Column 日本人居留民の足跡をたどる

　19世紀後半から20世紀初頭にかけて、ハバロフスクにはウラジオストクと同様に、多くの日本人居留民がいた。最初にこの地を訪れたのは、1890年代にシベリア鉄道のウラジオストクとハバロフスク間を結ぶウスリー鉄道の建設工事に従事した日本人だった。その後、この地に住み着き、貿易や商売を行うようになった。最盛期の1919年には677人の居留民がいた記録が残っていて、写真館やホテル、商店の経営など幅広く活動した。1920年代に入ると、ロシア革命後の情勢変化で大半の日本人は引き揚げている。
　地元旅行会社インツアーの通訳ガイドのウラジミール・ポポロツキー氏は、20世紀初頭のハバロフスクの事情に詳しく、事前にサイト経由で連絡を入れると、日本人居留民の足跡を案内してくれる。当時日本人が暮らしていたのは、ムラヴィヨフ・アムールスキー通りの周辺で、日本国領事館や貿易事務所、ホテルなどの建物は現在も残る。

1.ポポロツキー氏は極東連邦大学日本語学科卒　2.彼が制作した小冊子「ハバロフスク歴史ツアー」は日本人ゆかりの場所を詳しく解説　3.当時の日本の雑貨店の広告や建物の写真を手に案内

インツアー・ハバロフスク
🏠 ホテル・インツーリスト内　アムール並木通り2
Гостиница «Интурист», Амурский бульвар 2
☎ 31-22-19
URL www.intour-khabarovsk.com
✉ mev@intour.khv.ru

Cafe
カフェ &

ハバロフスク

ナポレオンケーキが
おすすめ

カフェ「ベローナ」
кафе Verona

スペインで修業した職人が焼くパンとケーキの店で、カフェも併設されている。おすすめのロシアの定番ケーキ「ナポレオン」は甘過ぎずシンプルな味で日本人好み。

MAP P.74-A1 **住**ペトラ・コマロヴァ通り12
ул.Петра Комарова 12
TEL7-962-5033629
営9:00～21:00、土・日10:00～21:00
休無休 **CC**MV **交**コメディ音楽劇場から徒歩3分
1.エクレアもおすすめ 2.自家製クロワッサンや菓子パンも 3.ストライプの入口が目印

おしゃれな
カフェチェーン

ラ・ヴィータ
Ла вита

市内に複数店舗あるカフェ。簡単な食事やビジネスランチもあり。ロシア正教のイースターの頃になると自家製のイースターのお菓子(クリーチとパスハ)を売っている。

MAP P.74-B3 **住**ムラヴィヨフ・アムールスキー通り26
ул.Муравьёва-Амурского 26
TEL55-60-73 **営**8:30～23:00、日11:00～23:00
休無休 **CC**MV **交**教会広場からムラヴィヨフ・アムールスキー通りを北へ徒歩5分

1.クルミ入りのケーキとカフェオレ 2.駅の近くにもある
3.地元の女性客が多い

中央アジアのスイーツ店

ヴォストーチヌィエ スラードスチ
Восточные сладости

日本ではまだなじみのない中央アジアのスイーツやデザートを製造販売する店(→P.29)。カフェも併設されていて、シャシリクなどの肉を小麦粉でロールした軽食なども味わえる。

MAP P.74-A2 **住**プーシキン通り37
ул.Пушкина 37
TEL75-47-44 **営**8:00～22:00
休無休 **CC**MV **交**レーニン広場から徒歩3分
1.オレンジ色と黄色のストライプが目印 2.イートインも可 3.卵白でつくるお菓子「ゼフィール」

スタッフは
中央アジア出身

&Market
市場巡り

ハバロフスクはカフェと市場の町だ。珍しいのは、
中央アジアのお菓子の店。市場に行くと、
シベリアの自然が育んだハチミツやミルク製品があふれている。

ロシアのお菓子
がいっぱい。
量り売りしている

極東ロシアでは
菩提樹やソバの
ハチミツが人気

サーモンの
燻製は種類も値段も
いろいろ

韓国食材の
パンジャンは地元の
人たちの食生活に
溶け込んでいる

屋内の食品売場は何時間いても飽きない

ロシアの生活文化に触れる
中央市場

ロシア人の生活文化に触れたいなら、市場に行こう。中央市場はレフ・トルストイ通りとアムールスキー並木通りが交差する場所にある(→P.84 MAP P.74-A2)。屋内には食肉や燻製、カニ缶、イクラ、乳製品、ロシアの菓子類などが並ぶ。キムチや韓国食材を売るコーナーもある。屋外には屋台が連なり、野菜やフルーツ、ナッツ、ダーチャや近郊の森で取れたハチミツやキノコなどが売られている。市場の西側には2016年11月にオープンしたショッピングセンターがあり、ロシアブランドの衣類や生活用品などが買える。

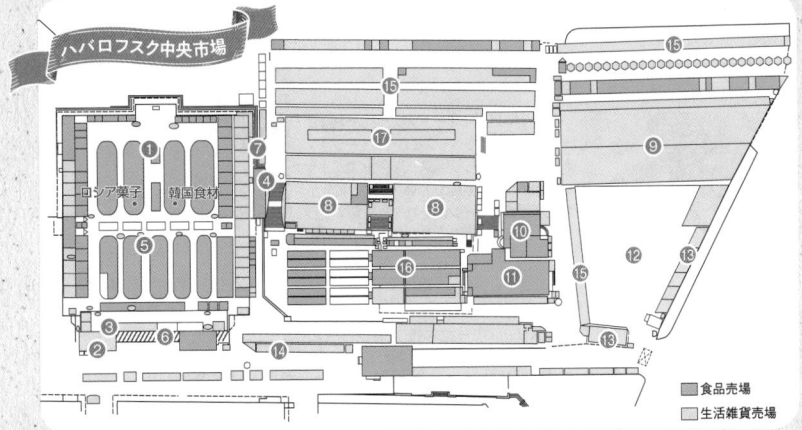

ハバロフスク中央市場

ロシア菓子 韓国食材

■ 食品売場
□ 生活雑貨売場

❶食肉などの食材 ❷管理部 ❸広告・マーケティング事務所 ❹トイレ ❺乳製品 ❻ラボラトリー ❼商業施設「ツェントラリニー」
❽商業施設「チャルチモフカ」 ❾商業施設「ブリュスニンカ」 ❿酒売場 ⓫魚売場 ⓬駐車場 ⓭花売場 ⓮子供用品
⓯生活雑貨を扱う露店 ⓰ハチミツやキノコなどの近郊の食材 ⓱市民バザー

ハバロフスクのレストラン

グスタフ・グスタフ

Gustav & Gustav

ライブレストラン 　MAP P.74-B2

ドイツのビヤホールをそのまま持ち込んだライブレストランで、自家製ビールが味わえる店。ステージでは次々にミュージシャンが現れ、ライブを見せてくれるので、店内は盛り上がっている。ビールはクラフト系からすっきりピルズナー系など、好みで選べる。卓上ビールサーバー（3リットル）は、地元客には人気のようだが、冷えたビールが飲みたいならあまりおすすめできない。料理の種類も豊富で、この店の売りはとぐろを巻いて出てくる超ロングソーセージ440P。付け合わせの野菜もたっぷりでかなりのボリュームだ。同店はул. Держинского 52にもある。

店内はヨーロッパのビヤホールそのもの

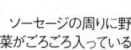
ソーセージの周りに野菜がごろごろ入っている

🏠 レーニン通り 49
ул. Ленина 49
☎ 79-90-09
🕐 13:00～翌1:00、金・土～翌2:00
休 無休　💳 M V
🚇 レーニン広場から東へ徒歩10分
🔗 www.gustav-gustav.ru

カバチョーク

КАБАЧОК

ウクライナ料理 　MAP P.74-A2

ペチカのある古いウクライナ民家風の和めるインテリアの店。人気メニューは断然ボルシチで、ハバロフスクに来たら一度は味わいたい。その他、ピロシキやカツレツ、ロールキャベツなど、ウクライナの家庭料理が楽しめる。値段も手頃で安心。

🏠 ザパリナ通り 84
ул.Запарина 84
☎ 60-03-77
🕐 12:00～24:00
休 無休　💳 M V
🚇 レーニン広場から西へ徒歩約10分

スルタン・バザール

СУЛТАН БАЗАР»

中央アジア料理 　MAP P.74-B3

今ハバロフスクで最も話題のエンタメレストラン。店内は中央アジアのテーマパークのような世界で、コスプレスタッフが客を楽しませてくれる。人気メニューはシャシリクやピラフなど。コーカサス産のワインも味わえる（→P.18）。

🏠 ムラヴィヨフ・アムールスキー通り3А
ул. Муравьева-Амурского 3А
☎ 94-03-40
🕐 13:00～翌1:00
休 無休　💳 M V
🚇 コムソモリスカヤ広場から徒歩1分

フーマ

ХУМА́

コーカサス料理 　MAP P.74-B3

2019年11月にオープンしたおしゃれなコーカサスの味覚をベースにしたフュージョン料理の店。ジョージア風スープやつくねのようなシャシリクは上品な味わい。いくつかに分かれた部屋のデザインがそれぞれ斬新で美しい。ジョージア料理店「サツヴィ」の隣にある。

🏠 フルンゼ通り51
ул.Фрунзе 51
☎ 70-77-29
🕐 日～木12:00～24:00、金・土12:00～翌2:00
休 無休　💳 M V
🚇 コムソモリスカヤ広場から徒歩5分
🔗 www.instagram.com/yourhuma

バクー

Баку

アゼルバイジャン料理 　MAP P.74-B2

ウスリースキー並木通りの噴水近くににあるアゼルバイジャン料理レストラン。店内の装飾は中央アジアの宮廷風で、エキゾチックな雰囲気のスタッフたちもサービス満点。メニューは写真付きなので、日本では味わえないグルメを楽しもう。

🏠 ヴォストレツェヴァ通り19a
ул. Вострецова 19a
☎ 31-36-74
🕐 12:00～翌2:00
休 無休　💳 M V
🚇 1番バスなどでул. Постышева ポストィシェヴァ通り下車、北西へ徒歩約6分
🔗 www.restaurant-baku.ru

レストラン

ムカー
Мука

ヴェルバ・ホテルの1階にあるおしゃれなペリメニ専門店で、ムカーは「小麦粉」の意味。肉や野菜など多種多様な具材の入った味が楽しめるので、女性に人気。一般のロシア料理や西洋料理も注文できる。アルコールもある。

ロシア料理　MAP P.74-A3
🏠イストミナ通り56a
ул. Истомина 56а
☎75-50-50
🕐7:00〜翌1:00
🚶コムソモリスカヤ広場から徒歩8分

イロン・カビス
Ирон Кабис

コーカサス地方のオセチアで食べられている、ちょっと分厚いけれど、もちもちの生地に羊肉のミンチやチーズなど、さまざまな具を入れた料理が味わえる店。店内のインテリアはおしゃれで、スタッフのサービスもとてもいい。

オセチア料理　MAP P.74-A1
🏠アムール並木通り56a
Амурский бульвар 56а
☎45-17-71
🕐12:00〜24:00
🚫無休　💳M V
🚶ハバロフスク駅から徒歩3分
🔗ironkabis.ru

ミート・ミート
MEETMEAT

ロシア産の素材にこだわったおしゃれなステーキハウス。前菜やサラダも種類が豊富で選びがいがあるし、スープもそれぞれおいしい。牛肉は部位や焼き加減を細かく選べるし、付け合せも手が込んでいる。

ステーキハウス　MAP P.74-B3
🏠ムラヴィヨフ・アムールスキー通り5
ул.Муравьёва-Амурского 5
☎62-02-30
🕐12:00〜24:00　土〜翌1:00
🚫無休　💳M V
🚶コムソモリスカヤ広場から徒歩5分
🔗www.mmrest.ru

クラフトイ フォクス
KRAFTY FOX

カジュアルな雰囲気で過ごせるビールバー。世界のクラフトビールの600銘柄を揃えただけあり、飲み比べが楽しめる。料理もハンバーガーやソーセージ類などいろいろある。水パイプが置かれていて、常連客はよく吸っている。

ビヤバー　MAP P.74-B2
🏠カール・マルクス通り43
ул.Карла Маркса 43
☎94-47-74
🕐16:00〜24:00、木・金・土〜翌1:00
🚫無休　💳M V
🚶ディナモ公園正面入口斜め向かい

フリェーバミャース
Хлебомясъ

ボリュームたっぷりのローカル系ハンバーガーショップ。アメリカンスタイルの店で、バーガーのタイプは20種類近くあるので、迷ってしまう。ミート・ミートと同じビルの角に入口があるが、一見わかりにくいので注意。

ハンバーガー　MAP P.74-B3
🏠ムラヴィヨフ・アムールスキー通り5
ул.Муравьёва-Амурского 5
☎94-24-42
🕐8:00〜翌5:00
🚫無休　💳M V
🚶コムソモリスカヤ広場から徒歩5分

ファブリカ・エクレロヴ
ФАБРИКА ЭКЛЕРОВ

ロシアではエクレアが人気で、オレンジやピンク、空色など、絵の具で塗ったようなカラフルと種類が豊富なのが特徴だ。ここは自家製エクレアの店。ベリーやイチゴだけでなく、シベリアの森でとれた木の実の甘酸っぱいクリームの新鮮な味わいを楽しみたい。

エクレアカフェ　MAP P.74-A2
🏠カール・マルクス通り55
ул. Карла Маркса 55
☎77-68-21
🕐10:00〜21:00
🚫無休　💳M V
🚶教育大学の通りの向かいの地下にある
🔗www.instagram.com/fabrikaeklerov

ハバロフスクのショッピング

ブロスコモール
БРОСКО МОЛЛ

ショッピングモール　MAP P.74-B3外

2019年11月にオープンしたモダンなショッピングモール。国内外のアパレルブランドやコスメ専門店があり、地元の女性に人気。1階には新感覚の食品スーパーがあり、焼きたてのパンが買える。スーパーの周辺にはロシアの各種ドラフトビールが飲めるバーやオーガニックレストランもある。3階にはフードコートやロシア系、中央アジア系、日本食のレストランも揃う。ロシアのアイスホッケーのナショナルチームのオフィシャルショップもある。ア

パレルや生活雑貨、携帯電話、映画館、ゲームセンターなどいろいろあり、今のロシア人の日常生活を垣間見るにはおもしろいスポットだ。

天然素材を使ったナチュラシベリカのハンドケア商品

現代的なショッピングセンター

🏠 ピオネルスカヤ通り 2B
ул. Пионерская 2B
☎ 400-39-69
🕐 10:00 ～ 22:00（スーパーは 8:00 ～ 23:00）
休 無休　💳 M V
🚇 栄光広場から徒歩15分。レーニン広場から路線バス34番 улица Запарина下車
🔗 broskomall.com

エヌ・カー・シティ
НК Сити

ショッピングセンター　MAP P.74-B1

市内中心部にあるショッピングセンター。1階は大型食品スーパーで、ロシアのハチミツや食材、チョコレートなどのみやげを買うには最適。またドラッグストアもあるので、ロシアコスメやハンドケア製品を選ぶのもいい。

🏠 カール・マルクス通り 76
ул.Карла Маркса 76
🕐 10:00～22:00、日～19:00。スーパーは ～23:00
休 無休　💳 店により異なる
🚇 1番バスなどでЛенинградская レニングラーツカヤ下車、東へ徒歩約3分
🔗 www.nk.ru/tc

ターイヌィ・リミスラー
Тайны Ремесла

民芸品　MAP P.74-B3

ロシアの代表的なみやげであるマトリョーシカをはじめ、グジェリの陶器、ホフロマ塗り、琥珀のネックレスなど、王道のものは何でも購入できる。ハバロフスク郊外に住む少数民族のナナイ族の伝統的な工芸品なども販売されている。

🏠 ムラヴィヨフ・アムールスキー通り 17
ул.Муравьёва Амурского 17
☎ 32-73-85
🕐 10:00～19:00
休 無休　💳 A M V J
🚇 コムソモリスカヤ広場から東へ徒歩約10分

クリルヤ
КРЫЛЬЯ

ファッション　MAP P.74-B2

ハバロフスク出身の服飾デザイナーのタチアナさんとアクセサリーデザイナーのご主人が始めたセレクトショップ。ロシア人らしく色彩感覚に優れ、シベリアの動植物をモチーフにした刺繍など、手づくり感覚のかわいらしい作風が魅力。お気に入りを見つけて帰ろう。

🏠 ジェルジンスキー通り 28
ул.Дзержинского 28
☎ 67-55-05
🕐 月～土 11:00 ～ 20:00、日 12:00 ～ 19:00
休 無休　💳 M V
🚇 レーニン広場から徒歩10分。ウスリースキー並木通り沿いにある
🔗 instagram.com/krylya_style

エコドム
Экодом

食品　MAP P.74-B1

近郊の農家が届ける新鮮な野菜やハチミツ、チーズ、肉などを扱う自然食専門の市場。体にいいシベリアンハーブや紅茶、ハーブティ、中央アジア産のドライフルーツやナッツは驚くほど種類が豊富。ボルシチやピラフ用の香辛料セットは、おみやげにぴったり。

🏠 レニングラード通り 28
ул. Ленинградская 28
☎ 228-15-49
🕐 10:00～20:00
休 無休　💳 M V
🚇 路線バス1番、13番、28番
🔗 ecodomtc.ru

村から望む中国最東端の町、撫遠（黒龍江省）の東極公園

ハバロフスク郊外にあるカザケヴィチェボ村は、アムール川支流のウスリー川に面した小さな村だ。

ハバロフスク市内から車で約1時間走ると、検問が現れた。外国人のカザケヴィチェボ村への訪問には事前に申請した許可証が必要だ。

しばらく走ると、川が見えてきた。ウスリー川だった。川辺に降りていくと、対岸に漢字の「東」をデザイン化した塔や中国人観光客が乗った遊覧船が見えた。

ハバロフスクは中国との国境の町だ。アムール

川の対岸にある中国領の国境線までは約25km。ハバロフスクに最も近い中国の町、撫遠（黒龍江省）までは65km。目と鼻の先に中国が見えるカザケヴィチェボ村は中国に最も近い村といえる。

アムール川流域の約4000kmにも及ぶ中国との国境は長い間両国の係争地だった。1990年代に始まる両国の辛抱強い交渉を経て、2008年に国境は画定した。

現在、この村は国境に近いことから軍の管理区に指定されているが、そこには緊張感はまるでない。住人たちはほとんどダーチャで過ごすように、自然に囲まれたのどかな暮らしをしている。館長の案内で、地元の養蜂家のご夫婦の家で食事をした。陽気なご主人は目の前で取れた大きなコイを調理してくれた。コイは腹をさばいて、中に米や野菜が詰め込まれていた。ボルシチやトマトのサラダ、ブリヌィ、そしてウオッカで乾杯となった。

カザケヴィチェボ村訪問は、約2ヵ月前にハバロフスクの旅行会社を通じて許可証を申請する必要がある。詳細は、ポータル セゾノフ（→P.73）に問い合わせてほしい。

ハバロフスク南東にザイムカと呼ばれるアムール川沿いの保養地がある。その周辺の村には、ロシアコサックの歴史や伝統を伝えるスポットがある。ひとつは、ゆるやかな丘陵の上に立つ教会で、キエフ・ペチェールシク神父の神殿と呼ばれる。この地に居住区を開いた人々は、コサックの伝統にならい教会を建てようとした。だが、多額の資金がかかるため、地下にくり抜いた元軍事施設を教会として使うことを考えた。現在、ここには数名の修道士が住んでいる。

この居住区はクラスノレチェンスコエ村ベロヴォディエ地区と呼ばれる。2018年、アムールコサッ

クの歴史や伝統、文化を伝える博物館がオープンした。18〜19世紀にこの地に来たコサックたちが持っていたイコンや十字架、当時の生活を伝える衣服や道具、写真などが展示されている。訪問を希望する場合は、ポータルセゾノフ（→P.73）に問い合わせてほしい。

キエフ・ペチェールシク神父の神殿（地下教会）
アムールコサックの歴史、文化、伝統博物館
🏠クラスノレチェンスコエ村ベロヴォディエ地区
URL 地下教会 www.monaha.ru
URL 博物館 muzeibelovodia.blizko.ru

厳かで神秘的な雰囲気が漂う地下教会

コサックの歴史や文化が理解できる

ハバロフスクのエンターテインメント

エンターテインメント

プラチナ・アリーナ

Платинум Арена

スポーツ MAP P.74-B1

　ハバロフスクには、ロシアを中心に7カ国が参加するプロホッケーリーグKHL（Kontinental Hockey League）に所属するアムールという地元チームがある。そのホームスタジアムが、ディナモ公園の隣にある「プラチナ・アリーナ」だ。2003年に建設され、収容観客数7100人を誇る。このスタジアムは、プロリーグの試合だけでなく、ライブコンサートや文化イベントに幅広く利用されている。KHLは例年9月から4月までがシーズン。同アリーナのサイトに試合の日程が公開されているので、旅行の日程に合わせて試合を観に行こう。

アムールのロゴはアムールタイガーだ

チケットは当日スタジアムでも買える

🏠 ディコポリツェヴァ通り 12
ул. Дикопольцева 12
☎ 31-35-02
🕐 11:00〜14:00、15:00〜20:00（チケット売り場）
休 無休
🚃 レーニン広場から徒歩15分
URL platinumarena.ru

グランプリ（バーニャ）

Гран-при

サウナ MAP P.74-B1外

　厳寒の国ロシアでは、健康と美容のためサウナ文化が発達した。ロシア式サウナの「バーニャ」は市内の施設でも体験できるが、ここは郊外にある木造コテージのバーニャで、ロシア料理を食べ、バーニャを体験し、そのまま1泊できる。コテージの外にはプールがあり、バーニャでほてった体を冷やすこともできる。外がどんなに寒くても水の中に入るととても気持ちがいいので、ぜひ体験しては。このコテージは、団体でも個人でも予約できるが、ここまでの車代もかかるし、料理や部屋のタイプなどで料金が違うので、旅行会社（→P.73）で事前予約をおすすめする。

ロシア民謡の楽団を出張で呼ぶこともできる

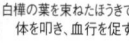

白樺の葉を束ねたほうきで
体を叩き、血行を促す

🏠 プリブレージナヤ通り 8
ул. Прибрежная 8
☎ 28-52-35
🕐 24時間
🚗 市内から車で40分
URL www.grandprixkhv.com

ハバロフスク国立サーカス

Хабаровский Цирк

サーカス MAP P.74-B1外

　市内から約3km離れたガガーリン公園内にあるサーカス劇場。地元のサーカス団だけでなく、モスクワのボリショイ・サーカスなども来て、公演を行う。ウラジオストクに比べると古きよきスタイルを守っているところが魅力。

🏠 クラスノレチェンスカヤ通り 102
ул. Краснореченская 102
☎ 69-88-83
🕐 15:00〜、17:00〜
10:00〜17:30（チケット売り場）
休 休演日
💴 600P〜1500P（席によって異なる）
🚗 市内から車で20分
URL kinocirk.ru

極東フィルハーモニー

Хабаровская краевая филармония

コンサート MAP P.74-A3

　ハバロフスクの極東交響楽団や国内外からクラシックに限らず、ジャズなどポピュラー音楽のアーティストを招待して公演が行われている。メインのシーズンは毎年10月から5月頃まで。ホールは極東美術館に隣接している。

🏠 シェフチェンコ通り 7
ул. Шевченко 7
☎ 31-63-68
🕐 10:00〜17:00（チケット売り場）
休 月
💴 公演による
🚃 コムソモリスカヤ広場から北へ徒歩約4分
URL phildv.ru

Column 先住民族ナナイ人の住む シカチ・アリャン村を訪ねる

コイを凍らせてからさばいて生食する

トナカイの肉などが入ったスープ

エレーナさんらによるシャーマンの儀式の実演

アムール川流域には、多くの北方先住民族が住んでいる。その名はニブフ、ウデゲ、ウリチ、オロチなどだが、最も多いのはツングース系のナナイ人（中国名：ホジェン族）で、人口は約1万人。彼らは伝統的に漁業や毛皮産業に携わってきた。

ナナイ民俗村でさまざまな文化体験

ハバロフスクから北東へ75km先に、ナナイ人の住むシカチ・アリャン村 СИКАЧИ-АЛЯН がある。彼らの集落の中に、民族の生活文化を展示する博物館がある。運営しているのは、地元出身のエレーナさん。ナナイ人は古くはアムール川のサケなどの魚の皮で作った衣服を着ていたようで、館内にも実物の展示がある。数年前、パリの美術館でアムール川流域のナナイ人の魚皮衣服を集めた展覧会があったそうで、そのデザイン的な美しさは高く評価されている。

最初にエレーナさんによるナナイ文化の説明や民謡を聞いたあと、戸外で冷凍保存した魚を凍ったまま生食する。これはアイヌの保存食ルイベと同じである。昼食は、館内で地場の素材を使ったサラダやスープをいただく。食後は、ナナイ人の伝統的な弓や砲丸投げ、鬼ごっこなどを体験する。

シカチ・アリャン村は人口275人ほどの村だが、近くの川岸に新石器時代の初期（1万2000年前）のものと思われる岩石画（ロシア語でペトログリフィ Петроглифы）が多く残されている。夏であれば、村の岸辺から小型ボートに乗り、5分ほど川を進むと、大きな岩が転がる岸辺に着く。そこには、ヘラジカなどの動物や鳥、不思議な表情をしたシャーマンの仮面などの絵が描かれている。この新石器時代の遺跡群を初めて日本に紹介したのは、1919年にシベリア調査の旅に出ていた民俗学者の鳥居龍蔵だ。

シカチ・アリャン村の訪問は、車をチャーターした1日がかりの旅。現地の旅行会社で手配することになる。

新石器時代の岩石画の価値は国際的にも知られている

Column ハバロフスクの氷祭り

ハバロフスクでは、毎年12月から1月下旬にかけて氷や雪の祭典が行われる。
- **アムール・クリスタル Амурский хрусталь**
毎年12月21〜25日に開催される氷の彫像のコンテスト。市内各地やディナモ公園に作品が展示される。
- **氷のファンタジー Ледовая фантазия**
2年に1回、1月下旬に開催される氷の彫像のフェスティバルで、ロシア国内だけでなく、日本

やフランス、オランダ、フィンランド、韓国、中国などの作品も出展。次回は2020年の予定。
- **雪像フェスティバル**
毎年1月下旬にアムール川沿いの公園に雪の彫像が展示される。コンテストも行われる。

ロシアのクリスマスツリー「ヨールカ」と氷の彫像が町を飾る

ハバロフスクのホテル

インツーリスト
Интурист

★★★★★ MAP P.74-A3

展望台や博物館に近い高台の上にある眺望抜群のホテル。北側の部屋からはアムール川が、反対側の部屋からは市街地が一望できる。予約の際、ぜひ「リバーサイド・ルーム」をリクエストしよう。この眺めを見るためだけでも泊まる価値はある。館内にはロシア・ヨーロッパ料理店「インツーリスト」など各種レストランがある。またロビー階には、ウラジミール・ボボロツキー氏（→P.79）が所属する旅行会社「インツアー」のカウンターがあり、航空券や鉄道チケットの手配、現地ツアーの申し込みができる（日本語可）。

ソ連時代からあるホテル。施設は古いが、ロケーションがいい

窓から見えるアムール川の眺めは最高

住アムール並木通り2
Амурский бульвар 2
TEL31-23-13
料ST3400P〜
CM V 室251室
交1番トロリーバス終点 Комсомольская Площадьコムソモリスカヤ・プローシャチから徒歩約5分
URLintourist-khabarovsk.ru

パールス
Парус

★★★★★ MAP P.74-B3

アムール川沿いの高台に建つ迎賓館を改装した高級クラシックホテル。旧館のスイートルームが豪華。どの部屋も落ち着いた上品な雰囲気。なかでもロシアの英雄で宇宙飛行士のガガーリンが滞在した部屋はVIPルームとなっている。

住シェフチェンコ通り5
ул.Шевченко 5
TEL32-72-70
料S5900P〜 T7900P〜
CM V 室82室
交コムソモリスカヤ広場から南へ徒歩約1分
URLhotel-parus.com

ソプカ
Сопка

★★★★★ MAP P.74-B3外

アムール川沿いの南に、2017年10月にオープンした高級ホテル。川に面して扇形に開いたホテルの建物は美しい。1階に地場の素材を生かしたオーガニック料理レストラン「ソプカ」やオープンエアのカフェがあり、地元でも人気。

住カフカスカヤ通り20
ул. Кавказская
TEL45-61-45
料ST6000P〜
CM V 室68室
交コムソモリスカヤ広場から徒歩12分
URLsopka-hotel.com

ヴェルバ・ホテル
Верба

★★★★★ MAP P.74-A3

2016年12月にオープンしたハバロフスク初の環境を意識したデザイナーズホテル。宿泊客はロシア式サウナのバーニャを利用できる。朝食は館内のペリメニレストラン「ムカー」（→P.83）というのもうれしい。2018年にスパがオープン。

住イストミナ通り56a
ул. Истомина 56a
TEL75-55-53
料ST4300P〜
CM V 室86室
交コムソモリスカヤ広場から徒歩8分
URLverba-hotel.ru/ja

アムール
Амур

★★★★★ MAP P.74-B2

古い格式あるホテルだが、近年外装とともに客室の改装も進めている。ロビーの雰囲気もそうだが、リニューアル後の客室はデザインホテルのよう。1階には味に定評のあるロシア料理レストラン「アムール」もある。

住レーニン通り29
ул.Ленина 29
TEL22-12-23
料S4000P〜 T5000P〜
CM V 室102室
交1、34番バスなどで「Гостиница Амурガスチーニツァ・アムール下車
URLwww.amurhotel.ru

アリー
Али

アゼルバイジャン様式の館内全体がエキゾチックな意匠が施された魅力的なホテル。この雰囲気は日本ではまず味わえないだろう。館内にはレストラン、サウナ、事務なども併設。シャワーのみ、朝食なしのエコノミールームもある。

★★★★★　MAP P.74-B2

🏠 ムヒーナ通り17
ул.Мухина17
📞 21-78-88　30-44-03
💰 ⑤Ⓣ 5600P〜
💳 Ⓜ Ⓥ 　🛏 43室
🚉 1番バスなどでバス停ул.Постышеваポストィシェヴァ通り下車、北へ徒歩約5分。ディナモ公園の池に南面する丘の中腹
🔗 hotelali.ru

ハバロフスクシティ・ブティック・ホテル
Хабаровск Сити Бутик Отель

ハバロフスクのデザインホテルの先駆けともいえるおしゃれなホテルで、若者に人気。客室はインテリアの細部までこだわりが感じられる。ただし、バスタブが付いているのはスイートのみ。1階のロシア料理レストランはおいしいと評判。

★★★★★　MAP P.74-A3

🏠 イストミナ通り 64
ул. Истомина 64
📞 45-42-22
💰 ⑤ 3800P〜　Ⓣ 5500P〜
💳 Ⓜ Ⓥ 　🛏 50室
🚉 コムソモリスカヤ広場から東へ徒歩約10分
🔗 www.boutique-hotel.ru

サッポロ
Саппоро

繁華街に近い好ロケーションの中級ホテル。元日本企業の経営だったので、設備は日本のビジネスホテルと同じような造りで使いやすい。近くには24時間営業のマキシム（→P.84）やレストランも多く、便利な滞在が楽しめる。

★★★★★　MAP P.74-B3

🏠 コムソモール通り 79
ул.Комсомольская 79
📞 30-67-45
💰 ⑤ 3900P〜　Ⓣ 5000P〜
💳 Ⓜ Ⓥ 　🛏 全20室
🚉 コムソモリスカヤ広場から徒歩約5分。入口はビルの北側
🔗 www.sapporo-hotel.ru

オリンピック
Олимпик

2012年にオープンしたモダンな中級ホテルで、客室も快適だ。アイスホッケー・スタジアムや噴水のあるディナモ公園すぐそばで環境に恵まれている。館内にはサウナもあるが、おすすめはロシア料理レストラン。食事だけでも使いたい。

★★★★★　MAP P.74-B1

🏠 ディコポリツェーヴァ通り 26 a
ул.Дикопольцева 26а
📞 41-74-74　41-74-75
💰 ⑤ 4300P〜　Ⓣ 5200P〜
💳 Ⓜ Ⓥ 　🛏 57室
🚉 プラチナ・アリーナの隣
🔗 hotelolympik.ru

エニグマ
Enigma

ハバロフスク駅に近いので、ウラジオストク行き「オケアン」号などの列車を利用する人に便利なロケーション。客室は若者向けのデザインで、朝食も充実している。観光に行くには、駅前のトラムを利用するといい。

★★★★★　MAP P.74-A1

🏠 レニングラード通り　73a
ул. Ленинградская 73а
📞 64-30-00
💰 ⑤Ⓣ 3200P〜4100P
💳 Ⓜ Ⓥ 　🛏 48室
🚉 ハバロフスク駅から徒歩5分
🔗 enigma-hotel.ru

カカドゥ
Kakadu

ハバロフスクには数軒のホステルがあるが、一番おしゃれで快適と地元で人気なのがここ。部屋はドミトリーと個室に分かれるが、キッチンや食堂のある共有スペースは広くてくつろげる。フロントでは歯磨きセットやロシアのSIMカードを販売している。

★★★★★　MAP P.74-B2外

🏠 シェロノバ通り 10
ул. Шеронова 10
📞 78-80-95
💰 Ⓓ 650P　⑤Ⓦ 1600〜2500P
💳 Ⓜ Ⓥ 　🛏 28室
🚉 レーニン広場から路面電車1番でШкола №19下車、徒歩1分
🔗 www.kakaduhostel.ru

ブラゴヴェシチェンスク

Благовещенск ＊ ヴラガヴィエーシェンスク

ブラゴヴェシチェンスクの市外局番
☎4162

ACCESS

🚌 列車

ブラゴヴェシチェンスク駅はベロゴルスク Белогорск から分岐するシベリア鉄道支線の終点。ハバロフスクからは列車番号35番のアムールスキーエクスプレス（所要約14時間）が毎日1本運行。

ブラゴヴェシチェンスク駅

🚢 船

アムール川の対岸の中国黒龍江省黒河から船でブラゴヴェシチェンスクに入国できる。ただし、日本で事前にロシア観光ビザの取得が必要だ。

コサック入植記念碑
Памятник казакам-первопоселенцам Приамурья
アムール地方のコサック初入植者の記念碑。2014年に建てられた

中央市場の魚売場の陽気なおばさんたち

市内には町の復興に貢献した運び屋の像がある

凱旋門は1891年のニコライ2世立ち寄りを記念して建設後、破壊された。2005年に再建

　ハバロフスクから西へ約600km、アムール川とゼヤ川の合流地点に位置するアムール州の州都ブラゴヴェシチェンスクは、中国との国境の町だ。川幅はわずか500mほどで、川沿いの公園からは対岸の中国黒龍江省黒河の町並みがよく見える。

　両岸には国境を渡る船が運航され、1988年に導入された相互ビザ免除協定により両国民は自由に往来できる。川が凍結する冬には氷上をバスが走る。船でもバスでも所要時間は約5分。地元の人々は隣町に行くような感覚で往来している。1990年代は中国人が行商のためにロシアに渡り、ロシア人も生活雑貨の買いつけのために運び屋として中国に渡った。ソ連崩壊で経済的に困窮したロシア側では、運び屋の存在が町の経済を支えていたほどだった。経済復興した今日では、運び屋の姿は減り、両国民は観光目的で往来している。市内には、中国人観光客向けのみやげ店やレストランもある。人口22万5091人（2018年）。

　ブラゴヴェシチェンスクの建設は1856年に始まる。ハバロフスクと同様、2本の大河が交差する交通の要衝で、コサック軍の根拠地として要塞都市が造られた。当時アムール川の北側には中国人の村もあった。1858年のアイグン（璦琿）条約の締結により、ロシア領に参入されたが、周辺で金が発見され、町は急速に発展する。1900年7月、ゼヤ川の東側に住んでいた中国人をロシア軍が強制的に追い出す江東六十四屯事件が起こり、当時は日本でも「アムールの流血」として知られ、日露戦争前の日本の対露認識に影響を与えた。

　ブラゴヴェシチェンスクにはハバロフスクからシベリア鉄道、飛行機（イグナチェヴォ空港）で行ける。対岸の黒河との間の鉄橋が建設中で、2019年中に完成予定。

ブラゴヴェシチェンスクの歩き方

　ブラゴヴェシチェンスクの町は、通りが碁盤の目のように整然としているので、町歩きは比較的簡単だ。駅からアムール川沿いのレーニン広場まで、一本道が延びている（約3.5km、バ

スで所要約15分）。そこから川沿いの道を東へ1.5kmほど進むと、船着場 РечнойВокзал へ出る。見どころは、1891年シベリア鉄道着工式に出席するため、この地を訪れた皇太子ニコライを記念して建造された凱旋門や郷土歴史博物館、コサック入植記念碑など。日本関連では、抑留日本人の収容所の跡地や墓地がある。

夜になると、対岸の黒河の町並みの明かりがよく見える

中国への船は1日5便出ている

アムール州郷土歴史博物館
🏠ул.Ленина 165
📞77-34-14
🕐10:00〜19:00
休月
🎫300P
🚇凱旋門から徒歩5分
🔗museumamur.org

アムール以北をロシアに編入した歴史を展示

アムール州郷土歴史博物館
アムールスキー オブラスノイ クラエヴィチェスキー ムズィエーイ
Амурский областной краеведческий музей
MAP P.91-A2

1891年に開館されたアムール州で最も古い博物館。この地方の自然や先住民族の文化、考古学、コサックが入植した近代以降の歴史（ロシア人の東方移住、ロシアと中国の領土を巡る抗争、日露戦争、シベリア出兵、ソビエト時代、第2次世界大戦とその後）までを展示している。海外との文化交流の展示などの企画展も随時開催され、この地域を理解するうえで貴重なスポットだ。

コサック入植当時の木造要塞の展示がおもしろい

博物館は19世紀後半に建てられたドイツ百貨店「クンスト・アルバース」の建物を利用

中国と国境線を画定したアイグン条約締結のシーンを描いた絵画が展示されている

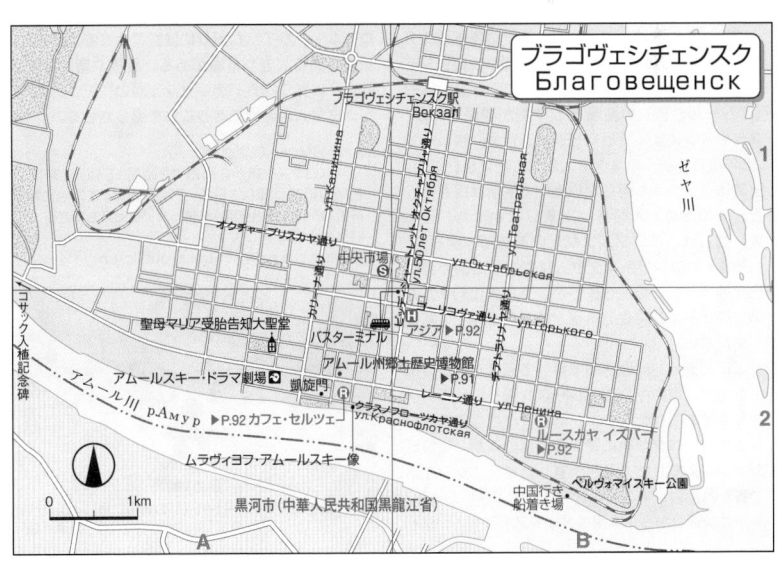

ブラゴヴェシチェンスクのレストラン・ホテル

レストラン

ルースカヤ イズバー
Русская Изба

コサック料理　MAP P.91-B2

古きよきコサック文化を継承したレストランで、木造のぬくもりが感じられる。名物料理はブラゴヴェシチェンスクが発祥の地であるアムール風スープ入りペリメニで、つぼ焼きの中に入っている。具材にひき肉や牛レバーが入っている。

- 🏠ул.Ленина 48
- 📞35-35-35
- 🕐11:00〜23:00
- 🚫無休
- 💳M V
- 🚶凱旋門から徒歩10分
- 🔗izba28.ru

カフェ・セルツェ
Кафе Сердце

ロシア料理　MAP P.91-A2

凱旋門に近い川沿いの公園の中にあるおしゃれなレストラン。メインは正統派のロシア料理で、ボルシチやサラダなどどれもおいしい。写真はウクライナ料理のサーロ(豚の脂身の塩漬け)。夏は店の前のテラスで食事やお茶ができる。

- 🏠ул. Краснофлотская 133
- 📞50-00-76
- 🕐10:00〜24:00
- 🚫無休
- 💳M V
- 🚶凱旋門から徒歩2分
- 🔗www.instagram.com/serdce_blag

ホテル

アジア
Азия

★ ★ ★ ★ ★　MAP P.91-B2

市内中心部に位置するシティホテルで、館内には中国レストランや「パリ1930」という名のフレンチレストランがある。市内で最も高いビルなので、客室からアムール川が眺められる。

- 🏠ул. Горького 158
- 📞22-25-17
- 💰S T 2500P〜
- 💳M V　🛏258室
- 🚶バスターミナルから徒歩2分
- 🔗www.amurasia.ru

Column　ユダヤ人自治州の州都ビロビジャン

アムール川を挟んでハバロフスクの西側はユダヤ人自治州となっており、その州都がビロビジャン・ビロビジャンである。1915年にシベリア鉄道(アムール鉄道)の要衝として駅が開通したが、スターリンによる「ビロビジャン計画」によって28年以降、多くのユダヤ人がこの地に移住した。当時はインフラも何もない土地で生活は困難だった。そのため、入植者は定着しなかった。その後、彼らはハバロフスクなどの都市部へ戻るか、1989年にロシア系ユダヤ人に対する出国の自由化が始まり、この地を去った。現在人口約7万人のビロビジャンに住むユダヤ人の割合は、1割にも満たない。

ビロビジャンは数時間で歩いて回れるほどの小さな町だ。市内中心部のレーニン通りにはユダヤ教教会であるシナゴーグがあり、小さな博物館が併設され、ユダヤ教に関する展示のほか、ビロビジャンに入植した人々が所有したイディッシュ語で書かれた古い本などを資料として保存している。レーニン通りから1本南のメインストリート、シャ

ローム・アレイヘム通りには野菜や果物、日用品などを売る大きな市場がある。看板や新聞など、町なかに見られるイディッシュ語の表記が、ここがユダヤ人自治州であることを感じさせる。

ビロビジャンへのアクセス
ハバロフスク駅から列車で2時間15分〜2時間27分。近郊列車は1日2〜3往復運行。この他にも長距離列車(寝台列車)を使ってアクセスもできるロシア鉄道
🔗pass.rzd.ru/main-pass/public/en

ユダヤ宗教文化センター「FREID」の前の広場にはユダヤの角笛「ショファー」を吹くラビの像がある

Сибирь

シベリア

シベリア

アジアとヨーロッパを
つなぐエリア

\ CHECK! /

シベリアエリアは、極東ロシアやサハリンと異なり電子簡易ビザでは訪問することができない。日本から直行便が運航している都市はノヴォシビルスクとイルクーツクの2都市。季節限定での運航のためスケジュールは事前に確認すること

ユーラシア大陸のほぼ中央を占める広大な大地、シベリア。
人跡未踏の大平原、そして針葉樹林が果てしなく広がる一方、
シベリア鉄道の沿線には個性豊かな大都市が連なっている。
帝政時代以来の歴史を誇る町もあれば、バレエで世界的に名高い町も。
日本からの直行便も増えつつあり、今後ますます楽しみなエリアだ。

一緒に楽しみましょう

1 「シベリアのパリ」といわれる
イルクーツク
▶P.96

イルクーツク州デカブリスト歴史記念トルベツコイの家博物館

帝政ロシア末期に反乱を起こして流刑された「デカブリスト」たちの生活を展示する博物館のひとつ。彼らがシベリアにヨーロッパ文化を伝えた。

130地区
築100年を超える木造建築群を改修し、おしゃれなレストランやショップが並ぶエリアに生まれ変わった。多くの観光客でにぎわっている。

2 四季を通じて美しい
バイカル湖
▶P.100

チェルスキー岩展望台
リストヴャンカのスキー場にあるこの展望台からはバイカル湖が一望できる。対岸はバイカル湖岸鉄道のポルト・バイカル駅。

バイカル湖岸鉄道
昔シベリア鉄道本線だった盲腸線。美しい車窓を生かして観光列車が週末に走っている。下車して観光できるポイントもある。

3 バイカル湖観光の拠点
リストヴャンカ
▶P.102

みやげ物市場
バイカル湖特産の「オームリ」という白身魚の燻製やバイカルアザラシの民芸品、シベリアのハーブ各種などが買える楽しい市場。

バイカル博物館
規模は小さいが、バイカル湖の自然環境や産業について理解を深められる。小さな水族館があり、バイカル湖の固有種を展示。

イヴォルギンスキー・ダツァン

近郊のイヴォルガ村にあるチベット仏教寺院で、ロシア仏教の拠点的な存在。大小の伽藍があり、ロシアとは思えない光景が広がる。

5 シベリアの政治行政の中心都市
クラスノヤルスク ▶P.110

4 モンゴル系ブリヤート族が多く住む
ウラン・ウデ ▶P.106

ザバイカル民族学博物館

広大な敷地に、周辺各地から移築された貴重な古建築が点在する屋外博物館。少数民族や古儀式派正教徒の家は興味深い。

エニセイ川岸に発展した約110万人の都市。シベリア地方の政治、経済の中心地で、ロシアを代表する画家、ワシリー・スリコフの出身地でもある。

7 エカテリンブルク
Екатеринбург

チュメニ
Тюмень

ベールイ・ヤール
Белый Яр

リソシビルスク

5 クラスノヤルスク
Красноярск

ウスチ・イリムスク
Усть-Илимск

フリェプトヴァヤ
Xrebtvaq

バム鉄道

オムスク
Омск

トムスク
Томск

シベリア鉄道

6 ノヴォシビルスク
Новосибирск

ノヴォクズネツク
Новокузнецк

ゴルノ・アルタイスク
Горно-Алтáйск

アバカン
Абакан

タイシェット
Тайшет

1 イルクーツク
Иркутск

3 リストヴァンカ
Листвянка

2 バイカル湖
озеро Байкал

チタ
Чита

4 ウラン・ウデ
Улан-Удэ

6 シベリアで最大人口の都市
ノヴォシビルスク ▶P.116

"新しいシベリアの町"という名の都市。ロシアでは3番目に多い人口160万人の大都市。屈指のレベルを誇る国立オペラ・バレエ劇場は必見。

7 ロマノフ王朝終焉の地
エカテリンブルク ▶P.122

ロシア有数の工業都市であるエカテリンブルクはロマノフ王朝終焉の地である。ニコライ2世が銃殺された跡地にあるのが「血の上の聖堂」である。

95

イルクーツク

Иркутск * イルクーツク

イルクーツクの市外局番
☎3952

ACCESS

✈ 飛行機

国際線は成田（夏期のみ）、ソウルなどから便がある。国内線はモスクワやノボシビルスクのほか、ウラジオストクやハバロフスクなどから便がある。

🚌 列車

シベリア鉄道の主要停車駅で、北京やウランバートルからの国際列車も停車する。

イルクーツク国際空港
☎26-62-77、26-64-35
URL iktport.ru

ツーリストインフォメーション
Информационно-туристская служба г. Иркутска
MAP P.97-B2
🏠ул. Декабрьских Собы тий 77Б
☎20-50-18
🕐9:00〜18:00　休なし
📍茶の博物館の1階
URL irkvisit.info

市内交通
トラム15P、バス20P（20:00以降25P）、ミニバス（マルシルートカ）は20P〜。
URL irkbus.ru

ボゴヤブレニヤ大聖堂の内部はイコンで埋め尽くされている

イルクーツクはバイカル湖の西に位置し、イルクーツク州の州都。東部シベリアの要衝として古くから栄えてきた。17世紀後半にはロシア人が進出していたが、本格化するのは、18世紀後半にコサックが入植してからで、以降、毛皮やキャフタ経由で運ばれる中国産の茶の集積地として繁栄し、19世紀になると東シベリア総督府がおかれた。江戸時代の漂流者、伝兵衛や大黒屋光太夫が滞在したことでも知られる。帝政末期には政治犯の流刑地となり、反乱貴族「デカブリスト」たちが欧州文化を伝えた。「シベリアのパリ」と呼ばれ、ウラジオストクやハルビンの原型となった都市であり、美しい古い建物が残る。

到着後のアクセス

イルクーツク国際空港は、市中心部から約5km東側にある。4番トロリーバス、42、43、44、80、90、480番バス、20、45、50、99番ミニバスなどで市中心部に向かえる。タクシーなら所要20〜30分、約300P。鉄道駅は市中心部の東側、アンガラ川を渡ったエリアにある。駅と中央市場Центральный рынок間の移動には1、2、4、4a番トラム、駅と長距離バスターミナルАвтовокзал間の移動には4、4a番トラムが便利。

イルクーツクの歩き方

イルクーツク中心部はこぢんまりとしており、繁華街といえるのは130地区130-й квартал やカールマルクス通り Ул.Карла Маркса、中央市場Центральный рынок 周辺くらい。博物館などの見どころは散在しているが、訪問ポイントを絞れば、トラムやバスと徒歩を組み合わせて回れる。

市章のモチーフでもある「バーブル」の像

落ち着いた町並みに路面電車が似合う

イルクーツクの見どころ

デカブリストの歴史と生活を展示
イルクーツク州デカブリスト歴史記念トルベツコイの家博物館
イルクーツキー オブラスノイ イストーリカ・ミマリアーリヌイ ムズィエーイ デカブリストフ ドム・ムズィエーイ トルベツキフ
Иркутский областной историко-мемориальный музей декабристов Дом-музей Трубецких MAP P.97-B1

ヴォルゴンスキーの家博物館（MAP P.97-B2 пр. Волконского 10）とともに、デカブリストの活動と流刑生活を展示する。1825年12月の青年貴族将校の反乱、デカブリストの乱により流刑されたトルベツコイ公爵（1790〜1860年）は、1854年から2年間をここで過ごした。

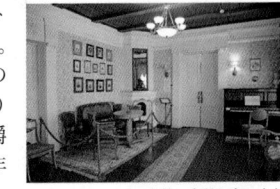

意外に豪勢な家の内部

トルベツコイの家博物館
住ул. Дзержинского, 64
TEL29-26-63
開10:00〜18:00
休火（木は〜20:00）
料200р（写真100р、ビデオ1000р）
交中央市場などから1、2、3、4、4a、5、6番トラム「デカブリスト博物館 Музей Декабристов」下車、北西へ徒歩2分、その後北東へ徒歩2分
URL www.imd38.ru

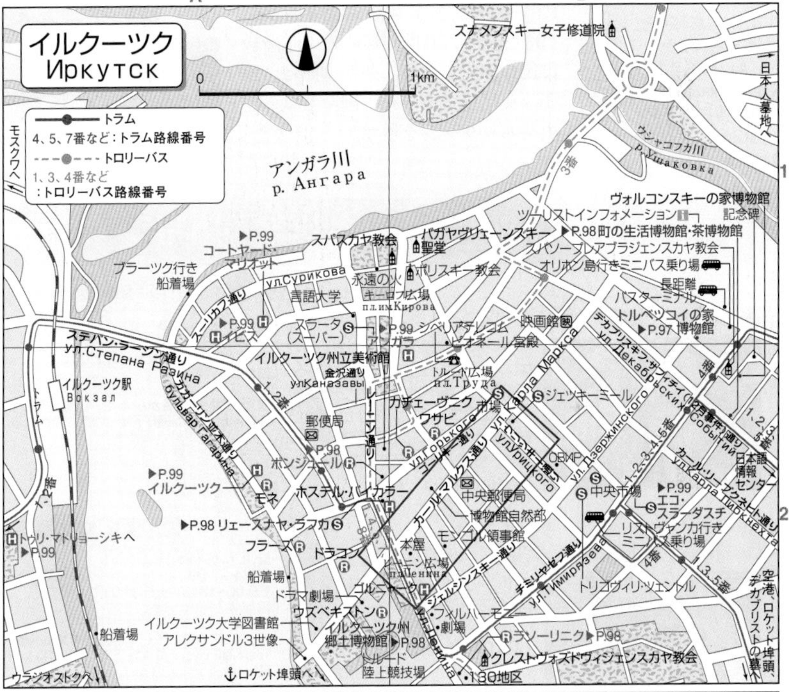
A
B
1
2
イルクーツク
Иркутск
0
1km
トラム
4、5、7番など：トラム路線番号
トロリーバス
1、3、4番など
：トロリーバス路線番号
アンガラ川
р. Ангара
ズナメンスキー女子修道院
日本人墓地へ
ウシャコフカ川
р. Ушаковка
ヴォルコンスキーの家博物館
記念碑
ツーリストインフォメーション
▶P.98 町の生活博物館・茶博物館
スパソ・プレアブラジェンスカヤ教会
オリホン島行きミニバス乗り場
長距離バスターミナル
トルベツコイの家博物館
▶P.97
バガヤヴリェーンスキー聖堂
スパスカヤ教会
▶P.99
コートヤード・マリオット
ボリスキー教会
永遠の火
キーロフ広場
пл.им.Кирова
ул.Сурикова
言語大学
ブラーツク行き船着場
スラータ（スーパー）
▶P.99
イビス
ステパン・ラージン通り
ул.Степана Разина
イルクーツク州立美術館
金沢通り
ул.Казанавы
トルード広場
пл.Труда
映画館
シベリアテレコム
ピオネール宮殿
イルクーツク駅
Вокзал
トラム
1、2番
ガガーリン並木通り
бульвар Гагарина
レーニン通り
郵便局
▶P.98
ボンジュール
カチェーヴニク
ワサビ
市場
ジェツキーミール
ул.Карла Маркса
ул.Урицкого
ул.Дзержинского
デカブリスキフ・サブィチイ（12月事件）通り
ул.Декабрьских Событий
ОВИР
中央市場
▶P.99
エコ・スラーダスチ
リストヴャンカ行きミニバス乗り場
日本語情報センター
カール・リープクネヒト通り
ул.Карла Либкнехта
▶P.99
イルクーツク
モネ
ホステル・バイカラー
▶P.98 リェースナヤ・ラフカ
トリ・マトリョーシキへ
▶P.99
中央郵便局
博物館自然部
モンゴル領事館
本屋
フラーズ
ドラコン
レーニン広場
пл.Ленина
船着場
ドラマ劇場
ゴルニーク
ウズベキスタン
イルクーツク州郷土博物館
▶P.98
イルクーツク大学図書館
アレクサンドル3世像
船着場
フィルハーモニー
劇場
ジェルジンスキー通り
チミリヤゼフ通り
ул.Тимирязева
トリゴヴィリ・ツェントル
ラソーリニク
▶P.98
クレストヴォズドヴィジェンスカヤ教会
130地区
トルード陸上競技場
ロケット埠頭へ
ウラジオストクへ
モスクワへ
空港、ロケット埠頭、デカブリストの墓へ
1、3、5番
4番
3番

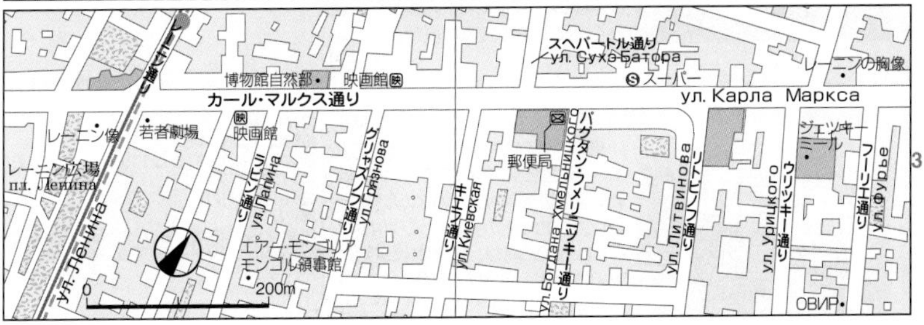
3
スヘバートル通り
ул. Сухэ-Батора
レーニンの胸像
スーパー
博物館自然部
映画館
カール・マルクス通り
ул. Карла Маркса
レーニン像
若者劇場
映画館
レーニン広場
пл. Ленина
ул. Ленина
レーニン通り
ул.Лапина
ラピナ通り
グリャズノフ通り
ул.Грязнова
キエフ通り
ул.Киевская
郵便局
バグダン・フメリツキー通り
ул.Богдана Хмельницкого
リトヴィノフ通り
ул. Литвинова
ул. Урицкого
ウリツキー通り
ジェツキーミール
フーリエ通り
ул. Фурье
エアー・モンゴリア
モンゴル領事館
0
200m
ОВИР

イルクーツク州郷土博物館
- 🏠ул. Карла Маркса 2
- 📞33-34-49
- 🕐10:00〜18:00
- 休無休
- 💴200P（写真50P）
- 🚗アンガラ川沿いのアレクサンドル3世像広場の向かい
- 🌐museum-irkutsk.com

イルクーツクの成り立ちを幅広く展示
イルクーツク州郷土博物館
イルクーツキー オブラスノイ クライヴィチェスキー ムズィエーイ
Иркутский областной краеведческий музей
MAP P.97-A2

先住民族の歴史や生活文化から、コサック入植、毛皮・茶の交易やシベリア鉄道建設など、イルクーツク市の成り立ちや発展、生活文化までを写真や実物で展示。英語の説明もあるので理解しやすい。

少数民族の服や用具の展示

町の生活博物館・茶博物館
- 🏠ул. Декабрьских Событий77
- 📞20-52-00、20-48-84
- 🕐10:00〜18:00
- 休火
- 💴120P（写真120P）
- 🚗中央市場などから 1、2、3、4、4a、5、6番トラムで Музей Декабристов デカブリスト博物館下車、南東へ徒歩2分
- 🌐irkmuseum.ru

市民生活と茶の歴史を展示
町の生活博物館・茶博物館
ムズィエーイ ゴロツコヴォ ブィタ ムズィエーイ チャーヤ
Музей городского быта・Музей чая
MAP P.97-B2

イルクーツク歴史博物館（**MAP** P.97-B1）の分館。町の生活博物館は、19世紀から20世紀初めの中産階級市民の部屋を再現。茶博物館は、重要な交易品であった中国産茶葉の歴史やパッケージを展示。

茶博物館の外観

イルクーツクのレストラン・ショップ・ホテル

レストラン

ラソーリニク
Рассольник

ロシア料理 **MAP P.97-B2**

古い木造洋館を改装したおしゃれなレストランが並ぶ130地区にある。1960〜70年代のソ連時代をイメージしたレトロな雰囲気のなか、昔から親しまれているロシア家庭料理やシベリア特産ハーブティーなどを楽しめる。英語メニューあり。

- 🏠ул.3 июля.ст. 3
- 📞50-61-80
- 🕐12:00〜24:00（金土は翌2:00まで）
- 休無休
- 💳M V
- 🚗駅や中央市場から 1、2、4a番トラムでЛенинаレーニン通り下車、南西方向へ徒歩3分

ボンジュール
Бонжур

ロシア料理 **MAP P.97-A2**

市内に7店を展開するセルフサービスの大衆的な食堂。メニューは日替わりで、サラダは30P前後、メインは1品100P前後、飲み物は20P前後で各種ある。ケースの中を指さして取ってもらえばいいので、言葉の心配もなく、ひとりでの食事に便利。

- 🏠ул. Горького 15
- 📞24-27-09
- 🕐9:00〜18:00（土日は10:00から）
- 休無休
- 💳V M
- 🚗3、4、7、8番トロリーバスなどでХудожественный музей美術館下車、東へ徒歩1分
- 🌐www.bon-jur38.ru

ショッピング

リェースナヤ・ラフカ
Лесная лавка

工芸品 **MAP P.97-A2**

東シベリアやバイカル湖の自然をモチーフにした手作りの工芸品やみやげを多数扱う小さな店。バイカルアザラシやフクロウなどの動物バッジやマグネットは300P前後、焼き物は300〜1000P。絵はがきや地図などもあり、絵はがきは有料で日本にも出せる。

- 🏠ул. Ленина 7
- 📞952-620-74-64
- 🕐10:00〜19:00（土は11:00〜18:00、日は11:00〜17:00）
- 休10月〜4月の日
- 💳V M
- 🚗駅や中央市場から 1、2、4a番トラムでГорькогоゴーリキー通り下車、東へすぐ

ショッピング

エコ・スラーダスチ

菓子 MAP P.97-B2

Эко-Сладость

シベリア名産の松の実や、各種ベリー類をふんだんに使った手作りの菓子を扱っている。おすすめは、おみやげに人気の松の実入りチョコレートトリュフで、1箱300～600Рくらい。ジャムやハチミツは1瓶300Р前後。中央市場内なので空港やデパートより安い。

【住】ул. Чехова 22(Центральный Рынок 1-263)
【TEL】なし
【開】8:00～19:00
【休】無休
【CC】V M
【交】駅などから1、2、3、4、4а番トラムでЦентральный Рынок中央市場下車、西側の中央市場棟1階の263番ブース

ホテル

コートヤード・マリオット

☆☆☆☆☆ MAP P.97-A1

Кортъярд Марриотт Иркутск Сити Центр

マリオット系列の高級ホテル。アンガラ川を渡る橋の近くにあり、繁華街からは遠いが、閑静なロケーション。キーロフ広場やスパスカヤ教会などは徒歩圏内。バー、ジム、ロシア、ヨーロッパ料理のレストランがある。英語可。

【住】ул.Чкалова 15
【TEL】48-10-00
【料】Ⓢ1万300Р～　Ⓣ1万300РР～
【CC】A J M V
【室】208室
【交】駅などから1、2、4а番トラムでЧкаловаチカロフ通り下車、北東へ徒歩3分
【URL】courtyardirkutsk.ru

イビス

☆☆☆☆☆ MAP P.97-A1

Ибис Иркутск Центр

コートヤード・マリオットの近くに2017年にできた中級ホテル。シンプルながら快適な空間が整っている。部屋はスタンダードルーム主体で1ベッドと2ベッドの2種類があり、デラックスは1部屋のみ。朝食は別料金で490Р。

【住】Ул. Полины Осипенко 5
【TEL】70-31-77
【料】Ⓢ5000Р～　Ⓣ5000Р～
【CC】J M V
【室】128室
【交】駅などから1、2、4а番トラムでЧкаловаチカロフ通り下車、北西へ徒歩2分
【URL】accorhotels.com

イルクーツク

☆☆☆☆☆ MAP P.97-A2

Отель Иркутск

アンガラ川のほとりにある、旅行会社イーストランドが経営するホテルで、大きな建物はひときわ目立つ。上階からの眺めはとてもよく、イルクーツク駅を発着する列車が見える。レストランやバー、みやげ物店、旅行会社デスクなど各種施設が充実している。

【住】б-р Гагарина 44
【TEL】25-05-00
【料】Ⓢ5300Р～　Ⓣ6700Р～
【CC】A J M V
【室】165室
【交】駅などから1、2、4а番トラムでСтепана Разинаステパン・ラージン通り下車、西へ徒歩4分
【URL】irkutsk-hotel.ru

アンガラ

☆☆☆☆☆ MAP P.97-B2

Ангара

キーロフ広場の東側にあり、ソ連時代の建物をリニューアルした大きなホテル。カールマルクス通りなどは徒歩圏内。レストランやショップが完備するほか、スーパーマーケットの「スラータСлата」が入っているので、食品類のおみやげ購入に便利。

【住】ул.Сухэ-Батора 7
【TEL】21-81-05、21-81-06
【料】Ⓢ3800Р～　Ⓣ4400Р～
【CC】A J M V
【室】293室
【交】3,4,7,8番トロリーバスでСквер им. Кироваキーロフ広場から北へ徒歩2分。キーロフ広場の東側
【URL】www.angarahotel.ru

トゥリ・マトリョーシキ

☆☆☆☆☆ MAP P.97-A2外

Три Матрёшки

イルクーツク駅からトラムで1駅の場所にあるホステル。ひとり500Рから泊まれる2段ベッドのドミトリーのほか、普通ベッドのツインルームもある。自炊や洗濯も可能。バックパッカーに人気のオリホン島ツアーなどの申し込みも扱っている。英語可。

【住】ул. Терешковой 19
【TEL】950-06-07-333
【料】Ⓢ1400Р～　Ⓣ1800Р～
【CC】M V
【室】5室
【交】駅などから1番トラムでКинотеатр Чайкаチャイカ映画館下車、東へ徒歩2分
【URL】3matreshki.ru

ダイバーのオブジェ。
ダイビングもできる

バイカル湖を楽しむ

類まれなる透明度を誇るバイカル湖。
春から夏には美しい湖面と周囲の緑が織りなす景色がすばらしく、秋には木々が黄金色に染まる。
厳冬期といえども、氷の作り出す造形美が人々を魅了する。
どんな季節に訪れてもバイカル湖は美しい。

バイカルアザラシのいる
水族館の広告

バイカル湖博物館では
水の生き物を展示

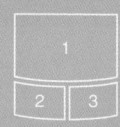

1.リストヴャンカのチェルスキー岩
展望台から見た秋のバイカル湖。
対岸はバイカル港（ポルト・バイカ
ル）駅 2.ロシアでは秋口でも水
着になる人がいる 3.湖畔の桟橋
でカップルが語らう

リストヴァンカの市場

バイカル湖観光の中心地、リストヴァンカ（→P.94）の市場は必見。名物のオームリ（サケ科の固有魚）のほか、民芸品やハーブを扱う屋台が建ち並ぶ。

バイカルアザラシのぬいぐるみがかわいい

すぐ食べられる温かいものが
観光客には人気

オームリの燻製は
いちばんの名物

人気のハーブは
「サガン・ダーリャ」
という特産の野草

湖岸の小屋で
飲食もできる（有料）

バイカル湖岸鉄道観光列車で ワンデイトリップ

バイカル湖岸鉄道（環バイカル鉄道）は、シベリア鉄道の旧線が一部残った盲腸線。朝イルクーツク発、夕方バイカル港着の観光列車に乗れば美しい車窓を眺めつつ、要所で下車しての観光が楽しめる。春〜秋の週末のみ運行、駅での発売はしないツアー列車なので、事前に旅行会社で予約して乗車しよう。

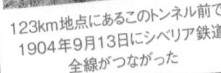

123km地点にあるこのトンネル前で、
1904年9月13日にシベリア鉄道
全線がつながった

SLが引く
豪華な観光
列車もある

1.いちばんポピュラーな観光列車は郊外電車の車内を豪華にしたタイプ 2.車内はゆったりとしたシート 3.ビュッフェもある
4.終点バイカル港駅では民族舞踊ダンサーがお出迎え。到着後はフェリーで対岸に渡り、バスでイルクーツクに戻る

バイカル湖岸鉄道は非電化なので
ディーゼル機関車が先頭に立つ

バイカル湖(リストヴァンカ)

Озеро Байкал（Листвянка） ＊ オーゼラ・バイカール（リストヴァンカ）

リストヴァンカの市外局番
TEL 3952

ACCESS

 バス

　イルクーツクの長距離バスターミナルから524、526番ミニバスで、所要1時間30分、131P、またはイルクーツクの中央市場Центральный рынокから番号なしのリストヴァンカ行きミニバスで所要1時間30分、140P。中央市場発着便は満員になり次第発車で本数は多い。

船

　イルクーツクの「ロケット船着場Пристань "Ракета"」からリストヴァンカ経由バリシエ・コーティ行き水中翼船が6月初旬〜9月下旬まで1往復出ている(7・8月は毎日、6・9月は月・木休航)。所要約1時間、450P。運航日や時刻は毎年変わるので要確認。

●リストヴァンカ〜バイカル博物館Байкальский музей間の移動はイルクーツク往復のミニバス(マルシルートカ)で20P。
●ポルト・バイカル〜リストヴァンカ間のフェリーのスケジュールは以下のURLで確認できる。
URL vsrp.ru/en/passengers/trips/baikal-rogatka/

淡水に生息するバイカルアザラシ
(ⒸJATM)

夏の穏やかなバイカル湖は人々の憩いの場

　バイカル湖は2500万年前に深海が陸封されて淡水化し、湖となったもので、面積は3万1500km^2、湖長約600km、最大幅は約80kmもある。世界で最も深い湖で、最深部は約1680m。冬には湖水の透明度は約40mとなり、この記録は淡水湖で世界1、2を争う。この湖にのみ生息する生物も多く、バイカルアザラシや食用に適するオームリという魚など、多くの固有種が生息する。1997年には世界遺産に登録された。

バイカル湖(リストヴァンカ)の歩き方

　バイカル湖観光の中心は湖の南西岸にあるリストヴァンカ。町は湖岸を走るゴーリキー通りул. Горького沿いと、そこから山側に延びるいくつかの道沿いに作られている。メインの見どころはバイカル博物館 Байкальский музей周辺と、リストヴァンカバス停周辺の町中心部に分かれており、店が多くにぎやかなのはバス停周辺。みやげもの市場や遊覧船乗り場も町中心部にある。

リストヴァンカ
Листвянка

バイカル湖

リストヴャンカの見どころ

バイカル湖関連の自然や産業について展示
バイカル博物館
バイカリスキー ムズィエーイ
Байкальский музей

MAP P.102

正式にはロシア科学アカデミー・シベリア支部イルクーツク科学センター・バイカル博物館（БМ ИНЦ СО РАН）といい、1993年にできた。館内には小さな水族館があり、オームリなどバイカル湖の生き物を見られる。屋外には周辺の植物を植えた「樹木公園」がある。

建物や展示は小規模

バイカル湖を一望できる
チェルスキー岩展望台
スマトラヴァーヤ プラシャートカ カーメニ チェルスカヴァ
Смотровая площадка Камень Черского

MAP P.102

標高約700mにある展望台で、その名はシベリア研究に尽力した地理学者イワン・チェルスキーにちなむ。展望台からはバイカル湖が一望でき、その広さを実感できる。展望台のある山は冬期はスキー場となっている。

左：観光客でにぎわう展望台　右：対岸のボルト・バイカル（バイカル港）駅がよく見える

バイカル博物館
🏠 ул.Академическая 1
☎ 45-31-46
🕐 9:00～19:00
休 無休
料 310P（写真120P、ビデオ320P）
交 イルクーツクまたはリストヴャンカからミニバスでБайкальский музей バイカル博物館下車すぐ
URL www.bm.isc.irk.ru

チェルスキー岩展望台
☎ 25-01-50（スキー場）
🕐 リフト10:00～22:00（火～日）、16:00～22:00（月）
休 無休
料 展望台＝無料、リフト＝片道200P、往復300P
交 アカデミー通り ul.Академическая のバイカルホテル方向分岐点を左（北）に進み約700mでリフト乗り場に着く。リフト山頂駅から徒歩2分
URL eastland.ru

バイカル湖
Озеро Байкал

マッシャルナ／Ангара
モスクワへ
ウシカニ二島 Ушканьи Острова
ウスティ・バルグズィン Усть-Баргузин
オリホン島 оОльхон
フージル Хужир
ガリャーチンスク Горячинск
チェレムホヴォ Черемхово
エム・エル・エス МРС
グレミャーチンスク Гремячинск
ウラン・ブルガスィ山脈 хр.Улан Бургасы
ツーリスト・コンプレックス・バイカル
バイカル湖 оз.Байкал
アンガルスク Ангарск
イルクーツク Иркутск
木造建築 ▶P.104 博物館タリツィ
プフタ・ペスチャーナヤ бух.Песчаная
プリバイカルスカヤ
バリショーエ・グラヴゥースナェ Бол.Голоустное
バイカル Байкал
バリシー・エ・コーティ Бол.Коты
ウラン・ウデ Улан-Удэ
バイカル湖岸鉄道
ポルト・バイカル порт Байкал
リストヴャンカ Листвянка
バリシー・エ・コーティ・シャーレ
ミィソーヴァヤ Мысовая
ハマル・ダバン山脈 хр.Хамар Дабан
スリュジャンカ Слюдянка
シベリア鉄道
ウラジオストクへ
北京（ウランバートル経由）へ
0　50　100km

103

ニェルピナーリー

- ул. Горького 101a
- TEL 55-44-32、49-69-00
- 夏期の火〜金11:00〜18:00、夏期の土・日11:00〜18:30、冬期の火〜金11:00〜17:00、冬期の土・日11:00〜18:00
- 休 月
- 料 500P
- ミニバスで Листвянка リストヴャンカから南へ約300m
- URL www.baikalnerpa.ru

日本人墓地

- 24時間
- 休 無休
- 料 無料
- ホテルクレストヴァヤ・パーチへ向かう山通り Ул. Горная を入り、ホテルを過ぎて左手

聖ニコライ教会

- ул. Куликова 90
- 9:00〜18:00
- 休 日
- 料 無料
- ホテル、クレストヴャヤ・パーチから北東へ約700m

シャーマンの岩

- 24時間
- 休 無休
- 料 無料
- ミニバスで Байкальский музей バイカル博物館から北へ約700m、ホテル、リギェンダ・バイカラの前

木造建築博物館タリツィ

- Байкальский тракт 47 км 2/1
- TEL 76-83-23、72-76-83
- 3〜10月10:00〜18:00、11〜2月火〜金10:00〜17:00（入場は閉館1時間前まで）
- 休 無休
- 料 200p（写真50p、ビデオ50p）
- イルクーツク〜リストヴャンカのミニバスで Тальцы タリツィ下車、南へ約350m。乗車前に「タリツィ」で降りる旨を運転士に伝える
- URL talci-irkutsk.ru

かわいいアザラシのショー
ニェルピナーリー

Нерпинарий

MAP P.102

芸達者なアザラシ（©JATM）

バイカルアザラシのショーが見られる水族館。ショーは季節により異なるが、だいたい1時間おきに1回のペース。アザラシたちがいろいろな芸を披露する。銀色で丸い宇宙船のような建物が目印。

抑留者が静かに眠る
日本人墓地

クラードビシェ イポーンツェフ
Кладбище Японцев

MAP P.102

名前の標石に囲まれた墓標

シベリア抑留中に過酷な労働と劣悪な食事などのため亡くなった日本人抑留者の方の墓地で、約60名が眠っている。ロシア人墓地の片隅にあり、標石にはカタカナで名前が書かれている。

村で最古の教会
聖ニコライ教会

スヴャータ ニコリスカヤ フラム
Свято-Никольская Храм

MAP P.102

美しい姿の教会

バイカル湖から少し山側に入った集落の奥にある、1846年に建てられた小さな木造のロシア正教の教会。金色の塔が遠くからも目立つ。旅人を加護する聖ニコライが祀られている。

バイカル湖に頭を出す小さな岩
シャーマンの岩

シャーマン カーメニ
Шаман Камень

MAP P.102

水面から頭を出した岩

「白い神が宿る岩」または「海へ流れ出ようとするアンガラ川と戦う勇士の記念碑」と言い伝えられている。アンガラ川入口の近くにあるとても小さな岩。

シベリアの伝統生活を体験
木造建築博物館タリツィ

アルヒチクトゥールナ エトノグラフィーチェスキームズィエーイタリ ツィー
Архитектурно-этнографический Музей«Тальцы»

MAP P.103-A1

園内は広い（©JATM）

古い木造建築を移築した屋外博物館。19世紀のブリヤートやコサックが住んだり使ったりした住居や教会などの建物の実物を見て当時の生活をしのべる。ロシア料理カフェ「トラクチル」もある。

リストヴァンカのレストランとホテル

レストラン

プローシルィ・ヴェーク
Прошлый Век

ロシア料理 MAP P.102

バイカル湖特産のオームリ料理（ムニエルや塩漬けなど）のほかステーキなど肉料理を楽しめる人気のロシア料理店。2階からはバイカル湖が見渡せる。予算はランチ1000P前後、ディナー2000P前後。

🏠ул. Лазо 1
📞49-69-84、65-78-99
🕑12:00~24:00
🚫無休
💳M V
🚌ミニバスでБайкальский музейバイカル博物館停留所から南へ約1.5km、リストヴァンカ停留所からは北へ約2km

バイカル
Байкал

★ ★ ★ ★ ★ MAP P.102

バイカル湖を望む小高い丘の上に建つ3階建てのホテル。チェルスキー岩展望台のスキー場と同じイーストランドという旅行会社の経営。レストランやサウナ（有料）があり、リゾートライフを楽しめる。

🏠Ул. Академическая 13
📞25-01-00
💰S1200P~ 💰1600P~
💳M V 🚪59室
🚌ミニバスでБайкальский музейバイカル博物館から北へ約450m行き、山へ向かうアカデミー通りул.Академическаяを東へ約700m
🔗eastland-baikal.ru/hotel-baikal

クレストヴァヤ・パーチ
Крестовая Падь

★ ★ ★ ★ ★ MAP P.102

いくつもの建物に施設が分かれているコテージタイプの高級ホテル。バイカル湖より少し山側の閑静な集落にある。レストランではオームリなどバイカル湖の魚を使った料理が楽しめ、味と雰囲気は内外から高評価。

🏠ул. Горная 14-А
📞49-68-63
💰T5000P~（ダブルのシングルユースは2750P~）
💳M V 🚪78室
🚌ミニバスでЛиствянкаリストヴァンカからゴーリキー通りを北に約1.5km行き、Ул. Горная山通りに入り東北へ約350m
🔗www.krestovayapad.ru

ホテル

バイカリスキエ・テレマ
Байкальские Терема

★ ★ ★ ★ ★ MAP P.102

英語名はBaikal Hill。クレストヴァヤ・パーチよりさらに山側に入ったところにあり、自然に囲まれて落ち着いたホテルライフを過ごせる。レストランやサウナを完備するほか、長期滞在用にマンション型の客室もある。

🏠Ул. Горная 16
📞25-01-40
💰S4100P~ 💰T4300P~
💳M V 🚪28室
🚌ミニバスでЛиствянкаリストヴァンカからゴーリキー通りを北に約1.5km行き、Ул. Горная山通りに入り東北へ約500m
🔗vk.com/id331470538

リギェンダ・バイカラ
Легенда Байкала

★ ★ ★ ★ ★ MAP P.102

英語名はリジェンド・オブ・バイカルLegend of Baikal。アンガラ川の入口部分に面して建つ木を基調としたホテル。ホテルの裏庭からはシャーマンの岩がよく見える。スタッフは英語が通じ、レストランもある。

🏠Ул. Исток Ангары д.11
📞96-01-50、49-05-05
💰S1900P~ 💰T3500P~
💳M V
🚪35室
🚌ミニバスでБайкальский музейバイカル博物館停留所から北へ約650m
🔗www.legend-of-baikal.ru

マヤーク
Маяк

★ ★ ★ ★ ★ MAP P.102

マヤークは灯台という意味で、灯台を模した建物は周囲のランドマーク。みやげ物市場や遊覧船乗り場、アザラシショーの「ニュルピナーリー」、観光案内所などは徒歩数分圏内。周囲はいつもにぎやかで何をするにも便利なロケーション。

🏠Ул. Горького 85«А»
📞49-69-10、49-69-11
💰S3000P~ 💰T4300P~
💳M V
🚪66室
🚌ミニバスでЛиствянкаリストヴァンカリストヴァンカ停留所向かい
🔗mayakhotel.ru

ウラン・ウデ

Улан-Удэ ＊ ウラン・ウデ

ウラン・ウデの市外局番
℡3012

ACCESS

✈ 飛行機

国際線は中国の北京、モンゴルのウランバートルからの便がある。国内線はモスクワから毎日、ノボシビルスク、イルクーツク、ハバロフスクなどから、季節により異なるが週1〜2便ある。

🚌 列車

シベリア鉄道の主要停車駅。北京やウランバートルからの国際列車も停車する。

ブリヤート族のオブジェ。「アマル・サインАмар Сайн」は、こんにちはという意味

日本人抑留者が建設したオペラ・バレエ劇場

ウラン・ウデ（バイカル）国際空港
℡22-76-11
URL www.airportbaikal.ru

市内交通
トラム15P、バス20P、ミニバス（マルシルートカ）は20P〜。ほぼすべての路線が中心部のソビエト広場пл. Советовを通る。

ロシアとは思えないイヴォルギンスキー・ダツァン

ウラン・ウデはバイカル湖の南東に位置し、ロシア連邦ブリヤート共和国の首都。モンゴル経由で中国とつながるシベリア鉄道支線の起点でもある。ウラン・ウデのウランはブリヤート語で「赤い」という意味、ウデは「ウデ川」から来ているといい、もとはデード・ウデ（上＝北のウデ）と称し、ロシア語では1934年までヴェルフネ・ウジンスクと称していた。ブリヤート人はモンゴル民族の一部族と考えられ、モンゴル国や中国内モンゴル自治区東部にも居住する。ブリヤート語とモンゴル語はよく似ており、ブリヤート語で白はサガーン、モンゴル語ではツァガーン、名物の羊肉入り肉まん「ブーザ」はモンゴル語で「ボーズ」という具合。18世紀にチベット仏教が伝来し、その後信者が増えたため、帝政ロシア政府がブリヤートの仏教管主として「バンディタ・ハンボラマ」の地位を定め、以来2019年2月現在のダムバ・アユシェーエフまで24世を数える。日本とのかかわりでは、いわゆるシベリア抑留期に収容所がおかれたことが知られ、市内中心部のオペラ・バレエ劇場などの建設が抑留者の過酷な労働により行われた。

名物のブーザ（肉まん）とシュレン（麺入りスープ）

到着後のアクセス

ウラン・ウデ（バイカル）国際空港は、セレンゲ川を越えた町の西側にある。エアポートバスはないが、55、77番ミニバス（マルシルートカ）で市中心部に向かえる。

ウラン・ウデの鉄道駅は市中心部の北にある。駅出入口は市中心部の反対側を向いており、鉄道を渡るには駅北側の小さな歩道橋を渡るか、4、23、155番ミニバスを利用する。4、23番は市中心部のソビエト広場を経由する。

ウラン・ウデの歩き方

　町の中心はレーニンの巨大な頭部像があるソビエト広場пл. Советов。オペラ・バレエ劇場などの文化施設や古参のホテルが集まっている。広場を起点に南に延びるレーニン通りул. Ленинаは一部が歩行者天国になっており、市民の憩いの場。歩行者天国の南端には革命広場пл. Революцииがあり、周囲には百貨店をはじめ商店やカフェが多い。市内中心部にも博物館や美術館があるが規模が小さく見応えが少ないので、ミニバスで郊外のザバイカル民族学博物館Этнографический Музей Народов Забайкальяやイヴォルギンスキー・ダツァンИволгинский Дацанに出かけるのがおすすめ。

レーニンの巨大な頭部像

レーニン通りの歩行者天国

ウラン・ウデの見どころ

広大な敷地に古建築を移築
ザバイカル民族学博物館
エトナグラフィーチェスキー　ムズィエーイ　ナローダフ ザバイカリヤ
Этнографический Музей НародовЗабайкалья

MAP P.107-A1外

　1973年に開園した屋外展示主体の博物館。ブリヤート共和国各地から移築した古い建物を移築してあり、一部は内部にも入れる。建物は遊牧民のテント型をした木造民家や、19世紀のコサックの住居、チベット仏教寺院やロシア正教の教会など各種各様。英語の解説板も完備。

木造八角形のテント型家屋

左の内部

ザバイカル民族学博物館
🏠Верхняя Берёзовка посёлок, ул. Музейная 17Б
📞33-25-10、44-33-10
🕙10:00～18:30
※季節により9:00～17:30に変更 🚫月・火 💰200Р
🚌「プラスピェクト・サヴィエトフпл. Советов」バス停などから37番ミニバスでЭтнографический музей エトナグラフィーチェスキー・ムズィエーイ下車すぐ。市内へ戻る便は博物館前を通らないので、大通りまで歩いて「ドム・オッディハ・ウチーチェリДом отдыха Учитель」から乗車
🔗ethnomuseum03.ru

ブリヤート歴史博物館
住ул. Профсоюзная 29
TEL21-40-08
開10:00～18:00
休月
料160P
交1、2、4番トラムでпл. Советовプラスピェクト・サヴィエトフ、16、16k番バス、その他ミニバス「サヴィエツカヤСоветская」から東へ徒歩3分
URLmuzeyrb.ru

リンポチェ・バフシャ
住ул. Профсоюзная 29
ул. Стрелецкая 1
TEL48-52-72
開9:00～17:30
休なし
料無料
交「プラスピェクト・サヴィエトフпл. Советов」バス停などから97、97k番ミニバスで終点Дацанダツァーン下車すぐ
URLyelo-rinpoche.ru

イヴォルギンスキー・ダツァン
住Иволгинский Дацан 1
TEL(301)402-33-77
開9:00～17:00
休なし
料無料
交「プラスピェクト・サヴィエトフпл. Советов」バス停などから130番ミニバスで終点「イヴォルギンスクИволгинск（カニェーチナヤКонечная）」下車、「ダツァーンДацан」行きミニバスに乗り換えて終点。130番は所要約40分、50P。行先を告げて先払いする。ダツァーン行きミニバスは所要約5分、30P
URLivolgdatsan.ru

市内中心部にある博物館

ブリヤート歴史博物館

ムズィエーイ イストリー ブリャーチー
Музей Истории Бурятии

MAP P.107-B1

市内中心部の国立博物館は歴史、自然、美術の3つに分かれており、ここは歴史や宗教について展示している。ブリヤート族のチベット仏教やシャーマニズムに関する展示は興味深い。

博物館外観

市内を一望できる丘にある寺

リンポチェ・バフシャ

リンポチェ バフシャ
Ринпоче-Багша

MAP P.107-A1外

市内で最大級のチベット仏教寺院。小高い丘の上にあり、市内を一望できる。午前中に行けば本堂内で朝の読経を見ることもできるが、現役の宗教施設なので内部撮影は禁止。伽藍や仏殿内を回る際は時計回りに歩く。仏殿内を出口に戻る際は向きを変えずに後ずさりするのが礼儀。バス停近くに仏教関連の売店もある。

本堂から見た市内

各地からの参拝客でにぎわうチベット仏教の大寺院

イヴォルギンスキー・ダツァン

イヴォルギンスキー ダツァーン
Иволгинский Дацан

MAP P.107-A2外

ブリヤートにおけるチベット仏教の中心地ともいえる大寺院で、建立は1946年。ブリヤート語では「ハンビン・フレーХамбын Хурэ」という。境内には仏像神像を祀る大小の伽藍があり、仏教大学も併設するほか、パンディト・ハンボラマの居所もある。伽藍内部の撮影は禁止。モンゴル人参拝客も目につく。

左:ハンボラマの居所
右:マニ車を回して伽藍を回る

ウラン・ウデのレストランとホテル

レストラン

メルゲン

Мэргэн

ブリヤート料理 MAP P.107-A1

ホテル、メルゲン・バートルにあるレストラン。メニューは現代風にアレンジしたブリヤート料理とロシア料理で、ブリヤート式肉まんの「ブーザ」や麺入りスープ「シュレン」のほか、バイカル湖特産のオームリ料理などを洗練された雰囲気で楽しめる。

住ул. Борсоева 19Б
TEL200-300
営12:00～24:00
休無休
CCM V
交「プラスピェクト・サヴィエトフпл. Советов」バス停などから17、28、31a、104、129、130、280番バス、その他ミニバスでВиадукヴィアドゥク下車、南東に徒歩5分
URLмэргэн.рф

ブーザ・ルーム

Бууза Room

ブリヤート料理のなかでも代表格の羊肉を使った肉まん「ブーザ」をメインとする気軽に入れる軽食カフェ。ブーザは3個40Ｐ、餃子入りスープ「バンシャタイ・シュレン」小100Ｐ、羊肉入り揚げパン「フーシュール」2個130Ｐ。ボルシチやパスタもある。

ブリヤート料理	MAP P.107-A2

- 🏠 ул. Ленина 52
- 📞 なし
- 🕐 10:00～22:00
- 🚫 無休
- 💳 不可
- 🚌 300、302、320、346番バス、その他ミニバスでФилармонияフィラルモーニヤから徒歩すぐ、ソビエト広場南側

メルゲン・バートル

Мэргэн Батор

★ ★ ★ ★ ★ 　 MAP P.107-A1

ウラン・ウデ唯一の5つ星ホテル。ウラン・ウデ駅の西側にあり、駅や市中心部は徒歩圏内。部屋やサービスは日本の高級シティホテルと同等で、バスルームには温水洗浄便座も設置されている。12階のバー「BAR12」では市内を一望しながらくつろげる。ブリヤート料理やロシア料理を楽しめるレストラン「メルゲン」があるほか、フィットネスクラブやプールも完備。

部屋は広く落ち着ける

ホテルの外観

- 🏠 Ул. Борсоева Д. 19Б
- 📞 20-00-02
- 💰 S3800Р～　🛏 4800Р～
- 💳 A J M V
- 🛏 37室
- 🚌 「プラスピェクト・サヴィエトフпл. Советов」バス停などから17、28、31a、104、129、130、280番バス、その他ミニバスでВиадукヴィアドゥク下車、南東に徒歩5分
- 🔗 mergenbator.ru

バイカル・プラザ

Байкал Плаза

★ ★ ★ ★ ★ 　 MAP P.107-A1

市中心部にあり、ソビエト広場やブリヤート国立フィルハーモニーは徒歩圏内。1階のレストラン「テンギス」はモダンにアレンジしたブリヤート料理を楽しめる店として、いちばんに名前が挙がる名店。外観は古びているが内部はきれいに改装されている。

- 🏠 Ул. Ербанова 12
- 📞 58-02-17、58-02-16
- 💰 S3500Р～　🛏 3900Р～
- 💳 J M V
- 🛏 78室
- 🚌 300、302、320、346番バス、その他ミニバスでФилармонияフィラルモーニヤ下車、徒歩3分、ソビエト広場南東すぐ
- 🔗 baikalplaza.com

サガーン・モリン

Сагаан Морин

★ ★ ★ ★ ☆ 　 MAP P.107-A1

鉄道の東側（市中心部とは反対側）にあり、このエリアでは最高級のホテル。「サガーン・モリン」とはブリヤート語で白い馬の意味で、白い高層建築はよく目立つ。大規模ショッピングセンター「サガーン・モリン」に隣接しており、買い物には困らない。

- 🏠 Ул. Гагарина 25
- 📞 44-40-19、44-70-52　💰 S3800Р～
- 🛏 4800Р～　💳 A J M V　🛏 86室
- 🚌 「プラスピェクト・サヴィエトフпл. Советов」電停・バス停などから1、2、5番トラム、その他ミニバスでТЦ Сагаан Моринトルゴーヴィ・ツェントル・サガーン・モリンまたは2番トラム、16、16k、300、302、320、346番バス、その他ミニバスでЭлеваторエレヴァートル下車すぐ
- 🔗 www.sagaan-morin.ru

ブリャーチヤ

Бурятия

★ ★ ★ ★ ★ 　 MAP P.107-B2

全200室以上という、市内最大のホテル。ソ連時代を思わせる建築だが、内部はきれいに改装されており、上階からは市内を一望できる。市内中心部にあり、ソビエト広場やオペラ・バレエ劇場は徒歩圏内。1階にショップが入り、フロントは5階にある。

- 🏠 Ул. Коммунистическая 47А
- 📞 58-02-04、58-02-16
- 💰 S2100Р～　🛏 3100Р～
- 💳 A J M V
- 🛏 208室
- 🚌 16、16k番バス、その他ミニバスでСоветскаяサヴィエツカヤ下車、徒歩すぐ。ソビエト広場南端から徒歩3分
- 🔗 buryatiahotel.com

クラスノヤルスク

Красноярск ＊ クラスナヤールスク

クラスノヤルスクの市外局番
TEL 391

ACCESS

✈ 飛行機

　国内線はモスクワ、ノヴォシビルスク、イルクーツクへの便を中心に、ロシア各都市と結ばれている。国際線は中国や中央アジア各国とを結ぶ便が多いが、日本とを結ぶ直行便はない。

🚃 列車

　モスクワ～クラスノヤルスク間には「エニセイ号」が運行され、所要時間は下りが約65時間、上りが約61時間。そのほか「ロシア号」などすべての優等列車が停車する。

クラスノヤルスク駅

クラスノヤルスク（イェメリャノヴォ）空港
TEL 226-62-22、255-59-99
🚌 市街北東部のバスターミナルと空港との間を、201、202番バスが結んでいる。30～1時間に1本程度、所要50～65分。他にも空港を経由して市街に向かうバスはあるが、いずれも本数が少なく経由ルートも異なる
URL www.kja.aero

新しいクラスノヤルスク空港

バスターミナル
MAP P.111-1C外
🏠 ул.Аэровокзальная 22
TEL 220-11-72
URL krasavtovokzal.ru

哨兵の丘から見下ろすクラスノヤルスク市街

　シベリアではオビ川に次ぐ大河・エニセイ川の川岸に発展した、約110万人の人口を誇る大都市。クラスノヤルスク地方行政府がおかれ、シベリア地方の政治、経済の中心地である。

　町の歴史は、コサックがこの地に砦を築いた1628年に遡のぼり、古くはエニセイ川の荒涼とした川岸のイメージから「クラースヌィ・ヤールКрасный Яр（赤い断崖）」と呼ばれていた。豊かな鉱物資源と、エニセイ川による水運で栄え、1895年のシベリア鉄道開通後は工業都市として発展する。一方で、他のシベリアの町と同様に流刑地としても知られ、スターリン時代には強制収容所もおかれていた。

　現在もロシア有数の工業都市として発展を続けるほか、研究・教育機関も多く集まる学術都市でもある。1997年にエリツィン大統領と橋本龍太郎首相（当時）が、領土問題解決をテーマに会談した、いわゆる"クラスノヤルスク合意"でも知られる。2000年代以降は人口が激増し、2019年には冬季ユニバーシアードが開催されるなど、シベリアでも最も活気のある都市のひとつである。

到着後のアクセス

　町の玄関口であるイェメリャノヴォЕмельяново空港は、市街中心部から北西に30km近く離れている。バスは複数の系統が乗り入れているが、いずれも本数は少なく、ルートも複雑なため利用しづらい。タクシーは空港内のカウンターで申し込めば、料金を明示のうえ待機中のタクシーに案内してくれる。料金は1000～1300P。所要時間は40分～1時間ほどだが、渋滞によりさらに時間を要することもある。

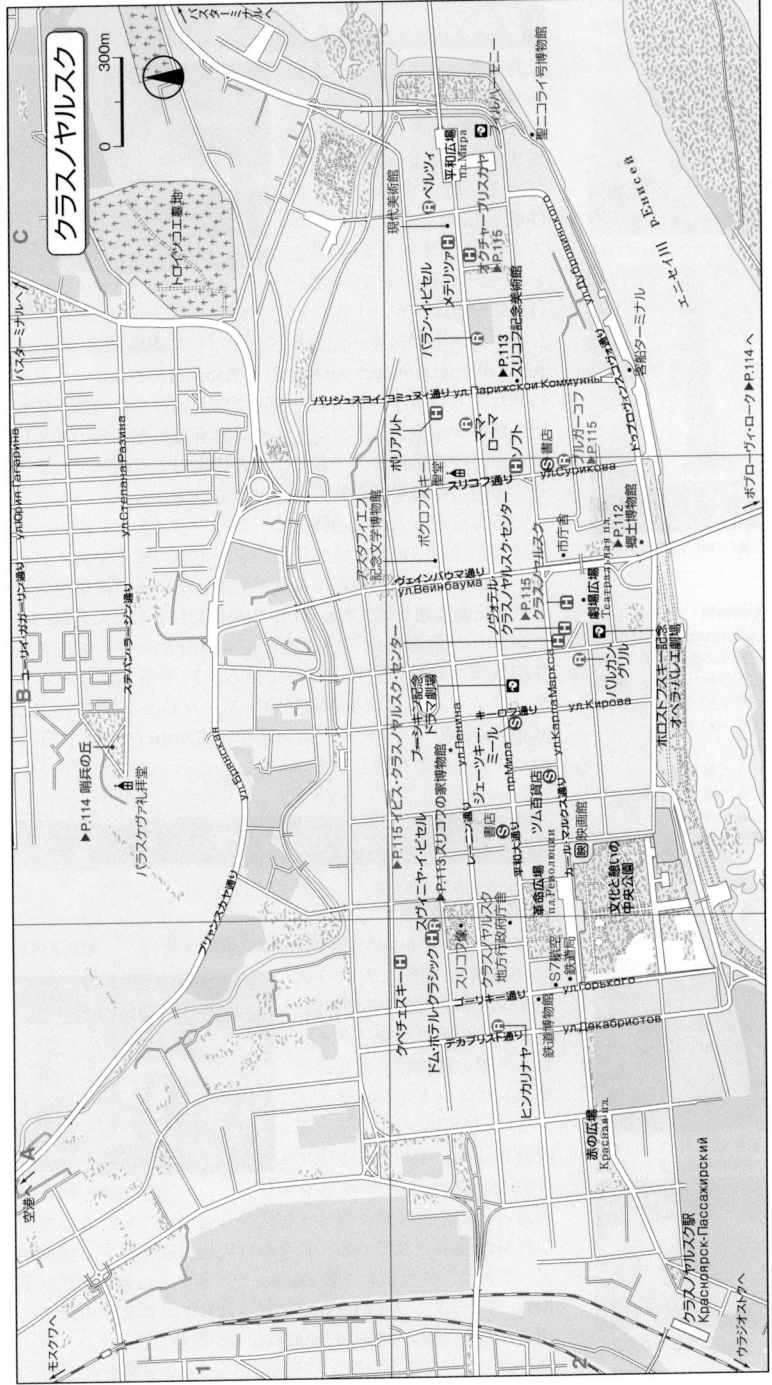

クラスノヤルスク
Красноярск

300m

0

▲P.114 歩哨兵の丘

▲P.114 パラスケヴァ礼拝堂

▲P.115 ブラゴヴェーシチェンスカヤ・ツェルコーヴィ

ニコーリャ・ガガーリナ通り ул.Николая Гагарина
ステパーナ・ラージナ通り ул.Степана Разина
ブリューハーナ通り ул.Брянская
ロヴィンスカヤ通り

現代美術館

平和広場 пл.Мира

聖ニコライ号博物館

ペルッツィ

オデチャーヤルスカヤ P.115

パラシューイ・ツェル

メラーリツァ

▲P.113 スリコフ記念博物館

パリジュスコイ・コミュヌ通り ул.Парижской Коммуни

ホロビョーフ
聖堂

ニューヴォ・カガーリナ通り

レローヴァ
ロマーヴ

▲P.115

ブリゴーフ
書店

ул.Суриков
スリコフ通り

エニセイ川 р.Енисей

客船ターミナル

▲ボプローヴィ・ローク→P.114 へ

アスタフィエフ
記念文学博物館
ヴェインバウマ通り ул.Вейнбаума

ホクロフカ博物館

グランドホテル
クラスノヤルスク・センター

市庁舎
郷土博物館

劇場広場
Театральная пл. P.112

フーリボ記念
ドラマ劇場

レーニン通り ул.Ленина

ジェーレヴャヌイ
書店

▲P.115 イビスク・クラスノヤルスク・ホテル

スウィーニヤ・イ・ツェル
▲P.113 スリコフの家博物館

バルハン
グリル

ул.Карла Маркса

ул.Кирова

P.115

マルクサ通り

ツム百貨店

ミール通り ул.Мира

平和大通り

ドーム・ホテル・クラシック

ゴーリキー通り
デカブリスト通り

スリコフ像

クラスノヤルスク
地方行政府庁舎

文化と憩いの
中央公園

S7事務所

鉄道博物館

シベエアー

▲ボストーク・オペラ＆バレエ劇場

S ペトロパヴロフスク
映画館

ул.Горького

ピンカリャヤ

ул.Декабристов

赤の広場
Красная пл.

クラスノヤルスク駅
Красноярск-Пассажирский

←クラスノヤルスク →

←モスクワへ

←ウラジオストクへ

空港へ↑
バスターミナルへ↑
バスターミナルへ↑

市内交通

市内交通はバスが1乗車22P、トラムおよびトロリーバスが1乗車19P。

重厚な歴史的建造物も多く残る

市庁舎の時計台は町のシンボル

郷土博物館

🏠 ул.Дубровинского 84
📞 227-92-04、227-05-80
🕐 10:00〜18:00、木曜 10:00〜21:00（6〜8月は 13:00〜21:00）
🚫 月
💴 150P（撮影可）
🚇 劇場広場から徒歩5分
🌐 www.kkkm.ru

展示室中央には、エニセイ川の交易船の模型が置かれている

エヴェンキ族の展示

クラスノヤルスクの歩き方

旧市街は東西に長く、北側を哨兵の丘に、東・南側をエニセイ川に、そして西側をシベリア鉄道によって区切られている。町の中心となるのは劇場広場。クラスノヤルスク出身のオペラ歌手ドミトリー・ホロストフスキー（1962〜2017年）の名を冠

市街の中心は、オペラ・バレエ劇場がある劇場広場

したホロストフスキー記念オペラ・バレエ劇場Красноярский театр оперы и балета имени Д. А. Хворостовского と、立派な時計台をもつ市庁舎が広場を挟んで向かい合っている。広場周辺にはホテルやレストランも多く、おもな見どころの多くは広場から徒歩でアクセスできる。また広場のすぐ南側では、エニセイ川沿いに遊歩道が整備されている。

旧市街を走る公共交通機関はトロリーバスとバスのみ。地下鉄は現在建設中だが、完成年はいまだ不明のままである。またトラムがエニセイ川の南岸エリアで走っている。旧市街を東西に貫く主要な通りは3本あるが、中央部ではいちばん北側のレーニン通りが西方向への一方通行、南側のカール・マルクス通りが東側への一方通行となっている。7・8番トロリーバスがクラスノヤルスク駅を起点にカール・マルクス通り ул.Карла Маркса を東へ、またレーニン通り ул.Ленина を西へ向かって走っているので利用しやすい。

クラスノヤルスクの見どころ

先住民族の展示が充実
郷土博物館
クラスナヤールスキー クライボーイ クライヴェーチスキー ムズィエーイ
Красноярский краевой краеведческий музей

`MAP P.111-B2`

1889年に開館したクラスノヤルスクを代表する博物館。エジプトのモスクをイメージした外観の建物は、地元の建築家レオニード・シェフヌィショフ（1875〜1932年）の設計により、1930年に建てられた。クラスノヤルスク

個性的な郷土博物館の建物

地方の自然をはじめ、原始・古代から近現代にいたるまで豊富な資料が展示されている。とりわけ先住民族に関する展示が充実しており、エヴェンキ族Эвенкиやネネツ人ненцы、ケット人 Кеты やセリクプ人 Селькупы など、おもにエニセイ川流域に居住する先住民族の衣服や狩猟道具などが数多く展示され、解説も詳しい。また文学博物館など市内にいくつかの分館をもっている。

シベリアが生んだ大画家
スリコフの家博物館
Музей-усадьба В.И.Сурикова
（ムズィエーイ ウサーヂバ スーリコヴァ）

MAP P.111-B2

19世紀を代表するロシア人画家ワシリー・スリコフ（1848〜1916年）の生家が、博物館として公開されている。1830年代に建てられた木造建築で、スリコフは1869年にサンクトペテルブルクへ旅立つまで、一時期を除きこの家で過ごしていた。その後はクラスノヤルスクに戻ることはなかったが、死後にスリコフの作品や遺品の多くが移され、1948年に博物館として開館している。

19世紀シベリアの建築様式を伝える

建物内は当時の暮らしの様子が再現されているほか、家族を描いた肖像画などが多数展示されている。また敷地内には主屋のほか、納屋やバーニャ（ロシア風サウナ）なども現存し、大都市の中心部とは思えない静かな敷地内をのんびり散策することができる。なおスリコフの作品は、市内のスリコフ記念美術館 Красноярский художественный музей имени В.И. Сурикова でも展示されている。

スリコフの家博物館
住 ул.Ленина 98
TEL 211-24-78
開 10:00 〜 18:00、木曜 13:00〜21:00
休 月
料 170P
交 劇場広場から徒歩10分
URL surikov-dom.com

往時の様子が再現された館内

●スリコフ記念美術館
MAP P.111-C2
住 ул. Парижской Коммуны 20
TEL 212-22-50
開 10:00〜18:00、水・木曜 13:00〜21:00
休 月
料 150P（撮影可）
交 劇場広場から徒歩15分
URL www.surikov-museum.ru

Column ロシアを代表する画家、ワシリー・スリコフ

オムスク出身の画家ミハイル・ヴルーベリ（1856〜1910年）とともに、シベリアが生んだ最大の芸術家であり、クラスノヤルスクの象徴的存在でもあるスリコフ。クラスノヤルスクのコサックの家に生まれ、サンクトペテルブルクの美術アカデミーで学んだ後、1881年に移動展覧会協会員となる。移動展覧会協会は、ロシア絵画の革新を目指したイワン・クラムスコイ（1837〜1887年）によって1870年に設立され、絵画をそれまでの特権階級から一般大衆に近づける大きな役割を果たした、ロシア絵画史上最も重要な組織である。参加メンバーは"移動派"と呼ばれたが、スリコフはクラムスコイやイリヤ・レーピン（1844〜1930年）らと並ぶ移動派の中心的画家として活躍、名画を数多く残している。

スリコフの絵画の特徴は、激動のロシア史に題材を得た絵が多いことで、モスクワのトレチャコフ美術館や、サンクトペテルブルクのロシア美術館には、彼の大作が数多く展示

『モロゾワ侯爵夫人』

されている。なかでも最も有名な作品といえば、トレチャコフ美術館の『モロゾワ侯爵夫人』（1887年）だろう。モロゾワ夫人は17世紀の総主教ニコンによる宗教改革に公然と反発し、分離派を支持したことで犠牲となるが、夫人が捕縛され連行される様子を力強い筆致で描いている。ほかに『スヴォーロフ将軍のアルプス越え』（1899年、ロシア美術館）、『ステパン・ラージン』（1910年、ロシア美術館）なども名高い。

一方、クラスノヤルスクの美術館やスリコフの家博物館では、妻や娘など身近な人物を描いた小品が多く、歴史画とはまた違った優しい筆遣いが感じられる。なお、彼の子孫にも著名な芸術家が多く、娘の夫はアバンギャルド時代を代表する画家であるピョートル・コンチャロフスキー（1876〜1956年）、曾孫には著名な映画監督であるアンドレイ・コンチャロフスキー（1937年〜）とニキータ・ミハルコフ（1945年〜）の兄弟がいる。

博物館の庭に立つスリコフ像

哨兵の丘

住 ул.Степана Разина 51
交 カール・マルクス通り沿いの ул.Перенсона バス停などから32番バスに乗車、ул.Каховская バス停で下車

パラスケヴァ礼拝堂

最近では見る機会が少なくなった10ルーブル札。パラスケヴァ礼拝堂のほか、エニセイ川の鉄道橋や水力発電所など、クラスノヤルスクの名所が両面に描かれている

ボブローヴィ・ローグ

住 ул. Сибирская 92
TEL 256-86-86
開 季節・施設によって異なる
休 無休
料 リフト往復280P
交 劇場広場前バス停から37番バスに乗車、Бобровый логバス停で下車
URL www.bobrovylog.ru

リフトはおおむね、その季節の明るい時間帯に運行されている

市街を一望できる絶景スポット

哨兵の丘
カラウーリナヤ ガラー
Караульная Гора

MAP P.111-B1

丘からの眺めは素晴らしい

旧市街のすぐ北側に位置する、町全体を見下ろすことのできる丘。かつてタタール人の襲撃を監視するための砦があった場所であり、頂上に建つパラスケヴァ礼拝堂Часовня Параскевы Пятницы はクラスノヤルスクのシンボル的存在である。礼拝堂ではロシアに伝わる伝説の聖人パラスケヴァ・ピャートニツァが祀られているが、この礼拝堂は2012年まで造幣されていた10ルーブル札にも描かれているので、ロシア人にはおなじみだ。現在では一帯は公園として整備され、結婚式を終えたカップルが記念に訪れる定番スポットともなっている。

リフトに乗って町を見下ろそう

ボブローヴィ・ローク
バブローヴィ・ローグ
Бобровый Лог

MAP P.111-B2外

哨兵の丘と並ぶ展望スポット

市街の南西に位置するスノーリゾート。冬はスキー場としてにぎわうが、プールなどの施設も充実し、1年を通して楽しめる。リフトは1本だけが通年運行され、標高514mの最上部からは市街やエニセイ川を一望することができる。また、ここは美しい森林で知られるストルヴィ国立公園Государственный природный заповедник“Столбы”の北東端に位置しており、夏期はトレッキングを楽しむ行楽客でもにぎわう。なお国立公園内は、初心者でも歩けるトレッキングコースが整備されているが、事前の情報収集やトレッキングシューズなどの装備は必須。不用意に立ち入らないよう気をつけたい。また積雪期は絶対に立ち入らないこと。近年は熊の出没により、コース自体が閉鎖されている時期もある。

Column シベリア有数の大河・エニセイ川

オビ川と並ぶ大河であるエニセイ川は、バイカル湖を水源とし、流域面積ではユーラシア大陸最大規模を誇っている。豊富な水量を生かし、1972年には市街の北方にクラスノヤルスクダムが建設され、出力600万キロワットを誇る水力発電所が設けられた。このダムは高さ124m、全長1065mという世界有数の巨大ダムであり、10ルーブル札にも描かれるなど、ソ連時代を代表する構造物として知られている。

また川に架けられたシベリア鉄道の鉄道橋は、全長約1km。1896年の完成当時は世界最長のトラス橋であり、1900年に開催されたパリ万博において橋の模型が金賞を受賞している。当時の世界の土木技術の粋を集めた建造物であり、やはり10ルーブル札に描かれていた。橋は今も現役で使用され、旅客列車も頻繁に通過している。

クラスノヤルスクのレストランとホテル

ブルガーコフ
Булгаков

ロシア料理　MAP P.111-B2

劇場広場からもほど近い便利な場所にある、人気のカフェバー。雰囲気のよい店内は広く、料理も酒類も豊富に揃い、特にロシア料理の味には定評がある。値段も比較的リーズナブルで、平日12:00〜16:00はビジネスランチも提供している。

🏠ул.Сурикова 12
☎272-87-78
🕐12:00〜翌02:00、日12:00〜24:00
🈚無休
💳M V
🚇劇場広場から徒歩10分
🔗barbulgakov.ru

オクチャーブリスカヤ
Октябрьская

★ ★ ★ ★ ☆ MAP P.111-C2

旧市街の東に位置する、4つ星ホテル。ソ連時代から営業を続ける老舗だが、近年のリノベーションでモダンなホテルに生まれ変わっている。鉄道駅からやや遠いものの、周辺には公園や博物館など見どころが多く、気持ちよく滞在できる。

🏠пр.Мира 15
☎223-08-08
🏠ⓈⓉ3200P〜
💳J M V
🛏100室
🚇7・8番トロリーバスなどで「Гостиница Октябрьская下車
🔗hoteloctober.ru

クラスノヤルスク
Красноярск

★ ★ ★ ★ ☆ MAP P.111-B2

劇場広場に面して建つ巨大ホテル。設備はやや古いものの、ロケーションのよさと、部屋からエニセイ川やストルブィ国立公園の山並みが一望できることで人気が高い。レストランやバー、ショップなども多く入居している。

🏠ул.Урицкого 94
☎274-94-03, 274-94-00
🏠ⓈⓉ3350P〜
💳J M V
🛏149室
🚇劇場広場からすぐ
🔗www.hotelkrs.ru

イビス・クラスノヤルスク・センター
Ibis Krasnoyarsk Center

★ ★ ★ ★ ☆ MAP P.111-B2

フランス資本のアコーホテルズが運営するバジェットホテル。決して豪華ではないが、必要十分な設備が整い、快適に過ごせる。ロケーションもよく、劇場広場へは歩いてすぐ。同じ系列のノヴォテル・クラスノヤルスク・センターが隣接している。

🏠ул.Карла Маркса 123
☎204-13-00
🏠2357P〜
💳A J M V
🛏116室
🚇劇場広場からすぐ
🔗www.accorhotels.com

Column シベリア旅行の心強い味方

ロシア最大の国内線ネットワークを誇り、シベリア・極東の各都市に日本から直行便を飛ばしているS7（シベリア）航空。公式ウェブサイト🔗www.s7.ru）では、乗り継ぎ便も含めたロシア各都市〜日本のチケットが片道から購入できるので、シベリア鉄道を旅の行程に組み込む際には利便性が高い。ワンワールド加盟航空会社なので、JALのマイルを貯めることも可能だ（チケットによっては積算されないこともある）。

またサファイア以上のステイタスを持っていれば、多くの空港でラウンジも利用可能。ノヴォシビルスク空港の国内線エリアにある直営ラウンジでは、ビールや軽食が無料で提供（カウンターで注文する必要あり）される。駐機場までの移動には、一般乗客用のバスとは別に、専用車で案内されることも。ロシアの航空会社ならではのサービスをぜひ体験したい。

S7ラウンジでいただける軽食

ノヴォシビルスク

Новосибирск ✳ ナヴァシビールスク

ノヴォシビルスクの市内局番
☎383

ACCESS

✈ 飛行機

モスクワへは1日10便以上が就航しているほか、ロシア各地へ多数の便がある。国際線は中央アジアや中国、韓国への便が中心。2018年6〜10月には成田空港との間に週1便が運航されている。

ノヴォシビルスク空港

ノヴォシビルスク（トルマチョヴォ）空港
☎216-99-99
URL tolmachevo.ru

🚄 列車

「ロシア号」や「エニセイ号」などシベリア鉄道の全列車が停車する。モスクワ〜ノヴォシビルスク間の所要時間は45〜48時間程度。サンクトペテルブルクとの直通列車もある。

駅と空港とを結ぶバス

ノヴォシビルスク地下鉄

ノヴォシビルスク駅はシベリア鉄道最大の規模を誇る

　"新しいシベリアの町"という意味の都市名であるノヴォシビルスクは、ロシアでは3番目に多い人口160万人を誇る、ノヴォシビルスク州の州都。その名が示すように歴史は新しく、1893年にオビ川右岸（東岸）に建設された。当時は聖ニコライおよびニコライ皇太子（後のニコライ2世）にちなみ「ノヴォニコラエフスク」（新しいニコライの町）と呼ばれていたが、1925年に現在の名に改称されている。

　シベリア鉄道建設の拠点として誕生した町は、1897年にオビ川鉄橋が完成してモスクワ方面と鉄道で結ばれて以降、急速に発展する。第2次世界大戦後は重工業や鉱工業ばかりでなく、学術都市であるアカデムゴロドクが建設されるなど、シベリアにおける学術文化の中心地としても成長を続けた。1962年には人口が100万人を超え、1985年にはシベリアでは初となる地下鉄が開業している。また札幌市とは姉妹都市の関係にあり、2018年には成田空港との間に初の直行便が就航するなど、日本との結びつきも強い。

到着後のアクセス

　ノヴォシビルスクの空の玄関口であるトルマチョヴォ Толмачёво 空港は、市内中心部から西へ約17kmの距離にある。S7（シベリア）航空のハブ空港であり、乗り継ぎの便もよい。市内へは111э番急行バスがノヴォシビルスク駅を経由してバスターミナルへ向かう。空港発は4:00〜22:30、ノヴォシビルスク駅発は6:00〜24:30の間に30分間隔で運行、所要40〜1時間程度。運賃は44Р（大きな荷物は別途44Р）、乗車または下車時に運転手に支払う。また312番マルシルートカ（ミニバス）もノヴォシビルスク駅まで行く。タクシーは市街中心部まで700〜1000Р程度。

　鉄道駅は市街中心部の西に位置し、地下鉄ジェルジンスカヤ Дзержинская 線（2号線）が接続するほか、路線バスも数多く発着する。レーニン広場へは地下鉄やバスで行けるが、徒歩でも20分ほどで行くことができる。

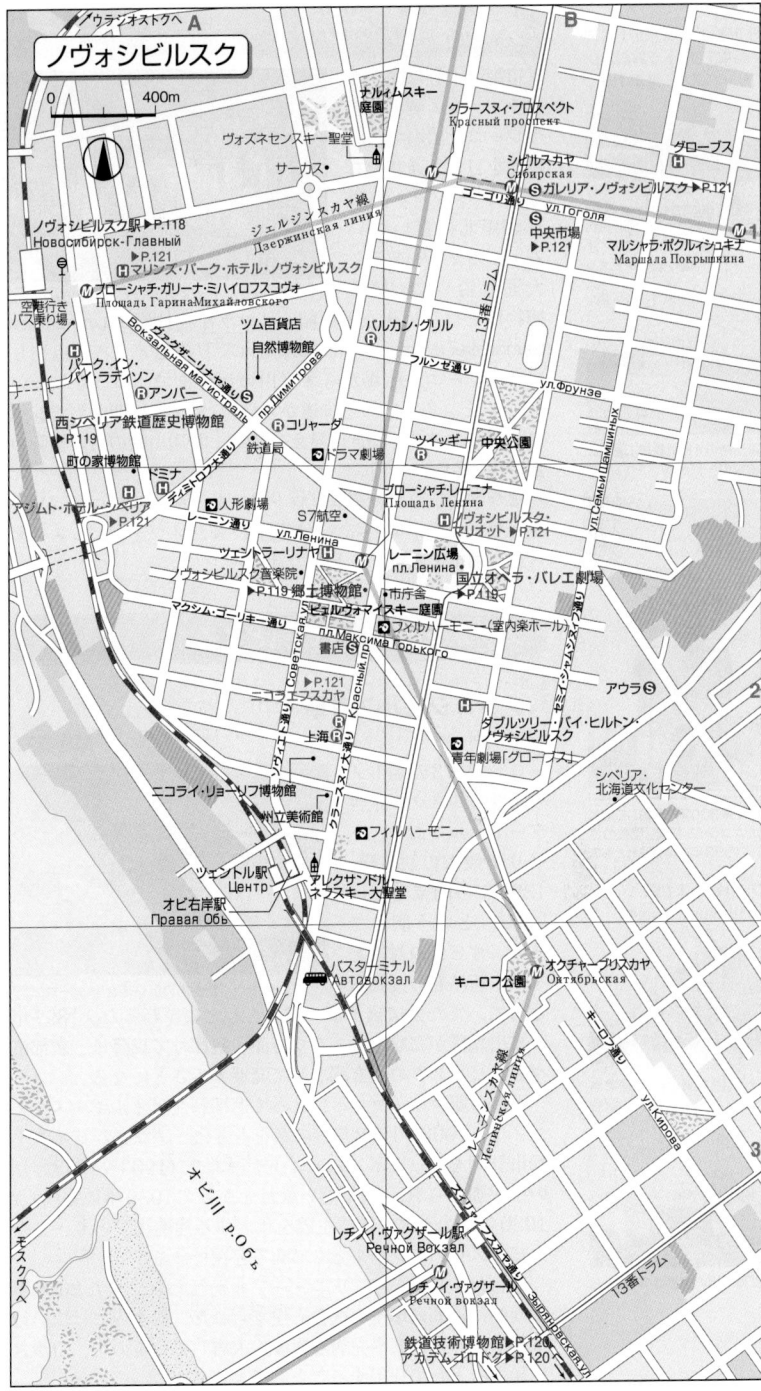

ノヴォシビルスク

0   400m

ウラジオストクへ   A   B

ナルィムスキー庭園
クラースヌィ・プロスペクト
Красный проспект

ヴォズネセンスキー聖堂
サーカス・
グローブス

シビルスカヤ
Сибирская
Ⓢ ガレリア・ノヴォシビルスク▶P.121

ノヴォシビルスク駅▶P.118
Новосибирск-Главный
ゴーゴリ通り
ул.Гоголя

ジェルジンスカヤ線
Дзержинская линия
中央市場
▶P.121
Ⓜ1

マルシャラ・ポクルィシュキナ
Маршала Покрышкина

▶P.121
Ⓗマリンズ・パーク・ホテル・ノヴォシビルスク
Ⓜ プローシャチ・ガリーナ・ミハイロフスコヴォ
Площадь ГаринаМихайловского

空港行き
バス乗り場

ツム百貨店
自然博物館
バルカン・グリル

Ⓗ パーク・イン・
バイ・ラディソン
Ⓡアンバー
Ⓢ フルンゼ通り
ул.Фрунзе

西シベリア鉄道歴史博物館
▶P.121
Ⓡ コリャーダ

町の家博物館
鉄道局
ドラマ劇場
ツイッギー 中央公園

ドミナ
人形劇場
プローシャチ・レーニナ
Площадь Ленина

アジムット・ホテル・ノヴォシビリア
▶P.121
レーニン通り
S7航空・
Ⓗ
ノヴォシビルスク・
マリオット▶P.121

ツェントラーリナヤ Ⓗ
ノヴォシビルスク音楽院・
▶P.119 郷土博物館・
Ⓜ レーニン広場
пл.Ленина
国立オペラ・バレエ劇場
▶P.119

マクシム・ゴーリキー通り
ピェルヴォマイスキー庭園
市庁舎
フィルハーモニー（室内楽ホール）
пл.Максима Горького
書店

▶P.121
Ⓢ アウラ Ⓢ

ニコラエフスカヤ
上海
Ⓗ ダブルツリー・バイ・ヒルトン・
ノヴォシビルスク

ニコライ・リョーリフ博物館
州立美術館
青年劇場「グローブス」

フィルハーモニー
シベリア・
北海道文化センター

ツェントル駅
Центр
アレクサンドル・
ネフスキー大聖堂

オビ右岸駅
Правая Обь

バスターミナル
Автовокзал
キーロフ公園
Ⓜ オクチャーブリスカヤ
Октябрьская

オビ川 р.Обь

モスクワへ

レチノイ・ヴァグザール駅
Речной Вокзал

レチノイ・ヴァグザール
Речной вокзал

鉄道技術博物館▶P.120
アカデムゴロドク▶P.120

117

市内交通

　地下鉄1乗車20P、バスが1乗車19P、トラムおよびトロリーバスが1乗車18P。

オビ川の河畔からはシベリア鉄道の鉄橋が見える

開通当時のオビ川鉄橋。現在は橋脚の一部が保存されている

ロマノフ家300年を記念して建てられたニコライ礼拝堂。現在の建物は1993年に再建されたもの

ノヴォシビルスク駅
ул.Шамшурина,д43

「オビ駅」を名乗っていた開業当時の駅舎

近郊列車用の駅舎は南側にある

ノヴォシビルスクの歩き方

　市街の中心は国立オペラ・バレエ劇場の建つレーニン広場で、広場前を目抜き通りであるクラースヌィ大通りが南北に貫いている。このクラースヌィ大通り沿いに、郷土博物館をはじめ州立美術館、ニコライ礼拝堂 Часовня во имя Святителя и Чудотворца Николая などの見どころが点在している。レーニン広場からオビ川の河畔まで、ゆっくり歩いて30分ほど。川沿いの遊歩道からは、1897年に開通したシベリア鉄道の大鉄橋が間近に見えるほか、開通当時の古い橋脚の一部が保存されている。

ノヴォシビルスクのシンボル、オペラ・バレエ劇場

　また学術都市アカデムゴロドクのある南エリアへは、レチノイ・ヴァグザールからバスが便利。またノヴォシビルスク駅から近郊列車でも行くことができる。

ノヴォシビルスクの見どころ

シベリア随一の巨大ターミナル
ノヴォシビルスク駅
ナヴァシビールスク グラーブヌィ
Новосибирск-Главный
MAP P.117-A1

　ロシア第3の都市ノヴォシビルスクの旅客ターミナルであり、シベリア最大の鉄道駅。1894年の開業当時は「オビ」という駅名であり、オビ川の対岸とを結ぶ連絡船の接続駅

駅舎内の広い待合室はレトロな雰囲気

として、また鉄道橋工事の拠点としてにぎわった。1897年にオビ川鉄橋が完成、モスクワ方面と結ばれて以降は、新都市ノヴォシビルスクの表玄関として発展することになる。

　現在の駅舎は、コンペによって選ばれたゲオルギー・ヴォロシノフ（1902〜1983年）の案をもとに、ノヴォシビルスクの都市計画を担ったボリス・ゴルデーエフ（1903〜1943年）らの手が加えられ、10年近い歳月をかけて1939年に完成した。1930年代のポスト構成主義を代表する建造物であり、ノヴォシビルスクのシンボルともいえる存在である。

　駅舎は1990年代にリニューアルが行われ、また2006年には南側に近郊列車用の駅舎も建てられた。駅舎内には広い待合室のほか、カフェや売店も数多く入居しているので、町歩きの休憩場所として利用することもできる。

ロシア屈指のレベルを誇る
国立オペラ・バレエ劇場
ナヴァシビールスキー ガスダールストヴェンヌィ アカデミーチスキー チアートル オーペルィ イ バリェータ
Новосибирский государственный академический театр оперы и балета
MAP P.117-B2

彫像の並ぶ荘厳な雰囲気の大ホール

市街の中心、レーニン広場に面して建つオペラ・バレエ専用劇場。第2次世界大戦末期の1944年に完成し、翌45年に開館した。収容人数約2000人を誇る大ホールと、コンサート用の小ホールをもつ、モスクワのボリショイ劇場と並ぶ大劇場である。

規模もさることながら、専属バレエ団のレベルの高さは世界的に有名であり、海外での公演も多い。現在の芸術監督は、ウクライナ出身のダンサー、デニス・マトヴィエンコ（1979年〜）。また2017年のモスクワ国際バレエコンクールで金賞に輝いた大川航矢や、同じく銅賞を受賞した寺田翠など、気鋭の日本人ダンサーも所属している。

公演情報はウェブサイトで公開され、オンラインでのチケット購入も可能。秋から春にかけてのシーズン中は、ほぼ毎日のように公演が行われている。

ノヴォシビルスクの歴史がわかる
郷土博物館
ナヴァシビールスキー ガスダールストヴェンヌィ クライヴェーチスキー ムズィエーイ
Новосибирский государственный краеведческий музей
MAP P.117-A2

かつてのホールがそのまま使われている企画展示室

先史時代から現代まで、ノヴォシビルスクの歴史を詳しく学ぶことのできる博物館。シベリア各地で活躍した建築家アンドレイ・クリャチコフ（1876〜1950年）によって設計され、1911年に貿易館として建てられた建物を使用している。地下1階と1階がおもに常設展として使用され、建設当時の面影が残る2階はおもに企画展に用いられている。また自然博物館など市内にいくつかの分館をもっている。

貴重な鉄道史の資料が多い
西シベリア鉄道歴史博物館
ムズィエーイ イストーリー ザーパドナ・シビルスコイ ジェリェーズノイ ダローギ
Музей истории Западно-Сибирской Железной Дороги
MAP P.117-A1

1926年に鉄道クラブとして建てられ、現在も鉄道関係の事務所として使われている建物の1階に入居する博物館。西シベリアの鉄道史が詳しく紹介され、建設当時の写真や模型などが数多く展示されている。

国立オペラ・バレエ劇場
🏠Красный Проспект 36
📞222-37-90
🕐チケット窓口11:00〜22:00
🚇レーニン広場前
🌐novat.nsk.ru

劇場の歴史を展示するスペースもある

郷土博物館
🏠Красный Проспект 23
📞227-15-43
🕐10:00〜18:00、木12:00〜20:00、土・日11:00〜19:00
休月・火
💴200p(撮影可)
🚇レーニン広場からすぐ
🌐youmuseum.ru

郷土博物館

常設展示も充実している

西シベリア鉄道歴史博物館
🏠ул.Шамшурина 39
📞229-20-33
🕐11:00〜17:00
休日
💴無料(撮影可)
🚇ノヴォシビルスク駅から徒歩3分

受付で博物館に行きたい旨を告げると、展示室を開けてくれる。

西シベリア鉄道歴史博物館

鉄道技術博物館
㊟Разъездная ул.54/1
TEL248-08-22
㊐11:00〜17:00
㊡月
㊕250P(写真50P、ビデオ100P)
㊋ノヴォシビルスク駅から近郊列車でシェヤチリСеятель駅下車、所要約50分。またはレチノイ・ヴァグザール駅前バス停から8番バス、35番マルシルートカなどでКлиника Мешалкина停留所下車。所要約30分

ソ連時代に開発された「ЭР200」

世界最速のディーゼル機関車「ТЭП80」

アカデムゴロドク
㊋シェヤチリ駅がアカデムゴロドクの入口にあたる。レチノイ・ヴァグザール駅前バス停から8番バス、35番マルシルートカなどが、鉄道技術博物館前を経由してアカデムゴロドクの中心まで行く。またシェヤチリ駅前の東南側にあるДом быта停留所から7番、72番バスなどがアカデムゴロドクの中心まで行く

各研究施設の外壁に掲げられた研究者のレリーフ

森にはリスも多く生息する

貴重な車両を見学できる
鉄道技術博物館
ムズィエーイ ジェリェーズナダロージュノイ チェーフニキ
Музей железнодорожной техники
MAP P.117-B3外

敷地内を埋め尽くすように車両が並ぶ

シィエヤチリ駅に隣接して2000年に開設された、野外の鉄道博物館。各種機関車をはじめ客車や電車、貨車に工事用車両まで100両以上が展示され、一部車両は内部も見学することができる。

ロシア国産の高速鉄道車両として2009年までモスクワ〜サンクトペテルブルク間で運行されていた「ЭР200」や、2003年にディーゼル機関車では世界最速となる時速271km/hを記録した「ТЭП80」など、鉄道史上に名を刻んだ貴重な車両も展示されている。

ロシア随一の学術都市
アカデムゴロドク
ナヴァシビルスキー アカヂムガラドーク
Новосибирский Академгородок
MAP P.117-B3外

町は針葉樹に囲まれている

ノヴォシビルスクの中心から南東約30kmの距離にある、ロシア最大の学術研究都市。冷戦真っただ中の1957年に、ソ連科学アカデミー(Академия наук СССР、現在のロシア科学アカデミーРоссийская академия наук、РАН)によって建設された。「アカデムゴロドク」という都市名自体が「学術都市」を意味し、同名の町はほかにもあるが、ノヴォシビルスク郊外のアカデムゴロドクが最も歴史が古く、規模も大きい。

針葉樹林帯を切り開いて建設された町は広大で、シベリアの最高学府である国立ノヴォシビルスク大学Новосибирский Государственный Университет、НГУを中心に、数十の大学や研究・教育機関が集まっている。ソ連時代、研究者たちはこの町で安定した生活と充実した研究環境が与えられたが、学術研究に特化した先進的な町作りは、日本の筑波研究学園都市にも影響を与えたといわれている。

ソ連崩壊後は研究者の国外流出が進んだが、近年は再びアカデムゴロドクに戻ってくるケースも多いという。今では研究者や学生ら約13万人の人口を抱え、外国企業との交流も盛んに行われている。

ノヴォシビルスクのレストラン、ショップ、ホテル

ニコラエフスカヤ
Николаевская

ロシア料理　MAP P.117-A2

地元で評判のペリメニ専門店。壺に入ったシベリア風ペリメニなど10種類以上のペリメニやヴァレーニキ、ボルシチなど定番ロシア料理が揃う。どのメニューもリーズナブルで、英語メニューもあるので気軽に入りやすい。

- 🏠 Красный проспект 13
- ☎210-10-39
- ⏰10:00～22:00
- 休 無休
- 💳M V
- 🚇レーニン広場から徒歩10分

中央市場
Центральный рынок

市場　MAP P.117-B1

ドーム型天井をもつ巨大な市場。活気あふれる場内には肉や魚、野菜に果物など、あらゆる食料品店が並んでいて、眺め歩くだけでも楽しい。また多くの店舗が市場の周囲で営業しており、衣料や日用品など何でも手に入る。

- 🏠ул.Мичурина 12
- ☎224-02-09
- ⏰8:00～20:00
- 休 無休
- 💳店によって異なる
- 🚇地下鉄シビルスカヤ駅からすぐ
- URL www.rinok-nsk.ru

ガレリア・ノヴォシビルスク
Галерея Новосибирск

ショッピングセンター　MAP P.117-B1

中央市場の北側に建つ、シベリアでは最大規模を誇るショッピングセンター。有名ブランドのブティックが並び、日本のショッピングモールと大差ない。スーパーマーケットに家電量販店、ファストフードのフードコートなども入居している。

- 🏠ул.Гоголя 13
- ☎373-00-30
- ⏰10:00～22:00
- 休 無休
- 💳店によって異なる
- 🚇地下鉄シビルスカヤ駅からすぐ
- URL galereya-novosibirsk.ru

ノヴォシビルスク・マリオット
Новосибирск Марриотт

★★★★★　MAP P.117-B2

レーニン広場に面して建つ、ノヴォシビルスクでは最もクオリティの高いホテル。オペラ・バレエ劇場が目の前にあり、観劇目的の滞在客が多い。宿泊料金も、オペラ・バレエ劇場が見える部屋が若干高く設定されている。

- 🏠Ул.Орджоникидзе д31
- ☎230-03-00
- 🛏S T7000P～
- 💳A D J M V
- 🛌175室
- 🚇レーニン広場からすぐ
- URL www.marriott.com.ru

マリンズ・パーク・ホテル・ノヴォシビルスク
Маринс Парк Отель Новосибирск

★★★★★　MAP P.117-A1

ノヴォシビルスク駅と駅前広場を挟んで向かい合う高層ホテル。鉄道や空港はもちろん、どこへ行くにもアクセスがよい。建物は古いが部屋は改装され、快適に過ごせる。1階に売店やカフェ、チケットオフィスなどが入居しているので何かと便利。

- 🏠ул. Вокзальная Магистраль 1
- ☎139-10-56
- 🛏S T2000P～
- 💳M V
- 🛌420室
- 🚇ノヴォシビルスク駅からすぐ
- URL www.hotel-novosibirsk.ru

アジムト・ホテル・シベリア
AZIMUT Hotel Siberia

★★★★★　MAP P.117-A2

ロシアで幅広く展開しているアジムト系列の巨大ホテル。駅やレーニン広場が徒歩圏内にあり、利便性は高い。リーズナブルな価格のわりに設備はよく、館内設備も充実しているので、ツアーの団体にもよく利用されている。

- 🏠ул.Ленина 21
- ☎223-12-15
- 🛏S 1725P～、T1830P～
- 💳A D J M V
- 🛌257室
- 🚇ノヴォシビルスク駅から徒歩10分
- URL azimuthotels.com

エカテリンブルク

Екатеринбург * エカチリンブールク

エカテリンブルクの市外局番
[TEL]343

ACCESS

✈ 飛行機

国際線は中国の北京、フィンランドのヘルシンキなどからの便がある。国内線はモスクワから毎日6便以上、サンクトペテルブルクから毎日2便以上、そのほかロシア各地からの便がある。

🚂 列車

シベリア鉄道を走る長距離列車はすべて停車する。またチェリャビンスクやニジニ・タギルなど、近隣都市とも結んでいる。

歩行者天国のヴァイニェル通り

●1番バスは空港が始発ではなく、コリツォヴォ集落から空港を経由して市街中心部へと向かっている。空港から乗車する際は、間違ってカリツォーヴォ行きに乗らないよう注意すること。

エカテリンブルク空港

エカテリンブルク（カリツォーヴォ）国際空港
[TEL]226-85-82
[URL]www.koltsovo.ru

レーニン大通りを走るトラム

モスクワから東に約1670kmの距離にある、スヴェルドロフスク州の州都。150万近い人口を擁するウラル地方の中心都市である。町の建設は1723年で、エカテリーナ2世の名を取ってエカテリンブルクと名づけられた。ソ連時代はスヴェルドロフスクと改名されたが、ソ連崩壊後にエカテリンブルクの名に戻されている。

ロシア有数の重工業都市として名高いが、その一方で、ロシア革命によってロシア皇帝一家が銃殺された、ロマノフ王朝の終焉の地としても知られている。また、ロシア初代大統領ボリス・エリツィン（1931〜2007年）の出身地でもある。

到着後のアクセス

エカテリンブルク（カリツォーヴォ）国際空港は、町の南東にある。バス乗り場は国内線ターミナルの正面にあり、1番バスが市街中心部を経由して駅まで行く。所要約1時間10分、28P（大きな荷物は28P追加）。また01番エクスプレス・マルシルートカも駅へ行く。所要約40分、100P。そのほか空港に隣接する駅からエカテリンブルク駅まで、直通の近郊列車が朝夕2往復のみ運行されている。所要約40分、50P。

エカテリンブルクの鉄道駅は町の北にある。駅からは1番バス、1、5、9、11、15番トロリーバスがカール・リープクネヒト通りを南下、レーニン大通り、ツェントラーリヌイ・ホテルを経由して南へ向かう。また駅の西側にはメトロⓂウラルスカヤ駅があり、中心部のⓂプローシャチ1905ゴーダ駅へ行くことができる。

近代的なビルが建ち並ぶ

エカテリンブルクの歩き方

　町の中心は1905年広場。レーニン像が立つこの広場を囲むようにして政府関係の建物や百貨店が建ち並び、南へと延びるヴァイニェル通りは最もにぎやかな歩行者天国となっている。

　中心部はほぼ徒歩で回れる。1905年広場からレーニン大通りを東へ進むと、左側にセバスチャノフの家Дом Севастьяноваがある。ウラルの鉱山開発で財をなしたニコライ・セバスチャノフが19世紀前半に建てた邸宅で、エカテリンブルクで最も美しい建物であるといわれている（内部は非公開）。このあたりは博物館が多く、北に歩くと血の上の聖堂、南に行くとエカテリンブルク美術館があるなど、見どころが集中している。

　さらに東へ進むと、ウラル大学とオペラ・バレエ劇場が向かい合うように建ち、その少し先には州立郷土博物館がある。1905年広場から郷土博物館まで、ゆっくり歩いて15〜20分ほど。またトラムは系統が複雑で利用しづらいが本数は多く、2、6、13、15、18、23、26、32番のトラムに乗れば、1905年広場まで行くことができる。

　なお主要なホテルはマリィシェフ通り沿いに集まっている。円柱形の高層ホテル・ヴィソツキーВысоцкийは、51、52階が展望台Смотровая Площадкаになっていて、市街を一望できるスポットとして人気が高い。

セバスチャノフの家

市内交通
　メトロ、トラム、トロリーバス、トラムが各28P〜。マルシルートカは28P〜。

エカテリンブルク地下鉄

ライトアップされた夜の市庁舎

ホテル・ヴィソツキー
MAP P.123-B
🏠ул. Малышева 51
📞378-45-45
🕐展望台10:00〜22:00
❌無休
💰350P（撮影可）
🚶1905年広場から徒歩約15分
🔗www.visotsky-e.ru

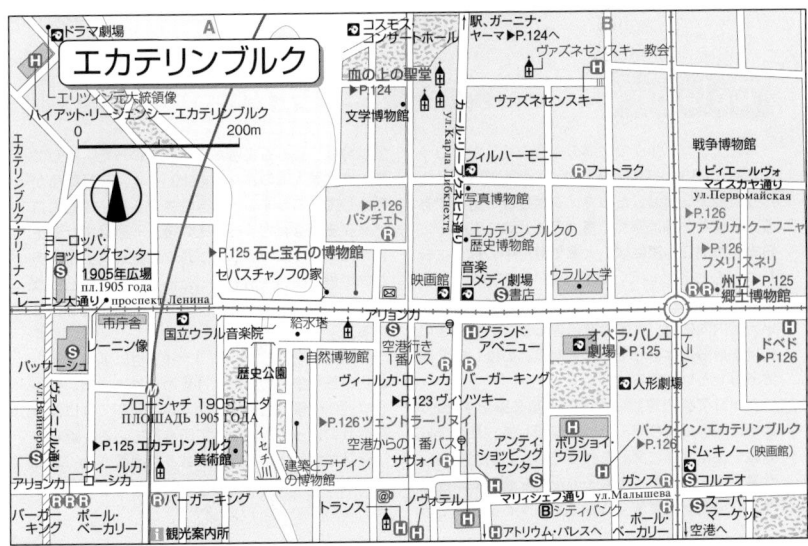

エカテリンブルクの見どころ

血の上の聖堂
- ⓐул.Царская 10
- ☎371-61-68
- ⏰9:00～17:00（礼拝の時間などによって異なる）
- 休無休 料無料（撮影不可）
- 🚇1905年広場から徒歩約15分
- 🔗hram-na-krovi.cerkov.ru

ガーニナ・ヤーマ
- 🅼P.123-B外
- ⓐУрочище Ганина Яма
- ☎219-08-47
- ⏰12:00～17:00、敷地内6:00～21:00 休無休
- 料無料（建築内部撮影不可）
- 🚇Ⓜ МАШИНОСТРОИТЕЛЕЙ マシノストロイーチェレイ駅近くの「ペダゴギチェスキー・インスティチュート Педагогический Институт」停留所から223番バスで終点下車。本数は少ない。またはエカテリンブルク駅前からエクスカーション（🔗 teexpress.ru）を利用。毎日11:00、13:00、15:00発、所要約3時間、700P
- 🔗ganinayama.ru

ロマノフ家終焉の地
血の上の聖堂
フラーム ナ クラヴィー
Храм-на-Крови

🅼P.123-B

　2003年に完成した、エカテリンブルクを代表する聖堂で、ロマノフ家終焉の地として知られている。1918年4月、ニコライ2世とその家族はこの地に送られ、イパチエフ技師の2階建ての家に身を寄せることになる。そして7月17日未明、一家は銃殺され、ロマノフ家は終焉を迎えた。

　1977年にイパチエフ技師の家は、スヴェルドロフスク州の共産党第一書記だったエリツィンの命により取り壊されたが、2003年その跡地にこの聖堂が建設された。聖堂は1階と2階に分かれており、1階の祭壇は荘厳なイコノスタスで囲まれている。祭壇向かって右側に奥まった一角があるが、このあたりで一家が銃殺されたという。1階ではロマノフ家にちなんだ特別展が催されていることが多い。

　また町から25kmほど北西には、ガーニナ・ヤーマ Ганина Яма と呼ばれる修道院がある。ニコライ2世一家が殺害された後、遺体や家財道具がトラックに載せられ、ここの一角の穴に放り込まれたという。現在、穴のあった場所を取り囲むように新しく聖堂が建てられ、人々の信仰を集めている。

血の上の聖堂

Column　ロシア最後の皇帝、ニコライ2世

　エカテリンブルクで悲運の生涯を終えたニコライ2世（1868～1918年）は、14代300年にわたりロシアを統治したロマノフ朝最後の皇帝である。日本との縁は深く、皇太子時代の1891年に日本を訪問した際には、大津で警護中の巡査に斬りつけられるという、いわゆる"大津事件"の被害者となったことで知られる。性格はどちらかといえば内向的で、大国の統治者としての力強さに欠けるきらいはあったが、家族思いの優しい父親であったといわれる。

　シベリア鉄道建設に主導的役割を果たすなど、政治に熱心に取り組んでいた時期もあったが、日露戦争後は次第に関心を失っていく。病弱であった息子のアレクセイ皇太子の祈祷を通して、怪僧ラスプーチンを家族ぐるみで重用するようになっ

て以降は、民心も皇帝から離れていった。そして第1次世界大戦のさなかの1917年、二月革命が勃発してニコライ2世は退位させられ、ここにロマノフ王朝は滅亡する。その後、一家はボリシェビキによってエカテリンブルクに送られ、イパチエフの館で幽閉生活を送ったあと、白軍が迫った1918年7月にレーニンの命によって殺害されている。

　ソ連時代を通して、ニコライ2世は国民を苦しめた暗愚な皇帝として受け止められてきた。しかしソ連崩壊後は名誉回復が進み、現在ではロシア正教会によって聖人として祀られている。近年では新たな解釈による伝記も数多く出版され、ニコライ2世の人間的な側面にも関心が寄せられている。

ウラル産の鉱石が一堂に
石と宝石の博物館
ムズィエーイ イストリーリー カムネリェーズナヴァ イ ユビリールナヴァ イスクーストヴァ
Музей Истории Камнерезного и Ювелирного Искусства
MAP P.123-A

正式名称は「砕石と宝石芸術の歴史博物館」。エカテリンブルクを中心とするウラル地方は鉱物資源の宝庫であり、帝政時代よりさまざまな鉱石が採掘され、宮殿の装飾や宝飾品などに用いられてきた。博物館ではアメジストやジャスパー、石英、鋼玉に青金石など、ウラル地方で産出された希少な鉱石を使った宝飾品やオブジェ、花瓶などが数多く展示されている。またイセチ川沿いのエカテリンブルク美術館 Екатеринбургский Музей Изобразительных Искусств でも、ウラル産の鉱石を使った美術品を見ることができる。

石と宝石の博物館

石と宝石の博物館
🏠пр.Ленина 37
📞371-24-62
🕐11:00～18:00、木12:00～20:00(入場は閉館45分前まで)
休月・火
💴250P(撮影可)
🚇1905年広場から徒歩約5分
🌐mikji.ru

エカテリンブルク美術館
MAP P.123-A
🏠ул.Воеводина 5
📞371-06-26
🕐11:00～20:00、金～日11:00～19:00(入場は閉館1時間前まで)
休月
💴250P(撮影可)
🚇1905年広場から徒歩約8分
🌐www.emii.ru

ウラル地方の代表的劇場
国立オペラ・バレエ劇場
エカテリンブルッキー ガスダールストヴェンヌィ アカヂェミチェスキー チアートル オーペルィ イ バリェータ
Екатеринбургский государственный академический театр оперы и балета
MAP P.123-B

1912年に建てられたエカテリンブルクを代表する建造物であり、ソ連時代に都市計画で名をはせたウラジーミル・セミョーノフ（1874～1960年）の設計による。名建築として知られる一方、専属バレエ団のレベルも高く、近年はヴャチェスラフ・サモドゥロフ（1974年～）芸術監督のもと斬新な演出が人気を呼んでいる。日本人ダンサーも数名が所属する。

ホールの客席数は約900。格調高い雰囲気が魅力で、どの席からも舞台が見やすい。

国立オペラ・バレエ劇場

国立オペラ・バレエ劇場
🏠прЛенина 46А
📞350-81-81
🕐チケット窓口10:00～20:00
🚇1905年広場から徒歩15分
🌐www.uralopera.ru

ホール内は荘厳な雰囲気

世界最古の木像で有名
州立郷土博物館
スヴェルドロフスキー オブラスノイ クライヴェーチスキー ムズィエーイ
Свердловский Областной Краеведческий Музей
MAP P.123-B

エカテリンブルクを中心とした、ウラル地方の歴史を紹介する博物館。先史時代の考古学や先住民族の資料、ニコライ2世にまつわる展示などが充実している。また、エカテリンブルク近郊で発見されたシギルの木像 Шигирский идол は、およそ9500年前（11000年前の説もある）に作られた世界最古の木像とされている。カラマツの木で作られた全長2.8mの木像には多くの文様が刻まれているが、その彫刻の意味をめぐって現在もさまざまな解釈がなされている。

シギルの木像

州立郷土博物館
🏠пр.Ленина 69/10
📞350-67-75
🕐11:00～18:00
休月・火
💴200P(シギルの木像の撮影は別途100P)
🚇1905年広場から徒歩約15分
🌐uole-museum.ru

エカテリンブルクのレストランとホテル

レストラン

フネリ・スネリ
Хмели Сунели

ジョージア料理　MAP P.123-B

州立郷土博物館の左隣にある、地元で人気のジョージア料理レストラン。店名の「フネリ・スネリ」とはジョージア料理の定番スパイスのことで、店内は広く豪華な雰囲気。ハルチョーやハチャプリなど定番料理はどれもおいしい。

🏠 пр.Ленина 69/10
☎ 301-02-06
🕐 12:00～24:00、金・土曜12:00～02:00
🈚 無休
💳 V M
🚇 1905年広場から徒歩約15分
🔗 www.hmeli.ru

パシチェト
Паштет

ロシア料理　MAP P.123-A

ネコのイラストが目印の店。家族での温かい食事をイメージした店内も、料理の盛りつけも非常に洗練され、地方都市とは思えないほど高レベル。平日12:00～16:00は限定メニューとなり、とてもリーズナブルな価格で味わえる。

🏠 ул.Толмачева 23
☎ (343)228-00-59
🕐 12:00～24:00、土・日11:00～24:00
🈚 無休
💳 M V
🚇 1905年広場から徒歩約7分
🔗 rest-pashtet.ru

ファブリカ・クーフニャ
Фабрика Кухня

ロシア料理　MAP P.123-B

州立郷土博物館の近くにあるカフェテリア形式のレストラン。店内は広くメニューも豊富。ペリメニが看板メニューで、牛、豚、羊肉をミックスしたウラル風ペリメニが人気。19:00以降は作り置きの全メニューが3割引きになる。

🏠 пр.Ленина 69/1
☎ (343)271-03-51
🕐 11:00～21:00、金・土11:00～21:30、日12:00～21:00
🈚 無休
💳 MV
🚇 1905年広場から徒歩約15分
🔗 fabrikakuhnyaekb.ru

ホテル

パーク・イン・エカテリンブルク
Park Inn by Radisson Ekaterinburg

★★★★☆　MAP P.123-B

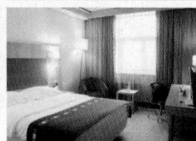

ラディソンBlu系列のビジネスホテル。部屋はカラフルな内装でまとめられ、レストランや24時間営業のバーを備える。周囲にはレストランやショッピングセンターが多く、展望台のあるホテル・ヴィソツキーも近い。

🏠 ул.Мамина-Сибиряка 98
☎ (343)216-60-00
🛏 S T 5000P～
💳 ADJMV
🚪 160室
🚇 駅から1、9、11番トロリーバスなど
🔗 www.parkinn.com

ツェントラーリヌィ
Центральный

★★★★☆　MAP P.123-B

伝統と格式を誇る老舗ホテル。館内のレストラン「サヴォイ」は、エカテリンブルクで最も古いレストランのひとつ。現在はUSTAホテルの系列に属し、比較的リーズナブルな料金設定だが、部屋は近代的に改装されているので快適に過ごせる。

🏠 ул.Малышева 74
☎ 312-37-37
🛏 S 3150P～、 T 3510P～
💳 M V
🚪 91室
🚇 1番バスなどでレーニン大通り停留所下車、徒歩5分
🔗 hotelcentr.ru

ドベド
DoBeDo

★★★★☆　MAP P.123-B

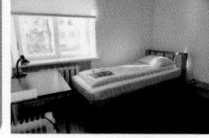

アパートの1階を改装して営業するホテル&ホステル。ホステルは向かいの別棟で営業している。市街中心部では数少ないエコノミーホテルだが、設備はよく整っていて、ロビーもおしゃれ。スタッフの愛想もよく、手作りの朝食がおいしい。

🏠 пр.Ленина 52/2
☎ (343) 288-50-58
🛏 S 1890P～　 T 2490P～
💳 MV
🚪 27室
🚇 1905年広場から徒歩約15分
🔗 www.dobedo.club

Сахалин

サハリン

サハリン州

成田から飛行機で
2時間10分の近さ

自然豊かなロシアの田舎町

サハリンは北海道のすぐ北に位置する細長い島で、
1905年から45年まで日本の領土となり、樺太と呼ばれていた。
当時40万人もの日本人が暮らしていたが、今日ではすっかりロシアの町となった。
各地に美しいロシア教会が建ち、おしゃれなカフェやレストランができていて、アジアの
都会の喧騒とは無縁のすがすがしい町である。2018年9月から電子簡易ビザの発給も始まった。
自然に恵まれたロシアの田舎をのんびり旅したい。

1 サハリンの州都
ユジノサハリンスク ▶P.130

サハリン州立郷土博物館

サハリンの自然や歴史、民族を豊富な資料で解説する博物館。日本の樺太庁博物館の建物と展示物の一部を受け継いでいる。

山の空気展望台

標高600mの高台で、ゴンドラで上った展望台からユジノサハリンスク市内を一望にできる。冬はスキー場になる。

2 稚内と航路で結ばれている
コルサコフ ▶P.144

コルサコフ港

サハリンの南の玄関口で、戦前より稚内から連絡船が運航されていた。樺太時代の面影が残る静かな町だ。

3 西海岸の美しい港町
ホルムスク ▶P.150

ホルムスク港

サハリン西海岸最大の町。ロシア本土のヴァニノと航路で結ばれている。真岡郵便局の悲劇の町として記憶に残る。

チェーホフ
Чéхов（野田）

3
ホルムスク
Холмск（真岡）

ネヴェリスク
Невельск
（本斗）

4 横綱大鵬の生まれた町
ポロナイスク ▶P.154

横綱大鵬生誕の碑
樺太時代はソ連国境まで約80kmの「国境の町」だった。横綱大鵬が生まれた町で、2014年生誕の碑が建てられた。

北緯50度 まぼろしの日ソ国境
1905年から45年8月まで、北緯50度は日ソ国境だった。当時の国境の標石が置かれた台座が残る。

サハリン鉄道 歴史博物館には 日本製造の雪かき車が 展示される

アレクサンドロフスク・サハリンスキー
Александровск-Сахалинский

ノグリキ ⑤
Ноглики

北緯50度国境跡

サ ハ リ ン 鉄 道

ポロナイスク ④
Поронайск (敷香)

ホルムスク

ユジノサハリンスク

コルサコフ

スタロドゥブスコエ(白鳥湖)

ドリンスク
Долинск (落合)

サ ハ リ ン 鉄 道

チェーホフ山

① ユジノサハリンスク
Южно-Сахалинск (豊原)
ホムトヴォ空港

オホーツコエ
Охотское (富内)

トゥナイチャ湖

② コルサコフ
Корсаков (大泊)

ブッセ湖

5 サハリン鉄道の終着駅
ノグリキ ▶P.158

ノグリキ市立郷土博物館
サハリン北部には多くの先住民族が住んでいる。彼らの文化を伝える博物館。地元の子供たちが見学によく訪れる。

フラワー ハイキング
▶P.147
北海道の北にあるサハリンでは、6月中旬から7月中旬にかけて高山植物の花が咲き乱れる。フラワーハイキングのツアーも出る。

サハリン 鉄道
▶P.160
ユジノサハリンスクからノグリキまで急行で約11時間30分。寝台列車に乗ってサハリンを南北に縦断する旅。

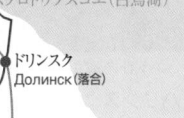

ユジノサハリンスク
Южно-Сахалинск ＊ ユージュナ・サハリーンスク

ユジノサハリンスクの市外局番
☎42422（下5桁の場合）
☎4242（下6桁の場合）

ACCESS

✈ 飛行機

　日本からの直行便は成田国際空港から週2便、所要約2時間10分。新千歳空港から週4便、所要約1時間20分。ロシア各都市とも結ばれている。

　空港は市街から約10km南にあり、63番バスが市内と結んでいる。所要約30分、20P。タクシーなら市内中心部まで400～600P。

ユジノサハリンスク空港
🌐airportus.ru

ユジノサハリンスク駅。かつてここに日本時代の駅舎があった

在ユジノサハリンスク日本国総領事館
Генеральное
КГенеральное консульство Японии в г.Южно-Сахалинске
🗺 P.131-B1
🏢コミュニスト大通り18
ул.Коммунистический пр. 18
☎72-55-30
🕒9:15～18:00
🚫土・日曜、ロシアの祝日および一部日本の祝日
🚶ユジノサハリンスク駅からコミュニスト大通りを東へ徒歩約20分。北海道センター5、6階。
🌐www.sakhalin.ru.emb-japan.go.jp/itprtop_ja/index.html

市内交通

　バス、マルシルートカ（乗合バス）が市内を運行。7、19、20番バスなどが市内中心部を周遊。料金は各20P。

ライトアップされ、神々しく輝くロシア正教会

　サハリン州の州都、ユジノサハリンスクはサハリン島南部に広がる平野の中心に位置し、成田国際空港からのフライト時間は2時間40分。成田から最も近い国際線運航地といえる。新千歳空港からも定期便があり、所要時間はわずか1時間20分だ。

　ロシア最東端に位置する人口19万8973人（2018年）の地方都市のひとつ。教会通いを欠かさない、もの静かで心優しい人々が暮らしている。人と車の関係も、日本以上に徹底した歩行者優先で、横断歩道の前に立つと、車が停まってくれる。すでに経済発展してしまった近隣アジアの国々とは違い、ゴチャゴチャした電飾看板や広告などない、すがすがしい「ロシアの田舎町」である。

　日本との歴史的な関係は深い。明治時代初期までのサハリンには日本人とロシア人が混住していたが、日露戦争（1904～5年）後、日本の敗戦まで北緯50度を境にしてサハリンの南半分が樺太として日本領になり、豊原と呼ばれる新都市建設が行われた。こうして北海道の札幌を模した現在の骨格ができあがった。山の空気展望台（→P.135）に上ると、町全体を見下ろせ、それを実感するだろう。

　戦後はソ連式の町づくりが行われ、木造建ての日本家屋のほとんどは老朽化とともに建て直されたが、州立郷土博物館や州立美術館など、日本時代の近代建築が一部文化施設として残っている。

　近年はホテルやショッピングモールなどが次々と建設され、ロシア料理だけでなく、日本では珍しいジョージア料理などコーカサス、中央アジアのグルメを味あわせてくれるレストランも多い。街角にはおしゃれなカフェがあり、バーやライブハウスなど、ナイトライフを楽しめるスポットも生まれている。函館市、旭川市、稚内市の姉妹都市でもある。

ユジノサハリンスクの歩き方

　市内のおもな見どころは徒歩圏内にあり、道も碁盤の目状になっているので目的地にたどり着くのは比較的簡単だ。主要な通りは、南北に延びる通りでは西からレーニン通り ул.Ленина、平和大通り пр. Мира、コムソモール通り ул.Комсомольская、東西に延びる通りでは北からサハリン通り ул.Сахалинская、コミュニスト大通り пр.Коммунистический、勝利大通り пр. Лобеды があって、この範囲内が中心部といえる。中心部には7、19、20番のバス、マルシルートカ（乗合バス）が環状に走っているので、利用するとよい。降りる所を間違えても、同じ番号に乗ればもとの場所に戻れるので心配することはない。

ビートモ社のスタッフ。日本語対応OK

ビートモ社
Би-томо
MAP P.131-B1
住 サハリン通り1-1
ул.Сахалинская1-1
TEL・FAX 72-68-89
開 9:00～13:00、14:00～18:00
休 土・日　**URL** www.bitomo.net

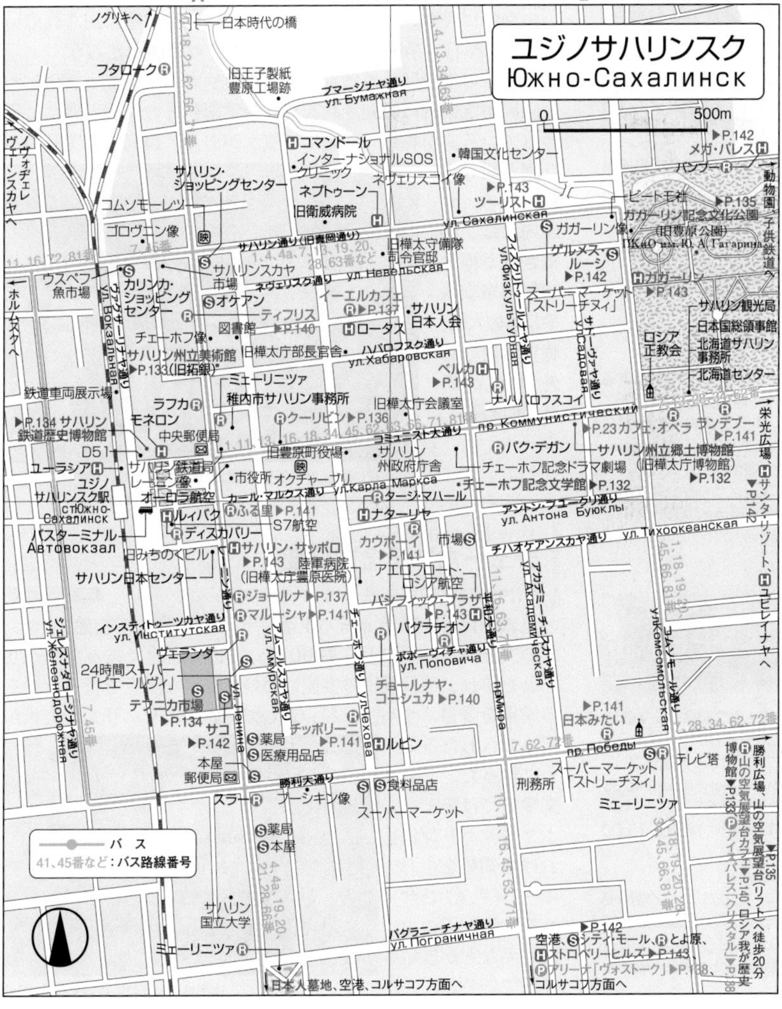

ユジノサハリンスク
Южно-Сахалинск

0　　　　　　　500m

サハリン州立郷土博物館
住 コミュニスト大通り29
пр.Коммунистический29
TEL 72-75-55
開 火〜金、日10:00〜18:00、土〜20:00
（入館は閉館30分前まで）
休 月　料 100P（写真100P）
交 ユジノサハリンスク駅から
コミュニスト大通りを東へ
徒歩約15分
URL sakhalinmuseum.ru

先住民族コーナーではアイヌの武者の鎧を展示

チェーホフ記念文学館
住 平和大通り104
пр.Мира104
TEL 43-66-36
開 11:00〜18:00、火10:00〜19:00
（入館は閉館30分前まで）
休 月　料 50p（撮影可）
　日本語の案内を希望する
場合、同館の学芸員バチニ
ナ・エレーナさんに事前に
連絡すること（EMAIL dennis_
lena@mail.ru）
交 ユジノサハリンスク駅か
ら東へ徒歩約10分
URL chekhov-book-museum.ru

チェーホフ記念ドラマ劇場
MAP P.131-B1
住 コミュニスト大通り35
Коммунистический пр 35
TEL 42-52-62
開 11:00〜14:00、15:00〜18:00
休 日・月
交 ユジノサハリンスク駅から
コミュニスト大通りを徒歩
10分
URL www.chekhov-center.ru

ユジノサハリンスクの見どころ

樺太時代や先住民族の展示も豊富
サハリン州立郷土博物館
サハリーンスキー オブラスノイ クラィエヴェチェスキー ムズィエーイ
Сахалинский Областной Краеведческий Музей
MAP P.131-B1

　サハリンの自然や歴史、民族などのテーマ別に整理された博物館で、日本の樺太庁博物館の建物と展示物の一部を受け継いで開館した。収蔵点数は約19万点。ヨーロッパやロシア、日本によるサハリン島やクリル諸島の探検の歴史や、この地域の先住民族であるアイヌやニヴフの資料、日本人が住んでいた樺太時代の歴史に関する展示などに特徴がある。なかでも興味深いのは、かつて北緯50度線上の日露国境（→P.156）におかれていた4つの国境標石のうち、天1号標石（オホーツク海沿いの鳴海に設置）と、戦前の樺太庁博物館の前庭に飾られていた天3号標石（半田沢に設置）のレプリカの展示だろう。

　これらの常設展以外にも、自然科学や考古学をテーマにした企画展が定期的に実施され、日本の学術界との交流も盛んに行われている。博物館の前庭には噴水があり、裏庭には美しいバラ園が設けられている。敷地内には、移築された樺太時代の奉安殿や日本の大砲、戦車も含む野外展示があり、興味深い。

1937（昭和12）年8月に開館。貝塚良雄（1900〜1974年）の設計

19世紀の流刑地の歴史を解説
チェーホフ記念文学館
ムズィエーイ クニーギ アーベーチェーホヴァ オーストロヴ サハリーン
Музей Книги А.П.Чехова "Остров Сахалин"
MAP P.131-B1

　正式名は「А.П.チェーホフ著『サハリン島』博物館」。ロシアの文豪チェーホフは、1890年、当時流刑地であったサハリン島を訪れ、懲役制度の実態について綿密な調査を行った。その成果を著書『サハリン島』として発表し、サハリンの実状が広く知れわたることになった。この文学館ではチェーホフのサハリンにおける業績を中心に、19世紀のサハリン流刑囚の生活用品などが展示されている。

流刑地の人々の生活を蝋人形で展示

日本時代の建築を利用した美術館
サハリン州立美術館
サハリーンスキー オブラスノイ フドージェストヴェンヌィ ムズィエーイ
Сахалинский Областной Художественный Музей

MAP P.131-A1

樺太時代は北海道拓殖銀行豊原支店だった建築を利用して生まれた美術館。石造りを模した鉄筋コンクリート建てで、新古典主義的な外観は当時の銀行建築の主流だった。ヨーロッパの近現代美術を中心に、収蔵美術品の数はおよそ1万4000点。1階は現代作家による展覧スペースや企画展に使われ、展示内容が変わる。2階にロシア近現代美術や朝鮮系美術の展示室、それにロシア正教のイコンの展示室がある。

ロシア美術の展示は19世紀後半の移動派絵画が中心で、アンドレイ・リャーブシキン（1861～1904年）やミハイル・ネステロフ（1862～1942年）など著名な画家の作品もわずかながら展示されている。1階は企画展が行われ、さまざまな作家の作品が展示される。また入口前の広場にはチェーホフの像が立つ。

サハリン州立美術館
住レーニン通り137
ул.Ленина137
TEL72-36-43、72-29-25
開10:00～18:00、木～20:00（入館は閉館30分前まで）
休月
料80p（写真50P）
交コミュニスト大通りからレーニン通りを北に入り東側
URLsakhartmuseum.ru

年代もののイコンも展示されている

竣工年は1929年。1989年3月に美術館に生まれ変わった。

館内は2階部分が吹き抜けで、1本の見事な柱で支えられている

ロシア東進の歴史をビジュアル展示
ロシア我が歴史博物館
ルーシィ モイ ヒストリア
Россия – Моя История

MAP P.131-B2外

山の空気展望台の麓にある勝利広場に新しくできた博物館で、ロシアの歴史をビジュアル中心に展示している。ロシア全国19都市にある関連施設のひとつ。9世紀にはユーラシア大陸の西外れの小国にすぎなかったルーシーが、13世紀のモンゴル帝国の襲来と衰退後、まるでその後継国でもあるかのように東進し、一時はアラスカも含む大帝国を築き上げたプロセスとその後のロシア革命、ソ連崩壊から今日にいたるまでを解説している。愛国主義的な傾向の強い展示が多いのが特徴だ。

ロシア我が歴史博物館
住スヴィショナムーチェニカイラリオナ　トゥロイツコヴァ通り3
ул. Священномученика Илариона Троицкого 3
TEL49-57-28
開火～木、日11:00～18:00、金11:00～20:00、土11:00～19:00
休月　料無料
交7、28番バスなどでПлощадьПобеды勝利広場下車すぐ
URLmyhistorypark.ru

博物館の外観

ロシア革命で殺されたニコライ2世関連の展示スペースは多い

サハリン日本センター
MAP P.131-A2
住レーニン通り234
ул.Ленина 234
TEL72-70-28
交旧みちのくビル（現BTB24ビル）3階
URLwww.jcentersakh.ru

樺太時代の鉄道事情も詳しく展示
サハリン鉄道歴史博物館
ムズィエーイ イストーリーサハリンスコイ ジェレズノイ ダローギ
Музей Сахалинской Жулузной Дцроги

MAP P.131-A1

　2004年に開館したサハリン鉄道の歴史を解説する博物館。サハリン南部に現在の鉄路が敷かれたのは樺太時代であることから、当時の歴史から掘り起こし、ソ連時代を経て今日にいたる発展を描いている。展示室は樺太時代、ソ連時代、サハリン鉄道を中心にした書籍や資料、地図が展示される3つの部屋に分かれる。日本の鉄道関連書籍も置かれている。

　博物館の外の駅の敷地内には、旧ソ連製の蒸気機関車やディーゼル機関車、1939年に日本で製造された雪かき車（愛称：ワジマ）、1993年に日本から寄贈されたK型ディーゼルカー（キハ58）など、多数のサハリン鉄道の歴史を支えた車両が陳列されている。

　館長は長くサハリン鉄道に勤めた人物で、樺太時代の歴史に関心をもち、日本人の来訪を歓迎してくれる。もし駅敷地内に陳列されている車両を見学したければ、館長に頼めば案内してくれるが、ロシア語のガイドなどの通訳がいると望ましい。

戦前の日本で流行した樺太の鳥瞰図が目を引く

館長のアンドレイ・ニコラエヴィ
チ・チリキン氏

カニを買うならここ
テフニカ市場
チ フ ニ カ コ ム ル ウ ィ ノ ク
Техником Рынок

MAP P.131-A2

　市内には多くの市場があるが、肉や魚、果物、お菓子など何でも揃うのがここ。館内は広く、ジャンルごとに店が並ぶ。サハリンでぜひ買って帰りたいのが、ボイルされたカニ。タラバガニは大き過ぎるので、毛ガニが値段も手頃でおすすめだ。サハリンスカヤ市場内のウスペフ魚市場 Успех рынок （住 ул. Сахалинская улица71）でもカニは買える。

ボイルされた冷凍毛ガニは350Pくらいから　市場には食堂もあり、揚げたてピロシキが食べられる

冬はスキー場に早変わり

山の空気展望台
ゴルヌイ ヴォズドゥフ
Горный Воздух

MAP P.131-B2外

碁盤の目のような整然とした町並みが望める

　ユジノサハリンスクの市街地の東外れにある標高600mの高台で、ゴンドラで上った展望台から市内を一望にできる。日本時代は旭ヶ丘と呼ばれていて、以前はスキージャンプ台や日本人の建てたロッジも残っていたが、すでに撤去されている。現在は、夏は展望台とマウンテンバイクが楽しめ、冬は16面のゲレンデのあるスキー場になる。シーズンが始まる12月から4月にかけて、さまざまな雪のイベントがあり、市民だけでなく多くの旅行者が訪れる。

ゴンドラはスイス製の最新型

子供鉄道が走る

ガガーリン記念文化公園
パールク クリトゥーリイ イ アッディハイメニ ガガーリナ
Парк Культуры И Отдыха им.Гагарина

MAP P.131-B1

　市街東部に位置する白樺並木の美しい公園で、ロシアの英雄ガガーリンの名が付いている。

　園内にある池の周囲を、子供たちが運行を体験できる子供鉄道が走っている（夏季のみ運行）。全長約2.5km、軌間は750mm。約13分かけて園内を一周する。

かつて豊原公園と呼ばれていた

山の空気展望台
住 ゴールニー　ヴォーズドゥフ 通り
ул. Горный воздух
TEL 51-11-10
開 夏季：金12:00〜19:00、土・日・祝日10:00〜20:00
冬季スキー場：月〜金9:00〜21:00、土・日・祝日9:00〜20:00
休 夏季：月〜木
料 頂上まで往復300P（中継地点までは150P）
交 リフト乗り場へは勝利広場のスタジアムの東側から入る。勝利広場へは7、28番バスなどでПлощадьПобеды勝利広場下車
URL ski-gv.ru

北海道サハリン事務所
MAP P.131-B1
住 コミュニスト大通り18
пр.Коммунистический 18
TEL 45-75-60
交 北海道センター1階

ガガーリン記念文化公園
住 サハリン通り
ул. Сахалинской остановка
料 各遊具施設は有料
交 7、19、20番バスなどでПарк им.Ю.А.Гагарина ガガーリン公園下車すぐ
URL sakhalin-park.ru

樺太時代には王子ケ池と呼ばれていた。当時の石碑も残る

子供鉄道
開 11:00〜13:00、15:00〜17:00（30分ごとに出発）
休 月　**料** 220P
交 ホテルガガーリン横の公園入口から徒歩約15分

ユジノサハリンスク

おしゃれな
カフェ巡り

ユジノサハリンスクには、スタバはないけれど、居心地のいいカフェがたくさんある。おいしいスイーツやコーヒー、そして気さくで優しい地元の若者たちと出会えるだろう。

この日のスタッフは同じ赤と紺のチェック柄のシャツを着ていた

→キリル文字で黒板に書かれたメニューが新鮮

←フロアはふたつ。奥には落ち着いた感じのラウンジがある

シナモンパイとコーヒーを頼んで250₽

クールポップな人気カフェ

外観は平凡な雑居ビルだが、扉を開けて店に入ると、雰囲気は一変。クールポップな内装はとてもおしゃれ。コーヒーの種類もスタバ並みに各種揃えていて、ケーキやクッキーなどのスイーツも豊富。注文はカウンターで。店内のメニュー表示はロシア語だけど、英語メニューもあるので安心だ。テイクアウトもできるのでコーヒー片手に街歩きを続けてもいい。北海道センター内とアイスパレス「クリスタル」に支店がある。

店にいた地元のバンド仲間の3人組。何やら相談中

クーリビン Кулибин
MAP P.131-A1
住 コミュニスト大通り 74
ул.Коммунистический пр 74
TEL 22-49-15
営 月〜土8:00〜23:00、
日10:00 〜 23:00
休 無休 **CARD** M V
交 ユジノサハリンスク駅から徒歩5分

駅から真っすぐ延びるコミュニスト大通りに面している

アットホームな
隠れ家カフェ

　閑静な住宅街の中にあり、ちょっと見つけづらいが、ユジノサハリンスクの人たちなら誰でも知っているアットホームな隠れ家カフェ。小さなカウンターがあって、目の前でドリップしてくれた、入れたてコーヒーが味わえる。テイクアウトで利用する客も多い。

↑こぢんまりとした店で、テーブルは3つしかない　←ブレンドコーヒー150円、カフェラテ200円

イーエルカフェ Elcafe

MAP P.131-A1
住 クリリスカヤ通り44
ул.Курильская 44
TEL 46-99-90　営 8:00〜19:00
休 無休　カード M V
交 サハリン州立美術館から徒歩5分

集合住宅の一室を改装して使っている

濃厚なイチゴのシャーベットは100円

地元の若者御用達の
カジュアルカフェ

　人気レストラン「マルーシャ」（→P.141）の隣にある地元の若者御用達といった感じのカジュアルなカフェ。カウンターの前に並ぶ横長のテーブルとソファ掛けのテーブルだけの店なので、散策の合間にひと休みするのに最適だ。

ジョールナ Зёрна

MAP P.131-A2
住 レーニン通り217 улЛенина 217
TEL 984-1314378
営 月〜金8:00 〜 2200、
土・日10:00 〜 23:00
休 無休　カード M V
交 サハリン・サッポロからレーニン通りに沿って徒歩3分

レーニン通りに面しているのですぐわかる

夜はカクテルなどアルコールも出す　→「ロシア版人生ゲーム」など、ボードゲームが置かれている

ブレンドコーヒー150円。その場でドリップしてくれる

＼ ユジノサハリンスクのカフェ事情 ／

　サハリンには、日本のようにスターバックスなどグローバルチェーンのコーヒーショップはないけれど、ロシアンテイストがたっぷり感じられる手づくりカフェがいくつかある。ロシア人が好むのはクールだけど、気取ったところがなく、ぬくもりのあるポップな感覚だ。この種の店は、地元の若者に支持されているので、雰囲気は明るい。スタッフはたいてい英語が通じるので旅行者も利用しやすい。

スイーツ類は全体に日本より甘め

アイスホッケーを観に行こう！

アイスホッケーはロシアの国技のひとつ。
サハリンにはプロチームがあり、現地で試合を観ることができる。

写真・情報提供／中川善博

ユジノサハリンスクには日本のチームも試合に来る

間近で観る迫力あふれるプレイに圧倒される

サハリンのプロアイスホッケーチーム「PSKサハリンПСК"САХАЛИН"」は、日本や韓国のチームとともに構成されるアジアリーグアイスホッケーに加盟している。毎年9月から3月まで、ホーム＆アウェイ方式で試合を行っている。会場はユジノサハリンスク市内のアイスパレス「クリスタル」。日程を調べて、ぜひ観戦に行こう。

※試合日程は以下のサイトで調べることができる。
PSKサハリン公式サイト URL oneteamsakhalin.ru/hockey
アジアリーグアイスホッケー URL www.alhockey.jp

アイスパレス「クリスタル」（ユジノサハリンスク）Кристалл

MAP P.131-B2外 住 マクシム・ゴーリキ通り29 ул. Максима Горького 29 TEL 55-62-55 時 8:00～22:00（試合日） 料 50P～300P（席による。チケットはスタジアムの窓口で購入できる） 交 サハリン駅から18、45番バスで勝利広場を経由して所要5分

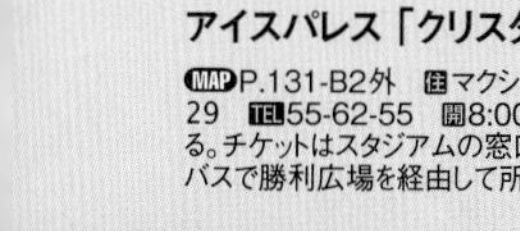

アリーナはコルサコフ方面で、空港の南側にある

バスケットボール「Восток65」

ロシアにはプロバスケットボールリーグもある。サハリンのプロチーム「ヴォストーク65 Восток65」は国内スーパーリーグに所属。ユジノサハリンスク郊外のアリーナ「ヴォストーク」に行けば観戦できる。

アリーナ「ヴォストーク」
Арена "Восток"

MAP P.131-B2外 住 平和大通り501 проспект Мира 501 TEL 7-914-755-00-65 料 100P～ 交 ユジノサハリンスク駅から115、333番バスでКладбищенский комплекс №3下車。試合開催日には無料送迎バスも出る。 URL sakhalin.info/vostok ※試合日程は左記サイトで調べることができる。

山の空気展望台スキー場

山の空気展望台（→P.135）は12月～4月にかけてスキー場になる。サハリンでは、スキーヤーとスノーボーダーの割合は半々。クリスマスシーズン（ロシアのクリスマスは1月7日なので、12月下旬から1月上旬までと長い）には、スキー場でさまざまなイベントが繰り広げられる。

上：初心者向けから上級者向けまで16のゲレンデがある。下：照明がついて夜間スキーが楽しめる。夜も利用者でにぎわう

Column 「日本人の忘れ物もサハリンの歴史の一部です」

『樺太時代の歴史と文化のモニュメント（1905-1945 年 ）』（2015年、サハリン州文化省刊）、イーゴリ・アナトリエヴィチ・サマーリン著。日本語版の出版の計画もある

2015年、サハリンで『樺太時代の歴史と文化のモニュメント（1905-1945年）』（Памятники истории и культуры периода губернаторства Карафуто（1905–1945гг.）という本が刊行された。同書は、サハリンに残る樺太時代に日本が造った117もの遺構をわかりやすい地図と写真で解説した案内書。著者は地元の郷土史研究家のイーゴリ・アナトリエヴィチ・サマーリン氏だ。

サハリンに残る神社と灯台のユニークさ

サハリンに残る日本遺構の代表といえば、サハリン州立郷土史博物館である。1937年（昭和12年）に建てられた樺太庁博物館が前身だが、同書を読むと、それ以外にもたくさんの遺構が各地に眠っていることを教えてくれる。ユジノサハリンスク市内では20の遺構が紹介されている。そのうち1911年（明治44年）創建の樺太神社は跡形もないが、裏山に宝物殿が現存している。その近くにあった1935年（昭和10年）創建の樺太招魂社の石段と社殿の基礎部分が残っている。

サハリン大学の歴史教師だったサマーリン氏は、学生向けの新しい歴史学科のプログラムを考えるにあたって、サハリンの建築史を取り上げることにした。研究を進めていくうちに、各地に数多くの日本の遺構が残されていることに気づいた。特に彼が関心をもったのは、神社や灯台だった。「ロシア人である私にとって日本の宗教施設のデザインは興味深いものでした。またサハリンには日本

人が造った灯台が各地にありますが、このコンクリート製の近代施設にも日本的なユニークな特徴が見られ、ロシアの灯台と比較することがおもしろかったのです」と語る。例えば、日本の灯台には、勤務する人たちが寝起きする部屋が併設されているが、それが畳の間なのだ。

1990年代以降、日本の樺太研究者たちとの共同調査も始まった。日本の研究者がもたらす膨大な資料に目を通し、サハリン各地を訪ね歩くうちに、樺太時代の日本遺構に歴史的、文化的な価値があることを強く意識するようになったという。

「私の父はトマリにある旧王子製紙工場で働いていました。子供の頃には身の回りにたくさんの日本遺構がありましたが、当時はその意味を知りませんでした。ソ連時代、樺太時代の歴史は教えられることがなかったからだ。ペレストロイカ以降、その認識は変わり、樺太時代の日本遺構を文化・歴史遺産として保存、観光資源として利用するという考えが生まれた。

「おもしろいことに、今サハリンの若い世代の一部は日本の遺構に関心をもち始めています。彼らはよく車で無人のビーチや山にBBQなどをしに出かけますが、突然そこで鳥居や神社の跡を見つけ、これは何だろう、なぜこんなものが残っているのか、そうやって興味をもつんです」

サマーリン氏の現在の研究対象は、サハリンに残る日本の茶器だという。「こうした日本人の忘れ物もサハリンの歴史の一部なんです」

イーゴリ・アナトリエヴィチ・サマーリン氏は1960年トマリ生まれ。2017年日本国外務大臣表彰を受賞

旧樺太神社で唯一現存する宝物殿。最近、在留邦人によって修復が行われた

樺太神社の石碑はかつての敷地内（現ホテル）の裏側に無造作に放置されている

Restaurant

ユジノサハリンスクのレストラン

ユジノサハリンスクでは、ほかの極東ロシアの都市と同様、本格的なロシア料理はもちろん、中央アジア料理や韓国料理、日本料理が楽しめる。週末は予約が必要な人気店もある。

ティフリス
ТИФЛИС

ジョージア料理　MAP P.131-A1

この町で一番人気のジョージア料理レストランで、レーニン通りに面した雑居ビルの地下にある。店に入ると、エキゾチックなスパイスの香りや香ばしい肉の匂いに包まれる。超スパイシーな仔牛のトマト煮込みスープ「ハルチョー」、チーズと卵を包んだジョージア風ピザ「ハチャプリ」、テントのようなユニークな形をした水餃子「ヒンカリ」などが定番メニュー。ジョージアワインも多くの銘柄が揃う。ロシアの地ビールだけでなく、日本のアサヒの黒ビールも飲める。

地元のカップルや家族連れの和やかな光景

メインのシャシリクは串から取り、小麦粉の薄い皮で野菜と一緒に包んで出してくれる

🏠 レーニン通り 182a
　 ул. Ленина 182a
📞 60-00-88
🕐 12:00〜23:00
休 無休
💳 M V
🚍 サハリン州立美術館のはす向かいで徒歩3分
URL tiflis-sakhalin.ru

山の空気展望台カフェ
Горный Воздух Кафе

ロシア料理　MAP P.131-B2外

山の空気展望台（→P.135）の周辺は新たなスキー施設が完成したばかりだが、樺太時代から丘の中腹にロッジがあった。その隣にあるのがこのカフェで、窓からユジノサハリンスクの町並みが見渡せるので、眺めのいいレストランとして人気がある。メインはロシア料理で、メニューにボルシチやビーフストロガノフはあるが、なぜかトンカツライスも食べられる。冬場はスキー客でにぎわうが、夏場はゴンドラの動く週末の夕刻に音楽ライブなどのイベントが開かれる。

店内はバーラウンジとふたつのフロアに分かれる

おすすめは白身魚のソテー。季節によって魚の種類が変わる

🏠 ゴールニー ヴォーズドゥフ通り
　 ул. Горный воздух
📞 28-02-10
🕐 水〜日11:00〜21:00
休 月・火
💳 V
🚍 山の空気展望台ゴンドラ、中継点乗り換え場からすぐ
URL ski-gv.ru/fun/kafe-i-restorany

チョールナヤ・コーシュカ
Черная Кошка

ロシア料理　MAP P.131-A2

「黒猫」という名のアットホームなレストラン。西洋料理からロシア料理までメニューの幅が広い。味も雰囲気もよく、在留邦人にも支持されている。この店のビーフストロガノフはシチュー風。団地の中庭にあり、場所がわかりにくいので注意。

🏠 チェーホフ通り 43a
　 ул. Чехова 43a
📞 42-52-63
🕐 12:00〜23:00
休 無休　💳 M V
🚍 チェーホフ通りから1本入った北側

レストラン

マルーシャ
МАРУСЯ

ロシア料理　MAP P.131-A2

平日は16:00までカフェテリア方式のランチをやっている。スープや料理はもちろん、ドリンク類の種類も豊富に選べるので、地元でも人気の店。店内の内装デザインが魅力的で、夜はレストランになると、雰囲気がぐっと変わる。

🏠レーニン通り219
ул.Ленина 219
☎60-00-55
🕐月～金8:00～24:00、土・日12:00～24:00
休無休　💳M V
🚶ホテルサッポロから徒歩2分
URL marusya-sakhalin.ru

チッポリーニ
Чипполини

イタリア料理　MAP P.131-A2

人気のイタリアンで、サーモン入りピザやスパゲティボロネーゼがおすすめ。食後のデザートやコーヒーも種類が多く、カフェ感覚でも楽しめる。週末の夜は音楽ライブやバレンタインデイパーティなど各種イベントもやっている。

🏠チェーホフ通り78
ул.Чехова 78
☎46-84-01
🕐月～木8:30～24:00、金8:30～翌1:00、土18:00～24:00
休無休　💳M V
🚶チェーホフ記念文学館からチェーホフ通りを南へ徒歩10分
URL cippolini.com

ランデブー
Рандеву

韓国料理　MAP P.131-B1

市内にはたくさんの韓国レストランがあるが、ここはダンスフロアやカラオケまである踊って遊べる店。石焼ビビンバや焼き肉、各種チゲ、チヂミ、さらに天ぷらや刺身などの日本料理、トムヤンクンのようなタイ料理も食べられる。

🏠コミュニスト大通り15-A
ул.Коммунистический пр15-A
☎22-79-82
🕐月～木・日12:00～24:00、金・土12:00～翌2:00
休無休　💳V
🚶北海道センターのはす向かい

カウボーイ
COWBOY

ライブハウス　MAP P.131-B2

地元バンドの演奏が楽しめるアメリカンパブで、週末の金・土曜は演奏を聴きながら食事が楽しめる（→P.22）。メニューはビールに合うつまみのシャシリクやピザ、パスタなど。ドリンクの種類が豊富で、つい飲み過ぎてしまうので注意。

🏠ジェルジンスコゴ通り36
ул.Дзержинского 36
☎46-88-66
🕐月～木12:00～翌1:00、金・土12:00～翌3:00
休日　💳M V
🚶チェーホフ記念文学館の裏手で徒歩1分

日本みたい
Нихон Митай

日本料理　MAP P.131-B2

地元ロシア人経営の日本食レストランで、店内に回転寿司のカウンターがあるなど、遊び心にあふれている。寿司がほぼカリフォルニアロール風なのは致し方ないが、スタッフはロシアの美女揃い。1階は日本の食材のショップとなっている。

🏠勝利大通り28B
пр.Лобеды 28B
☎72-05-50
🕐11:00～23:00
休無休　💳M V
🚶ユジノサハリンスク駅から徒歩約25分

ふる里
Фурусато

日本料理　MAP P.131-A2

駅前にある、サハリンを代表する日本料理店。店長の宮西豊さんはユジノサハリンスクの名誉市民でもある。寿司を食べるならやはりここ。人気メニューは鮭の押し寿司で、ラーメンやカレー、かつ重、天ぷら定食などが食べられる。

🏠レーニン通り179
ул.Ленина 179
☎23-27-36
🕐12:00～23:00
休無休　💳J M V
🚶ユジノサハリンスク駅前すぐ。レーニン通りに面する

ユジノサハリンスクの
ショッピングとホテル

ユジノサハリンスクには観光客向けのショップは少ないが、地元のスーパーや市場などで買い物を楽しめる。ホテルも市内にたくさんあり、観光スポットのほとんどが徒歩圏内なので便利だ。

ショッピング

シティ・モール

Сити Молл

ショッピングモール MAP P.131-B2外

空港近くにある市内で最も大きなショッピングモール。食品スーパーや映画館がある。フードコートにはロシア料理をはじめ、ピザ、日本のラーメン、韓国料理などの店がある。帰国前に立ち寄ってチョコレートなどのみやげを買うのに便利。

住 フタラヤ ツェントラリナヤ通り1Б
ул.2-я Центральная 1Б
TEL 77-72-22
営 10:00〜21:00
休 無休 カード 店舗による
交 63、71番バスなどでСити Моллシティ・モール下車すぐ
URL www.city-mall.ru

ゲルメス・ルーシ

Гермес-Русь

民芸品 MAP P.131-B1

市内では数少ないロシアみやげの揃う店。手作りのみやげや絵画、マトリョーシカ、ホフロマ塗りなどの定番みやげを買うなら、ここがいちばんまとまっていて便利。すべての品に値札が貼られているので言葉が通じなくても安心だ。

住 コムソモール通り146
ул. Комсомольская 146
TEL 46-21-30
営 10:00〜19:00、土・日〜17:00
休 無休 カード M V
交 コムソモール通り沿い。ホテルガガーリン向かい

サコ

САКО

食料品 MAP P.131-A2

サハリンには樺太時代から製糖工場があり、現在でもチョコレートなどのお菓子を製造している。サハリン生まれのチョコレート Сахалинское кондитерское общество (САКО　サハリン製菓協会)の直販店。本店は住 ул. Славянская、76にある。

住 レーニン通り252- Б テフニカ市場С8
ул. Ленина 252-Б, Техником Рынок С8
営 9:30〜19:00
休 無休 カード 不可
交 ユジノサハリンスク駅からレーニン通りを南へ徒歩約12分

ホテル

サンタ・リゾート

Санта Ризот

★★★★★ MAP P.131-B1外

市内東北部の山の中にある4つ星の高級山岳リゾートホテル。緑に囲まれ、設備、環境とも最高だが、中心部からは少し離れている。宿泊者は無料でトレーニングセンターを利用できる。みやげ店も充実している。

住 ヴェンスカヤ通り3
ул.Венская 3
TEL 51-10-00 FAX 51-10-01
料 S T 7200P〜9000P
カード A D M V 室 94室
交 ホテルユビレイナヤから脇に入る道を進み、徒歩20分程度。タクシーなら市内から約10分
URL www.santahotel.ru

メガ・パレス

Mera Палас

★★★★★ MAP P.131-B1

サハリンでは最高級の4つ星ホテルで、館内の雰囲気はおしゃれだ。ガガーリン記念文化公園に面しているため、周辺の環境もよく、ホテルのすぐ前を子供鉄道が走る。中心部には公園まで歩いて、7、28などのバスに乗るといい。

住 ジェーツカヤ通り4
ул. Детская 4
TEL 45-04-50 FAX 45-04-51
料 S 6800P〜 T 7400P〜
カード A D M V 室 108室
交 Гостиница Туристガスチーニツァ・トゥーリスト下車、東へ徒歩約10分。ガガーリン記念文化公園の北側、子供鉄道駅の近く
URL www.megapalacehotel.ru

ストロベリーヒルズ
Земляничные Холмы

☆☆☆☆☆ MAP P.131-B2外

空港と市内の中間にある郊外リゾートホテル。客室は2018年からリニューアルが進んでいて新しい。館内にはレストランやバー、サウナもある。中心部に行くにはホテルの手前にあるバス停から16番などのバスが10分おきに出るので便利。

🏠ソルネチノヴォ・スヴェタ通り2
ул. Солнечного света 2
☎45-07-00　FAX45-06-60
料ST4600P〜9000P
CA M V　室80室
🚌空港から車で7分、16番バスで市内から15分
URLstrawberryhills.ruu

パシフィック・プラザ
Пасифик Плаза

☆☆☆☆☆ MAP P.131-B2

メガ・パレスと並ぶ最高級の4つ星シティホテル。ロビーの雰囲気はおしゃれで、国際会議にも対応し、ビジネス客の利用も多い。市内では最大の客室数を誇る。1階のカフェでは、絶品のクラブサンドイッチが食べられる。

🏠平和大通り172
пр. Мира 172
☎45-50-00　FAX45-52-00
料S4700P〜　T5500P〜
CA M V　室119室
🚌Дом Торговляドーム・タルゴーヴリャ下車、南へ徒歩約3分
URLwww.sakhalinpacificplaza.ru

ベルカ
Belka

☆☆☆☆☆ MAP P.131-B1

北欧のログハウス風の3つ星ホテル。客室内は木がふんだんに使われていて、あたたかみを感じさせる。地下1階にロシア料理店「ナ・ハバロフスコイ」がある。博物館などの見どころが近くにあるので観光には便利。

🏠ハバロフスク通り29б
ул.Хабаровская 29б
☎46-17-61　FAX46-17-71
料ST5800P〜
CJ M V　室47室
🚌サハリン州立郷土博物館から徒歩約5分
URLwww.belka-hotel.ru

サハリン・サッポロ
Сахалин Саппоро

☆☆☆☆☆ MAP P.131-A2

サハリンを代表する近代的な3つ星ホテルで、日本人の利用も多い。日ロ合弁企業が改装を請け負ったため、部屋も日本のホテルに似ていて快適。NHKの衛星放送も入る。駅やバスターミナルにも近く、近郊の町に行くのも便利。

🏠レーニン通り181
ул. Ленина 181
☎72-15-60　FAX72-38-89
料S5860P〜　T6960P〜
CA J M V　室80室
🚌ユジノサハリンスク駅から南東へ徒歩約5分、レーニン通りに面する
URLwww.sakhalinsapporo.ru

ガガーリン
Гагарин

☆☆☆☆☆ MAP P.131-B1

ガガーリン記念文化公園の西端にある、日本人の利用も多い3つ星シティホテル。1階ロビーにカフェがあり、奥にはいかにもロシアっぽい雰囲気のカラオケバーがある。客室は広く、朝食はしっかり取れる。

🏠コムソモール通り133
ул.Комсомольская 133
☎49-84-00　FAX49-84-04
料S4800P〜　T5800P〜
CM V　室61室
🚌28番バスでПарк им.Ю.А.Гагаринаガガーリン公園下車すぐ
URLwww.gagarinhotel.ru

ツーリスト
Турист

☆☆☆☆☆ MAP P.131-B1

日本のツアーでもよく使われる中級シティホテルだが、西洋料理と日本食のレストランなど、館内の飲食施設は充実している。外観は少し古いが、客室は改装され、快適になった。通りの向かいにスーパーがあり、買い物にも便利。

🏠サハリン通り2
ул.Сахалинская 2
☎46-78-00　FAX46-78-11
料S4700P〜　T5000P〜
CM V　室67室
🚌7、28番バスでГостиница Туристガスチーニツァ・トゥリースト下車すぐ
URLwww.sakhalin-tourist.ru

143

コルサコフ

Корсаков ＊ カルサーカフ

コルサコフの市外局番
☎42435

ACCESS

🚌 バス

ユジノサハリンスクからは115番バスが運行。所要約1時間、135P。民営の333番バスでも行ける。バスターミナル、市街中心部を経由し、ピャーチ・ウグロフまで行く。

バスターミナルから市内へは、市内中心部のレーニン広場へは1番バスで所要約5分、18P。徒歩なら約20分。

ユジノサハリンスク行きのマルシルートカ(乗合バス)

🚃 列車

ユジノサハリンスク～コルサコフ間の鉄道は、月～金は早朝1往復、土・日は2往復のみ運行で、旅行者には利用しにくい。時刻は URL www.pk-sakhalin.ru を確認のこと。

🚢 船

2018年までは北海道の稚内とコルサコフを結ぶ定期船が運航していたが、現在は運航していない。

かつて稚内・コルサコフ間を運航していたペンギン33号

丘の上の展望台からコルサコフ港を望む

ユジノサハリンスクからバスで南へ約1時間走ると、サハリン南部の港町コルサコフに着く。アニワ湾の付け根に位置し、天然の良港だったことから、早くも1790年に松前藩によって交易所が開かれている。コルサコフの地名は、1875年に日露の間で結ばれた樺太・千島交換条約によって、樺太がロシア領になった際、東シベリア総督にちなんで名づけられていた呼称を正式に地名にしたものだ。以後、コルサコフには日本国領事館が設けられた。1890年にチェーホフがサハリンを訪れた際、長くコルサコフに滞在したが、日本国領事館の近所に家を借りていたことから、日本の領事館員と交流があったことが伝えられている。

日露戦争後、日本領となったコルサコフは大泊と改称。稚内とを結ぶ稚泊連絡船が発着したが、第2次世界大戦後、再びコルサコフとなった。1991年、稚内とを結ぶ旅客船が復活し、現在も定期航路が結ばれている。近郊のプリゴロドノエにはロシア初の天然ガス液化プラントと積出港があり、2009年には最初の天然ガスが日本に送り出されている。人口3万3203人(2018年)、紋別市、稚内市、庄内町(山形県)の姉妹都市。

コルサコフの歩き方

ユジノサハリンスク発のバスは、町の北にあるバスターミナルを経由し、市街中心部を通って、客船ターミナル近くのПять Угловバス停まで走っている。

メインストリートはソヴィエト通りул. Советскаяで、高台から港に向かって緩やかに下る。街路樹が植えられ、カフェなどが並ぶ。その1本西の通りがクラスノフローツカヤ通りул.Краснофлотскаяで、この通りに歴史郷土博物館や旧亜庭神

港に近い線路跡のさびれた光景は日本のどこかの昭和の風景のよう

週末にはソヴィエト通りに市が出る

樺太時代に建てられた亜庭神社に上る階段。当時の社殿はない

旧王子製紙大泊工場は港に近い

サハリンが島であることを確認したゲンナジー・ネヴェリスコイの像

社の石段がある。

　市場を過ぎて稚内公園に出ると旧拓銀大泊支店が見える。現在は改装中。このあたりが樺太時代は栄町と呼ばれ、にぎやかなエリアだった。今は少々くたびれた感じだが、樺太時代の記憶がそこかしこに残っている。ここから南の高台に上ると展望台へ。国内外からの定期船や貨物船が発着するコルサコフ港を一望できる。そのすぐ手前が客船ターミナルだ。稚内からフェリーで入国すると、このターミナルに着く。

　フェリーが発着する桟橋は、日本時代に建設されたもので、稚泊連絡船が鉄道連絡をしていた。現在鉄道連絡はしていないが、レールは残され、機関車が走ることもある。そのほか、港周辺には赤れんがの倉庫など、かつての建築物が多く残されている。

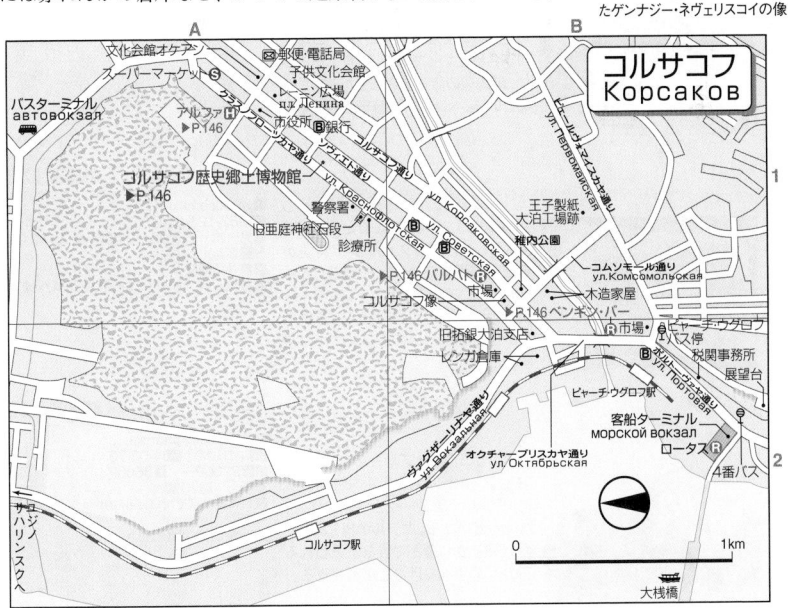

コルサコフ
Корсаков

文化会館オケアン
スーパーマーケット
郵便・電話局
子供文化会館
バスターミナル
автовокзал
アルファ
▶P.146
レーニン広場
市役所
銀行
ул. Тепличная

コルサコフ歴史郷土博物館
▶P.146
ソヴィエト通り
ул. Красногвардейская
ул. Корсаковская
ул. Тихоокеанская
王子製紙
大泊工場跡
警察署
旧亜庭神社石段
診療所
ул. Советская
稚内公園
▶P.146バルハット
コルサコフ像
市場
コムソモール通り
ул. Комсомольская
木造家屋
▶P.146ペンギン・バー
市場
旧拓銀大泊支店
レンガ倉庫
ビーチ・ウグロフ駅
ビーチ・ウグロフ
バス停
税関事務所
展望台
客船ターミナル
МОРСКОЙ ВОКЗАЛ
ロータス
4番バス
ул. Вокзальная
オクチャーブリスカヤ通り
ул. Октябрьская
コルサコフ駅
ユジノ
サハリンスクへ

大桟橋

0　　　　　1km

コルサコフ歴史郷土博物館

🏠ул.Краснофлот-ская 22
📞2-12-00
🕐9:00～13:00、14:00～
17:00、金11:00～13:00、
14:00～19:00、土・日11:
00～18:00
🚫月　💴50P（写真100P）
🚇レーニン広場から徒歩約
10分

当時のカフェや料亭のおちょこや
徳利が展示される

樺太時代の日本の記憶が残る
コルサコフ歴史郷土博物館
コルサコフスキー イストリカ クライェヴェチェースキーム ズィエーイ
Корсаковский Историко-краеведческий Музей
　MAP P.145-A1

　地元の自然や歴史、樺太時代の日本人の生活用具などが展示されている。サハリン南部に住んでいた先住民族の多くはアイヌだったことから、展示パネルはアイヌの時代から始まる。その後、ロシアがサハリンを発見した航海時代、明治時代初期までの日本人とロシア人の混住の時代、日露戦争からの40年間の日本の樺太時代、そして第2次世界大戦後のソ連時代、ソビエト崩壊から今日にいたる地域の歴史がわかる。

樺太時代の港の光景。当たり前のように日本家屋が並ぶ

🍴🛏 Restaurant, Hotel

コルサコフのレストランとホテル

ペンギン・バー
Бар Пингвин
　バー　**MAP P.145-B2**

　ロシアでは各地でクラフトビールが作られているが、このバーでは5種類の地ビールが飲めることから、コルサコフ名物となっている。軽食もあるので、港周辺の散策を済ませたら立ち寄るといい。ペンギンの看板が目印。

🏠ул.Октябрьская9/1
📞2-28-18
🕐12:00～24:00、金・土～翌1:00
🚫無休　💳不可
🚇オクチャーブリスカヤ通りにある橋の南側

バルハト
Бархат
　カフェ　**MAP P.145-B1**

　コルサコフ市内では、ひときわ目を引くおしゃれなカフェ。アジア料理から西洋料理まで、メニューはひととおり揃っている。平日はスープとライス付きのビジネスランチもある。天気のよい日は道路沿いのテラス席がおすすめだ。

🏠ул.Советская 12
📞962-121-01-01
🕐月～木・日12:00～24:00、金・土12:00
～翌2:00
🚫無休　💳M V
🚇稚内公園からソヴィエト通りを北東へ徒歩
3分

アルファ
Альфа
　★★★★☆　**MAP P.145-A1**

　コルサコフでほぼ唯一のホテル。港町らしく、ホテル名が英語なのが特徴だ。サウナ（10:00～22:00）やカフェバーなどがある。ホテルの周辺には、亜庭神社から運んできたと思われる石の灯篭や水おけなどが置かれる。

🏠ул. Краснофлотская 31
📞4-10-10　FAX4-03-73
🕐S2900P～　T3600P～
💳不可　🛏20室
🚇1、4番バスでпл.ЛенинаレーニンⅠ広場下
車すぐ
✉hotelalfaog@mail.ru

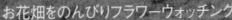

サハリンで フラワーハイキング

サハリンにはまだ手つかずの自然が多く残っていて、
毎年6月中旬から7月にかけて
各地でフラワーハイキングが楽しめる。
ユジノサハリンスク周辺の山や湖には、
この時期、高原植物の花が咲き乱れる。

取材協力／ジャパン・エア・トラベル・マーケティング（JATM）、
ビートモ社

チェーホフ山の場合

標 高1045mとサハリン南部で最も高いチェーホフ山は、ユジノサハリンスクから近く、標高によって異なる高原植物を見られるポイントのひとつ。朝9:00頃ホテルを車で出て、約30分で登山口に到着。のんびりと登山を開始し、さまざまな高原植物を見ながら歩き、オホーツク海が見える丘の上でランチタイム。午後2:30頃からゆっくり下山。ホテルには夕方5:00頃には到着する。

その他のポイント

●トナイチャ湖
ユジノサハリンスクの南東40kmにある大きな湖で、夏季は周辺にヤナギランをはじめ多くの高山植物が咲く。

●白鳥湖
宮沢賢治作「銀河鉄道の夜」のモチーフになったといわれる白鳥湖は花だけでなく、バードウォッチングも楽しめる。

* * * * * * * * * * * * * * *

サハリンで見られる高原植物
アツモリソウ、エゾカンゾウ、エゾツツジ、ミヤマキンバイ、コウリンタンポポ、エゾスカシユリ、エゾノキンポウゲ、ルピナスなど。サハリン南部の植生は北海道に近く、北海道原産の花も多く見られる。

* * * * * * * * * * * * * * *

1 チェーホフ山で見つけたカラフトオダマキ 2 チェーホフ山の岩肌に咲く花々 3 トナイチャ湖に咲くエゾスカシユリ 4 高山の草地に生えるチシマフウロ

フラワーハイキングに行くには

サハリンでは、これらのフラワーハイキングのポイントに行くための公共交通はなく、ガイドも必要となるため、以下のような専門旅行会社が企画したツアーに参加するのが一般的だ。
ジャパン・エア・トラベル・マーケティング（JATM）
URL www.jatm.co.jp/sakhalin

マニアでなくても見たくなる

日本近代化遺産、
王子製紙工場の廃墟を歩く

大正から昭和にかけての樺太時代に建てられた王子製紙工場は、
1990年代に操業を停止した後、サハリンの大地にそのまま放置され、
廃墟と化している。日本の近代化遺産でもあり、
まるで古代遺跡のような退廃美は訪れる人を驚かさずにはいられない。
当時9つあった工場のうち、5つを紹介する。

撮影／佐藤憲一

ホルムスク
旧王子製紙真岡工場跡

MAP P.151-B1外

旧王子製紙真岡工場は、1919（大正8）年に樺太工業が操業を開始し、昭和8年（33年）に同社を吸収合併した王子製紙に受け継がれた。戦後もしばらく操業していたが、1990年代半ばに停止している。ホルムスクのバスターミナルから海を右手に徒歩約20分。

周辺は地元の子供たちの遊び場となっていた

6階建ての工場の中は吹き抜けで、巨大な丸い穴が空いていた。蒸解釜が置かれていたものと思われる

工場跡は野良犬のすみかとなっている。噛みつきはしないが要注意

ドリンスク
旧王子製紙
落合工場跡

旧王子製紙落合工場は、1917(大正6)年に日本化学紙料がクラフト紙専門工場として操業したことに始まる。1933(昭和8)年王子製紙が吸収合併した。終戦後はソ連の国営企業として1995年まで操業。ドリンスク駅の北側、車で5分の鉄道沿いにある。

↑天井が今も崩れ落ちようとしている。巨大で堅牢過ぎるので手を付けられない
←れんが造りのボイラーの煙突が不気味に伸びている

ポロナイスク
旧王子製紙敷香工場跡
MAP P.154-B1外

旧王子製紙敷香工場跡は、1935(昭和10)年に操業を開始した、樺太で最後に造られた製紙工場である。規模の大きな工場で、見て回るには約2時間はかかる。場所はポロナイスクの市街地北側で、駅からレーニン通りを北東に徒歩20分。

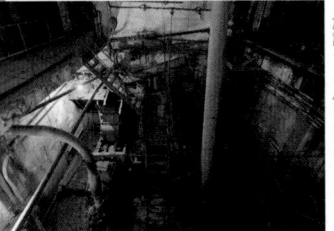

現在も市内へ温水と暖房を供給する施設として使われている

コルサコフ
旧王子製紙大泊工場跡
MAP P.145-B1

旧王子製紙大泊工場は、王子が樺太で最初に操業した工場だ。1915(大正4)年に三井樺太紙料工場を買収、大泊工場とした。工場の規模は小さいが、内部は他と同様、朽ち果て、置き捨てられた無残な風情が漂う。客船ターミナルにも近い場所にある。

↑まるで生き物のようにも見えるボイラーの配管 →ここも子供たちの身近な遊び場のようだった

ユジノサハリンスク
旧王子製紙豊原工場跡
MAP P.131-A1

旧王子製紙豊原工場は、1917(大正6)年に操業を開始した。工場廃墟は残っておらず、現在もその一部は機械修理工場として操業している。

現在使用されていないコンクリート塔の高さは65m

塔の内部は空洞だが、いつ崩れ落ちてもおかしくない

廃墟訪問の注意

これら5ヵ所の工場廃墟は、ユジノサハリンスクから各町へ鉄道やバスなどの公共交通を使って誰でも行くことができる。場所は町の中心部から少し離れているが、徒歩圏内である。ただし、本来施設の無断侵入や損壊行為、物品の持ち出しは禁じられている。工場内は老朽化しており、突然の崩壊などの危険がともなうため、訪れる場合は、現地関係者と同行するなど、自己責任で。

ホルムスク

Холмск * ホールムスク

ホルムスクの市外局番
42433

ACCESS

🚌 バス

ユジノサハリンスク駅前から516番バスが1日10数便。所要約1時間45分、350P。

🚢 船

ロシア本土の対岸のヴァニノ港と不定期の鉄道連絡船で結ばれている。

客船ターミナルの前がバス乗り場

悲劇の起きた真岡郵便局は現存せず、跡地には銀行と郵便局が入ったビルが建つ

真岡神社の名残の階段はホルムスク市立博物館の北側の高台の上にある

旧王子製紙真岡工場跡は港の南、バスターミナルから徒歩15分

高台から望むホルムスク港と間宮海峡の美しい景色

樺太時代は真岡と呼ばれ、敗戦時の悲劇の町として知られる。1945年8月20日、侵攻したソ連軍との戦闘のさなか、真岡郵便局の電話交換手9名が最後まで任務を全うし、青酸カリによる集団自決を遂げたからだ。事件の経緯を描く『霧の火 樺太・真岡郵便局に散った九人の乙女たち』(2008年)のようなテレビドラマもある。

樺太時代の遺構はほとんど残っていないが、真岡神社の階段や1919(大正8)年に操業を開始した旧王子製紙真岡工場の巨大な廃墟だけが独特の存在感を放ちつつ、当時の面影を残している。悲劇の起きた真岡郵便局は1980年代に火事で消失したため現在はなく、局のあった場所はバスターミナルからソヴィエト通りを北に300mほど進んだ通りの東側にある。

今日のホルムスクはサハリン西海岸にある美しい港町だ。間宮海峡(タタール海峡)を挟んだロシア本土のヴァニノと航路で結ばれている。人口は2万7954人(2018年)。姉妹都市は釧路市。

ホルムスクの歩き方

ホルムスクは坂の多い町である。海岸に沿って南北に長く延びるソヴィエト通り ул.Советская がメインストリート。客船ターミナルの前は、ユジノサハリンスクをはじめ島の南部の町を結ぶ長距離バスが発着する。住宅地の多くは、高台の上に建ち、町のどこにいても海が見える。特に眺望がよいのは、ソヴィエト通り沿いの平和広場やプリモールスキー公園、高台のレーニン広場などだ。夏になると、海には多くのヨットが浮かび、海浜公園となっているプリモールスキー公園の周辺は若者や子供たちが遊ぶ姿が見られる。夕日が沈む光景も格別だ。周辺にはシャシリクの屋台なども出て、ビールを飲みながら人々は短い夏を過ごしている。

150

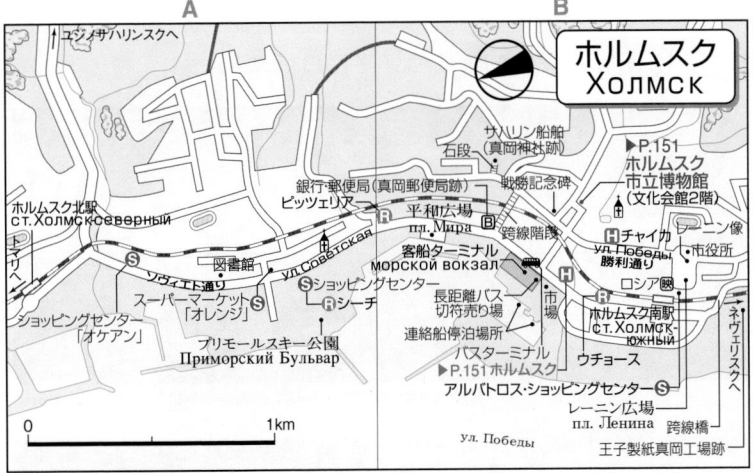

ホルムスク
Холмск

↑ユジノサハリンスクへ

サハリン船舶
石段 (真岡神社跡)
銀行・郵便局(真岡郵便局跡)
ピッツェリア
戦勝記念碑
▶P.151
ホルムスク
市立博物館
(文化会館2階)
レーニン像
ホルムスク北駅
ст.Холмск Северный
平和広場
пл. Мира
客船ターミナル
морской вокзал
跨線階段
チャイカ
ул. Победы
勝利通り
市役所
トンネル
ул. Советская
図書館
ショッピングセンター
ロシア
ショッピングセンター
「オケアン」
スーパーマーケット
「オレンジ」
シーチ
長距離バス
切符売り場
連絡船停泊場所
バスターミナル
市場
ホルムスク南駅
ст. Холмск Южный
ウチョース
プリモールスキー公園
Приморский Бульвар
▶P.151 ホルムスク
アルバトロス・ショッピングセンター
レーニン広場
пл. Ленина
ネヴェリスクへ
0　　　　1km
ул. Победы
跨線橋
王子製紙真岡工場跡

ホルムスクの見どころ

樺太時代の日本人の生活用品も展示
ホルムスク市立博物館
ホルムスキー ムニ ツィパーリヌィ ムズィエーイ
Холмский Муниципальный Музей
MAP P.151-B

アイヌと樺太時代の展示が並んでいる

ホルムスク市立博物館
🏠ул.Морская 14
☎5-83-37
🕐9:00 〜 17:00、 土・日
11:00〜16:00
休無休
💴100P (写真200P、ビデオ200P)
🚶モルスカヤ通り突き当たりの階段を上る

樺太時代はここに真岡病院があった

　市役所の裏の文化会館の2階の一部が市立博物館となっている。港町であるホルムスクの歴史や近海の生物などが展示されるほか、先住民族アイヌに関する資料や樺太時代の日本人の生活用品などが展示されている。

ホルムスクのホテル

ホルムスク
Холмск
★ ★ ★ ★ ★　**MAP** P.151-B1

　客船ターミナルのすぐ近くにあるホテル。建物の外観は相当古いが、館内は改装され、客室は広くて快適だ。ただし、エレベーターがないので、荷物を運ぶのが大変だ。英語は通じないが、スタッフは親切。朝食は頼めばランチボックスを用意してくれる。

🏠ул.Советская 60
☎5-28-24　FAX5-18-54
💴S1800P〜　T1900P〜
📶無線(無料)
💳MV　🛏44室
📧gid.ooo@mail.ru
🚶客船ターミナルから南西へ徒歩約5分

Column 宮沢賢治 サハリン紀行の足跡

賢治が歩いた栄浜(スタロドゥプスコエ)の海岸。琥珀が取れる砂浜として知られる

北海道の真北に位置する島、サハリン。かつて日本では「樺太」と呼ばれ、明治38年から昭和20年にかけて南半分は日本領であった。近年は原油、天然ガス資源の開発で注目を集めている。

サハリンの観光といえば、日本時代の遺構を訪ねるか、鉄道に乗って北サハリンを目指すか、あるいは釣りやツーリングなどのアウトドアが一般的だった。しかし近年、高い人気を誇っているのが宮沢賢治の足跡をたどる旅。大正12年夏、27歳の賢治は昨秋に亡くなった妹・トシの魂を追って、南樺太を旅しているのである。

郷里の花巻から鉄道と船で樺太へ

賢治の妹トシは、その死の間際に賢治が詠んだ詩『永訣の朝』などでよく知られている。賢治にとって、最大の理解者でもあったトシ。その魂はどこへ行ったのか。はるか北の果てへと飛んでいったと考えた賢治は、郷里の花巻から鉄道と船を乗り継いで樺太へと渡り、当時の鉄道で行ける最北端であった栄浜(現スタロドゥプスコエ)を目指したのだった(知人に教え子の就職の斡旋をするという目的もあった)。道中、賢治は多くの詩を残し、また旅で得た体験は後に名作『銀河鉄道の夜』のモチーフになったとも考えられている。

花巻から夜行で青森へ向かい、青函連絡船で北海道に渡った賢治は、一路稚内へと向かう。稚内〜大泊(現コルサコフ)間には、つい数ヵ月前に稚泊航路が就航したばかりだった。現在の稚内〜コルサコフ間にもフェリーが就航しているが、当時は鉄道に接続する夜行便だった。漆黒の宗谷海峡をゆく船の甲板で、雨に打たれながら、賢治は妹を思いつづけている。

大泊に渡った賢治は、さらに鉄道に乗って北を目指した。終着駅は栄浜。当時の日本の最果てである。賢治は夜通し海岸を歩き、トシを思い、そして眠った。あるいは、近くの白鳥湖まで足を延ばしたとも考えられている。なぜなら『銀河鉄道

かつての栄浜駅跡には、現在は枕木しか残っていない

日本時代の栄浜の町並み

の夜』に白鳥の停車場という場面が登場するからである。こうして妹の追憶と鎮魂という目的を成就した賢治は、列車で豊原(現ユジノサハリンスク)まで戻り、数日後に帰路についた。この旅の行程は、まだ明らかにされていない部分もあるが、現在でもおおむね、彼がたどった順に訪ねていくことができる。ユジノサハリンスクを散策すれば、日本時代の名残がそこかしこに感じられ、スタロドゥプスコエの海岸は賢治が歩いた時代と変わることなく、ハマナスが咲き誇っている。賢治が乗った樺太庁鉄道線は、ソ連によって引き継がれ、部分的にではあるが現在も乗ることができる。

近年はツアーにも組み込まれ、今やサハリン観光では欠かせない存在の賢治の樺太紀行。賢治の詩集と『銀河鉄道の夜』を片手に、彼の足跡をたどりながら往時をしのんでみたい。(藤原浩)

宮沢賢治 サハリン紀行の足跡

ポロナイスク

Поронайск ＊ パラナーイスク

ポロナイスクの市外局番
☎42431

ACCESS

🚌 バス

ユジノサハリンスクのバスターミナルより1日3便バスが出ている。到着はホテルセーヴェルも近い市庁舎前。所要約4時間30分。520P。

🚃 列車

ノグリキ行きの列車でも行けるが7時間ほどかかり、到着は真夜中。鉄道の駅は中心地から2kmほど離れている。駅前にタクシーが待っている。

ポロナイスク駅は列車の運行前後の時間帯しか開いていないので注意

ポロナイ川の河口

ユジノサハリンスクから北へ288km、サハリン中南部の東海岸にあるポロナイスクは、樺太時代に敷香（しすか）と呼ばれていた。ポロナイ川（幌内川）の河口の町で、当時は王子製紙敷香工場をはじめ、木材加工や魚加工などの工場がいくつもあった。北方約80kmに日ソ国境を控えた「国境の町」でもあった。

1934（昭和9）年、林芙美子はこの地を訪ね、先住民の集落「オタスの杜」を訪れている。そこではニブフ（ギリヤーク）やウィルタ（オロッコ）、エヴェン

2014年8月、この地で生まれた横綱大鵬の碑が建てられた。「巨人・大鵬・卵焼き」で知られる人気力士だ

キ（キーリン）、ウリチ（サンダー）、ヤクートなどの先住民が集められ、日本語教育が行われていた。

昭和の人気力士、横綱大鵬（本名・納谷幸喜）が1940（昭和15）年に生まれたのもここだ。今日では人口1万5311人（2018年）ほどの静かな町だが、ポロナイスクは何かと日本の昭和とつながりの多い土地である。ポロナイ川の対岸にはサチという集落があり、少数民族戦没者慰霊碑、ウィルタ頭骨返還慰霊碑などがあり、船で渡れる。北見市と交流提携がある。

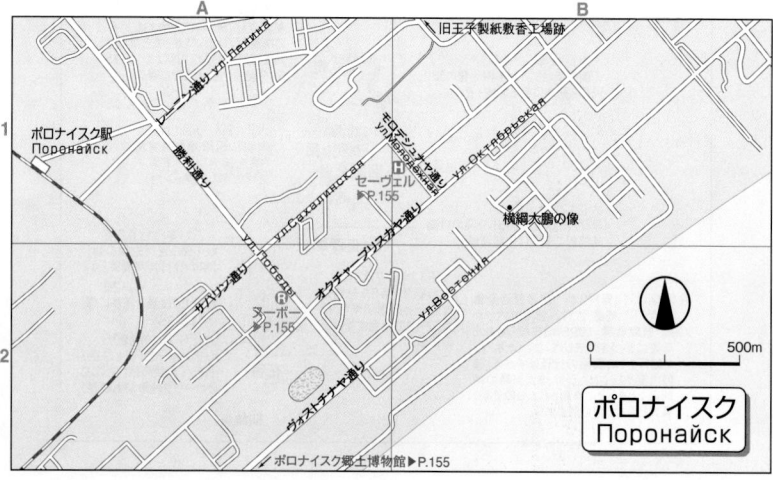

ポロナイスク郷土博物館▶P.155

ポロナイスク
Поронайск

ポロナイスクの歩き方

　ポロナイスク駅は町から少し離れており、移動の起点は中心部に位置するホテルセーヴェルが便利。横綱大鵬碑や郷土博物館、旧王子製紙敷香工場なども徒歩圏内になる。半日ほど車をチャーターするのも手だ。北緯50度の旧日ソ国境跡（→P.156）を訪ねたいなら、ホテルで車を手配できる。

ポロナイスクの見どころ

5つの先住民族の生活文化を展示
ポロナイスク郷土博物館
Поронайский краеведческий музей

`MAP P.154-A2外`

　今日では先住民たちの暮らしは現代化しているが、かつての生活文化を展示しているのがここ。同館には民族別に衣装や生活用具、写真などが展示されているが、林芙美子がこの町を訪ねた頃、「オタスの杜」では同じような光景が見られただろう。

館内では民族文化を学ぶためのワークショップのスペースもあり、先住民のスタッフが常駐している。建物の前の碑には、この地域の博物学の発展に貢献した間宮林蔵、鳥居龍蔵、馬場脩の名が記されている。

ニブフやウィルタ、ナナイ、エヴェンキ、アイヌなど、ポロナイスク周辺に住んでいた5部族の展示がある

タクシーはホテルやレストランで呼ぶこともできるし、配車アプリも使える

ポロナイスク郷土博物館
🏠ул. 40 лет ВЛКСМ, д. 9
☎4-33-30
🕐10:00〜18:00
🛌月　💰80P
🚗ポロナイスク駅から車で10分
🔗 sakhalin-museums.ru/museum/poronayskiy_muzey

町の中心部から少し離れた場所にある

博物館の入口近くのプレートにサハリン研究に貢献した人物として間宮林蔵が紹介されている

🍴🛏 Restaurant, Hotel

ポロナイスクのレストランとホテル

ヌーボー
НЕБО
レストラン

地元のコリア系が経営する大型レストランで、ダンスフロアまである。誕生日パーティなどのイベントなどで使われている。メインはロシア料理だが、ボルシチの味が韓国のチゲ風で、これはこれでおいしい。週末はクラブ風のイベントも開催されている。

`カフェ`　`MAP P.154-A2`
🏠ул. Победы 13
☎924-1824959
🕐月〜木・日9:00〜20:00、金・土9:00〜翌5:00
🛌無休　💳不可
🚶ポロナイスク駅から徒歩8分

セーヴェル
Север
ホテル

町の中心部にあるホテル。最近改装を済ませたばかりで、客室は新しい。部屋にもよるが、キッチン付きもある。1階に小さなダンスフロアのあるバーもある。朝食はビュッフェではなく、サラダや目玉焼き、ブリヌイ、紅茶などを席に運んでくれる。

★ ★ ★ ★ ★　`MAP P.154-B1`
🏠ул.Молодёжная 3
☎5-04-95　FAX5-09-07
💰3500P〜　5000P〜
💳不可　🛏41室
🚗ポロナイスク駅から車で5分
🔗gost-sever.ru

北緯50度、日ソまぼろしの
国境跡を訪ねる

1945年（昭和20年）までサハリンの南半分は日本の国土だった。そのため、当時日本と
ソ連（当時）の陸路の国境があった。かつて敷かれていた北緯50度の国境跡を訪ねた。

撮影　佐藤憲一

かつて存在した国境の標石は取り除かれ、コンクリート製の苔むす台座だけが残る

道路の左手に「50」と書かれた碑が立つ

1. 国境跡の南に日本の要塞跡が今も残る 2.第2次世界大戦終戦前夜に侵攻してきたソ連軍と日本軍の戦闘の記録を解説するプレート 3.要塞の中から見た外の風景 4.廃墟となった要塞の内部 5.かつて置かれていた国境の標石のレプリカがサハリン州立郷土博物館に展示されている 6.ロシア側にはロシア皇帝の紋章である双頭の鷲が彫られていた

国境跡の行き方

　サハリン東海岸の中央部に位置するポロナイスクの北方約80kmにある旧国境跡に行くには、現地のホテルで車をチャーターして行くことができる。車で所要約1時間30分。道路は舗装されていて、快適なドライブだ。チャーター代金は往復で7500Pが相場。ホテルでドライバーを呼ぶことができる（ただし、ドライバーはカタコトの英語しか話さない）。

当時から訪問者がいた陸路の国境跡

　ポロナイスクから車で国道を走り、北緯50度が近づくと、道路の左手に「50」と書かれた碑が立っていた。樺太時代に建てられた日ソまぼろしの国境標石跡は、そこから100mほど白樺林に入った場所にある。撮影中、カメラのGPSを見ると、北緯49度59分57秒と表示された。当時の国境線は国境標石のほんの少し北にあったと考えられる。

　日本の敗戦後、この国境は消失し、標石は取り除かれたものの、台座は地中深くまで埋められていたため、撤去できないまま今も残っている。おかげで今日もその名残を見学できる。海に囲まれた日本には陸路の国境が珍しいせいか、樺太時代も国境標石を見物に来る日本人がずいぶんいたという。白樺林の中はヤブ蚊が多いので、夏に訪れる際は、当時も今も虫よけスプレー必携だ。

左：戦闘で亡くなったソ連兵の慰霊碑と墓　右：「樺太・千島戦没者慰霊碑」は静かな森の中にある

157

ノグリキ

Ноглики ＊ ノーグリキ

ノグリキの市街局番
TEL 42444

ACCESS

🚃 列車

ユジノサハリンスク駅から1日2便運行。所要約11時間30分～14時間。

駅から市内へは、1番バスが駅前の商店奥から1時間に1～2便運行、市内各地を経由しながら博物館前まで行く（17P）。

🚌 バス

ノグリキ～オハ間に1日1便運行。所要約6時間、739P。切符はユジノサハリンスクで事前購入が望ましい。

オハ行きのバスはノグリキ駅前から出る

2002年に再建されたロシア正教会

食事は勝利公園そばのカフェ「ノグリキ」で

自転車に乗る子供の姿をよく見かける。車は安全運転なので安心だ

トゥイミ川はサハリン北部の内陸から蛇行しながらオホーツク海に注ぐ

ユジノサハリンスクから夜行急行で約11時間30分、サハリン鉄道の終着駅がノグリキだ。市内中心部をトゥイミ川が流れ、ニヴフを中心に多くの先住民族が暮らしている。さらに北にあるオハと並ぶ石油・天然ガス事業の中心地でもあり、最果ての地ながら町の雰囲気は明るい。その理由はサハリン地方の子育て支援によって、子供の数が少しずつ増えているからだ。人口1万90人（2018年）の小さな田舎町だが、屋外で子供の姿を見かけることが多い。

ノグリキの歩き方

メインストリートはソヴィエト通り ул. Советская で、ロシア正教会や勝利公園、市場、レストラン、商店などが集まる。郷土博物館はソヴィエト通りのいちばん外れにある。周辺には先住民族の木造家屋が開拓時代のように並び、タイムスリップした感じがある。

町にはとりたてて観光スポットもないが、白樺並木の美しい勝利公園で町の子供たちが元気に遊ぶ姿を眺めながら、のんびり過ごすのも悪くないし、市場に行くと、さまざまな生活雑貨や肉、魚、野菜、ミルク製品など、サハリンらしい食材が並んでいておもしろい。町なかにいくつかレストランがあるが、勝利公園の西側にあるカフェ・ノグリキに行くといい。それでも時間が余ったら、車をチャーターしてトゥイミ川を眺めに行こう。町の郊外に鉄橋が架かっている。かつてサハリン最北地オハまでの約200kmの軽便鉄道が走っていたが、現在線路が取り外されている。オホーツク海に向かうのもおもしろい。南東へ20分ほど走ると、オホーツク海につながる港にいたる。海釣りを楽しむ人たちの姿を目にするだろう。

ノグリキの見どころ

サハリン北部の先住民の文化を知る
ノグリキ市立郷土博物館
ノグリクスキー ニ ツ ィ パル ヌ ィ クラエベトゥチェスキー ムズィエーイ
Н оглийкский Муниципальный Краеведческий Музей
MAP P.159-B1

トナカイを飼う遊牧の民ウィルタは毛皮を使った衣装を身につけていた

　サハリン北部に多く住んでいたニヴフやウイルタ、エヴェンキなどの先住民族の暮らしを伝える博物館。生活道具や狩猟、祭祀に使う道具、衣服などが展示されている。サハリンで最初に先住文化を研究したウクライナ出身の民族学者レフ・シュテルンベルクの解説もある。地元の子供たちのワークショップも行われている。

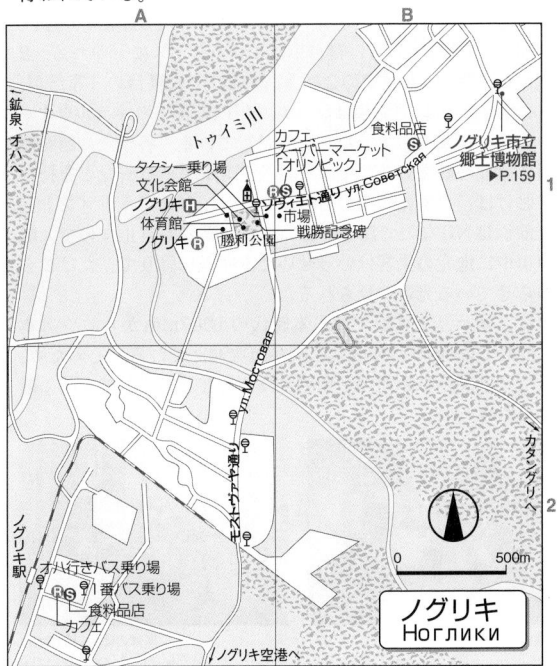

ノグリキ市立郷土博物館
🏠ул.Советская 60
☎9-80-56
🕐9:00～18:00
休日
💴90P
🚍1番バスの終点、Восток 下車
🌐 sakhalin-museums.ru/museum/noglikskiy_muzey

扉が開いていなくても、戸をたたいて開けてもらおう

ノグリキ近郊の漁村で生まれたウラジミール・ミハイロヴィッチ・サンギはニブフ人作家で、サハリンの先住民族の民話や伝説を集め、1961年『ニブフの伝説』を出版

以前はオハへと通じる軽便鉄道の線路がノグリキ駅から延びていたが、現在は撤去され、鉄橋の隣に自動車用の橋が架かっている

海釣りを楽しむノグリキのおじさん

列車の予約

長距離列車は週末や繁忙期は混み合うので、事前予約が望ましい。日本の専門旅行会社でも手配可能だが、ロシア連邦鉄道のウェブサイトや鉄道予約サイトから予約決済できる。ただし、運賃はシーズンによって変動があり、予約手数料なども取られるので注意が必要だ。

ロシア鉄道予約サイト
URL pass.rzd.ru/main-pass/public/en

サハリン鉄道サイト
URL www.pk-sakhalin.ru

ユジノサハリンスク・ノグリキの普通列車の所要時間は14時間30分

ディーゼル機関車が車両を牽引

4人個室の2等寝台のコンパートメント

車掌に頼むと紅茶を出してくれる。1杯50P

サハリン鉄道の旅

出発15分前から車両に乗り込む

サハリンの鉄道はロシア連邦鉄道（РЖД）が運営。ユジノサハリンスク・コルサコフ（実際にはピャーチ ウグロフ）間やホルムスク・アルセンチェフカ間などを走る近郊列車と、ユジノサハリンスクからサハリン北部の終点駅ノグリキまでを走る長距離列車がある。近郊列車は全席自由席だが、長距離列車は寝台車と座席車があり、全席指定席だ。

現在、普通列車と急行の1日2本の長距離列車が運行されていて、急行はユジノサハリンスク・ノグリキ間613kmを約11時間30分で結んでいる。寝台車は3つのクラスに分かれる。2人個室の1等、4人個室の2等、2段式の開放寝台の3等だが、乗り心地は快適だ。食堂車はないが、車内で紅茶やミネラルウオーター、カップ麺、お菓子などを販売している。各車両に給湯器が備え付けられているので、インスタントコーヒーなどを持参しておけば、自由に利用できる。ただし、コンパートメント内では飲酒はNGなので注意したい。また喫煙も禁止なので、駅で停車中に地元の乗客はいっせいにホームに降りて、たばこをくゆらせている光景が見られる。

現在、サハリン鉄道では日本時代の1067mmからロシア本土と同じ1520mmへの改軌工事が順次進んでいる。そのため、たまに長距離列車の運行が変更されることもあるので事前に確認しておきたい。

3等寝台はプライバシーが少々気になるが、和気あいあい

車掌のほとんどは女性。降車駅が近づくと起こしてくれる

サハリン鉄道の旅、アレクサンドロフスク・サハリンスキー

Column アレクサンドロフスク・サハリンスキー

文豪チェーホフゆかりの町

　日露戦争の勝利によって日本が南樺太を領有する以前、サハリン島で最大の町だったのが、北サハリン西岸のアレクサンドロフスク・サハリンスキーである。長らくロシアの行政府がおかれ、林業や石炭産業の中心地であると同時に、ロシア有数の流刑地でもあった。また日本の総領事館もおかれ、シベリア出兵当時の一時期は日本軍が占領していたこともある。

　この町の名がロシアにおいて一躍有名になるのは、1890年にアントン・チェーホフ（1860〜1904年）が訪れてからである。医師でもあったチェーホフは当時30歳、結核に冒されながら3ヵ月かけてシベリアを横断し、サハリンに渡ってきたのである。彼はアレクサンドロフスク・サハリンスキーを中心にサハリンに3ヵ月滞在し、1万人にも及ぶ流刑囚と面会して生活実態や健康状態を調査し、91年に『サハリン島』としてまとめ出版する。『サハリン島』によって明らかになったサハリンの流刑囚の実態は、ロシアにおいてセンセーショナルに受け止められ、当局も調査官を派遣せざるを得なくなるほどであった。

　その『サハリン島』に"L氏"として登場する、もと流刑囚ランズベルクの家が、現在も博物館として保存・公開されている。インテリの読書家であったランズベルクは、チェーホフをしばしばこの家に招き、食事をともにしたという。博物館の展示は充実していて、チェーホフのサハリンでの業績や流刑囚の実態などを詳しく紹介している。

往時の雰囲気を今も残す

　このように、ロシア文学史上に名を刻んだアレクサンドロフスク・サハリンスキーだが、第2次世界大戦後は州都が豊原から改名されたユジノサハリンスクに移り、町は北辺の田舎町に過ぎなくなった。今では人口が1万人を割り込むなど、か

つてのような活気は見られないが、そのぶん往時の雰囲気を今も色濃く残し、訪れる人をノスタルジックな気分にさせてくれる。また郊外の沖合には、チェーホフの『サハリン島』にも描かれている三つの岩「三兄弟 Три Брата」もあり、町を代表する景勝地として知られている。

アレクサンドロフスク・サハリンスキーへのアクセス

　ユジノサハリンスクからのアクセスは、ノグリキ行き急行列車が停車するティモフスクで、列車の到着に合わせバスが接続している。復路も同様だが、バスの発車時刻は事前の確認が必要だ。往復車中泊での訪問が可能。また町にはホテル「三兄弟」がある。（藤原浩）

歴史・文学博物館"チェーホフとサハリン"

歴史・文学博物館"チェーホフとサハリン"
Историко-Литературный Музей
"А. П. Чехов и Сахалин"
🏠ул.Чехова 19
☎(42434) 4-38-03
🕐10:00〜13:00、14:00〜17:00
🈲月・火、毎月最終日

●ホテル
三兄弟
Три Брата
🏠ул.Дзержинского 13а
☎(42434) 4-25-18

✉ 読者投稿

DBSフェリーでウラジオストクへ

　私はウラジオストクへDBSフェリーで行きました。土曜日に鳥取県境港を出航し、翌日に東海、その翌日にウラジオストクに着きます。船内はヒノキ風呂やシャワールーム、レストラン、コンビニ、免税店、ナイトクラブがありますが、2泊もすると少し退屈です。しかし、同じ部屋の外国人と話したり、海を眺めていると、楽しいです。船のクルーは韓国人や東南アジアの人たちなので、韓国語や英語が通じます。船内のコンビニやレス

トランは若干高いので、港で購入することをおすすめします。　　　　（大分県　山本慧馬　'16.8）

「ふる里」の宮西豊さんは名誉市民

　連日の猛暑から逃れるべく、サハリンとウラジオストクを旅しました。ユジノサハリンスクの日本食レストラン「ふる里」のオーナーの宮西豊さんは、現地でさまざまな日露友好の活動をされ、名誉市民として広く知られています。現地でお会いし、お世話になりました。桜が咲く頃、再訪したいと思います。

　　　　　　　　　（長崎県　岩永一功　'17.8）

ヤクーツクはシベリア東部を北極圏に流れるレナ川河畔の町で、
美しい自然と豊富な地下資源に恵まれたサハ（ヤクート）共和国の首都。
世界で一番寒い村もある一方、夏至の頃には壮大な祭りが開催される。
写真提供／National Tourist Information Center "Yakutia"

ヤクーツクの
極寒の冬と夏祭り

北極圏に近いオイミャコン村ではオーロラが見られる

オイミャコン村で極寒体験

サハ共和国の北東、北極圏のわずか南に位置するオイミャコン村は、世界一寒い人間の定住地といわれる。公認の最低気温は1933年2月のマイナス67.7度。冬はヤクーツクから約1000kmの陸路の移動になる。

1.約500人のヤクート人が住んでいる 2.1、2月の平均気温はマイナス50℃を下回る

約520万年前に形成された高さ100mを超える石灰岩の川岸は幻想的

レナ川のクルージング

両岸に広がるタイガの森を抜ける船旅は、シベリアの奥地にいることを実感させてくれる。最大の見どころは、ヤクーツク市内から上流に約180km遡った所にあるレナ川の柱群だ。6月下旬から9月中旬まで。

ヤクーツク市内の見どころ

ヤクーツクの町は地下300mに達する永久凍土の上に建設されている。夏の間は地表から2〜3mが解けて地盤沈下するので、ビルなどの建築の多くは永久凍土層に深く打ち込んだ杭の上にのった高床式構造になっている。市内には、永久凍土研究所やマンモス博物館などの興味深い博物館がある。また、この地方の歴史や文化を紹介したヤロスラヴリ北方民族歴史・文化博物館や世界民族口琴博物館も見どころ。

祭りの参加者が輪になって踊る「オソーハイ」

夏至祭りウィスィアフ

　ヤクート人には太陽を中心とするテングリ信仰が残っていて、夏至の日に夏の訪れを祝うウィスィアフという祭りが行われる。会場では焚き火を焚いて儀式が行われ、民族楽器ホムス（口琴）の演奏や相撲大会、乗馬大会などの行事がある。

1 ヤクーツクの世界樹「アール・ルーク・マス」 2 ヤクート人は北東アジアに住むチュルク系民族 3 ヤクート人の顔は日本人によく似ている 4 インディギルカはヤクーツクの名物グルメで、冷凍魚のサラダ

/ ヤクーツクへのアクセスなど /

　ヤクーツクへは、ウラジオストクやハバロフスクなどから飛行機がある。冬は霧のため視界不良になることが多く、代替としてマガダン空港が使われることもある。
ヤクーツク空港 **URL**yks.aero

163

カムチャツカに行こう

「火と氷の大地」と称されるカムチャツカは、ベーリング海に大きく突き出た巨大な半島。世界遺産の火山や氷河など、手つかずの自然が残されている。

写真提供／ジャパン・エア・トラベル・マーケティング（JATM）

アヴァチャ山の中腹に咲くエゾノツガザクラ

近郊の山へのトレッキング

カムチャツカの山は火山特有の火山砂で登りにくい。1000m以上の山は雪渓や雪田も多い。町からも近いアヴァチャ山は高原植物の宝庫。標高880mの地点にキャンプがあり、そこをベースに登山が楽しめる。

ブィストラヤ川のラフティング

8月にはサケが遡上するブィストラヤ川は、ラフティングに最適だ。ときにはサケを捕るヒグマに遭遇することもあるが、ガイドが安全に気を配ってくれる。ゴムボートからのルアーフィッシングのマス釣りも楽しい。獲物はスープにしよう。

先住民族の村を訪ねる

カムチャツカの先住民族で、トナカイの遊牧や漁業を営んできたイテリメン人やコリャーク人の住むカイニラン村を訪ね、彼らの生活様式や料理を体験し、伝統的な儀式や歌のショーを見学できる。

日本からのアクセスなど

カムチャツカは基本的に個人旅行には適さない。トレッキングやフィッシング、ラフティングなど、雄大な自然を舞台としたアウトドアのアクティビティは、現地ガイドが同行する日本発のツアーに参加するのがベスト。毎年夏に日本からのチャーター便が運航されることもあるが、ウラジオストク、ハバロフスク、ユジノサハリンスク経由でペトロパヴロフスク・カムチャツキーに飛ぶことになる。

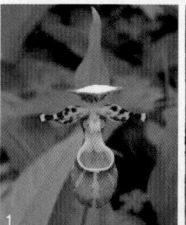

1.7月が見頃のキバナアツモリソウ 2.チシマフウロはアヴァチャ山のキャンプ周辺に多い 3.ゴムボートでラフティングと釣りを楽しむ 4.先住民族の伝統的な踊り

ロシアの
鉄道利用法

夜行寝台「オケアン」号に乗って
シベリア鉄道のミニ体験

ロシアの鉄道利用法

夜行列車、旅のアドバイス

シベリア鉄道の歴史

夜行寝台「オケアン号」に乗って
シベリア鉄道のミニ体験

シベリア鉄道でウラジオストクからモスクワまでの全線走破をするには6泊7日の長旅になる。
でも、ウラジオストク〜ハバロフスク間だけなら1泊2日で移動ができる。
同区間を走る「オケアン号」でシベリア鉄道の旅を楽しもう!

「オケアン号」について

オケアン（Океан）はロシア語で「大洋」の意味。シベリア鉄道のウラジオストク駅とハバロフスク駅を結ぶ寝台列車。特等寝台（2人部屋）、1等寝台（2人部屋）、2等寝台（4人部屋）、食堂車の編成で毎日運行している。

・運行スケジュール（2019年2月現在）
　列車番号0053　ウラジオストク　20：45→ハバロフスク　8：21
　列車番号0063　ハバロフスク　20：45→ウラジオストク　8：27
　※時刻表示は現地時間での表記（モスクワ時間は、上記よりマイナス7時間）

・料金の目安　シーズンによって変動がある
　特等寝台　13,000〜14,000P　1等寝台6,800〜10,000P
　2等寝台　3,000〜6,000P
　URL pass.rzd.ru/main-pass/public/en（ロシア鉄道）

　「オケアン号」に乗り込む乗客たち。各車両にいる車掌はたいてい女性

食堂車は明るくて清潔 ②2等寝台は4人用 ③メニューはロシア語のみ ④白身魚のソテー850Pとボルシチ300P、ロシア風サラダ400P ⑤キッチンにも訪問 ⑥気さくなウエートレスさん

ロシアンディナーを楽しむ

　コンパートメントに荷物を下ろしたら、食堂車を訪ねてみよう。ロシアンディナーやアルコールをカジュアルな雰囲気で楽しめる。営業時間は23:00までなので、そんなに長く開いているわけではない。

「オケアン号」に乗る際の注意

　ウラジオストクを含めた沿海地方およびハバロフスク地方は、それぞれ電子簡易ビザで訪問することができるが、電子簡易ビザでの違う地方間（この場合は沿海地方とハバロフスク地方）の移動は不可。そのため「オケアン号」を利用するには、従来どおりのロシア観光ビザを取得する必要がある。チケットはウラジオストクやハバロフスクの駅でも購入できるが、日本出発前に予約をするには、ロシア鉄道のサイトやロシア方面の旅行手配ができる旅行会社（→P.187）に観光ビザを含めて依頼する方法がある。

「オケアン号」の寝台車に乗ると、ロシア風クレープ「ブリヌイ」など、軽食が付くプランが多い

\ROUTE MAP/

0 ──── 100km

ハバロフスク

中国　　　ロシア

沿海地方

シベリア横断鉄道

ウラジオストク

ロシアの鉄道利用法

ロシア鉄道

URL www.rzd.ru

「ロシア鉄道」はロシア国鉄の長距離列車部門を継承した国営企業。ウェブサイト上で列車の料金や設備、残席数などを確認できるほかチケットの購入もできる。

時刻はモスクワ時間

鉄道の時刻は原則としてモスクワ時間で表示されている。駅や車内に掲示されている時刻表も、すべてモスクワ時間。ただ、その地域のみで走るエレクトリーチカなど、現地時間で表示されている場合もある。

駅の時計

列車は番号で表示

日本でも同じだが、すべての列車に「列車番号」が付されている。番号は線区ごとに設定されているので、線区が異なれば同じ列車番号もある。例えば、「ロシア号」も「赤い矢号」も、ともに1番、2番列車である。番号が小さいほど、格式の高い優等列車である点も日本と同じ。また時刻表では、番号のみで「赤い矢号」などの愛称は書かれていないことが多い。

ソ連時代は世界一の路線距離を誇り、現在でもアメリカに次いで世界第2位の鉄道王国であるロシア。シベリア鉄道やモスクワ～サンクトペテルブルク間のサプサン号や寝台特急など、外国人観光客でも利用する機会は多い。

列車について

◆ 列車の種類

ロシアの列車にはさまざまな種類があるが、大別すると超特急列車、優等列車、一般列車、それに近郊列車の4種類に分けられる。

優等列車（フィールメンヌイ　Фирменный）

優等列車はフィールメンヌイと呼ばれ、多くは列車愛称をもっている。「ロシア号」「赤い矢号」などがこれに当たる。個室寝台主体の編成で、車両にも新しいものが多い。外国人観光客が一般に利用する列車は、大半がフィールメンヌイだと思ってよいだろう。時刻表でも、該当列車には「Ф」の文字が付されていることが多い。

交通費を安くあげるなら、これらフィールメンヌイではない一般的な夜行列車を選択するとよいだろう。同じ4人用個室であっても、料金はぐっと抑えられる。所要時間は短・中距離路線なら似たようなものだ。

超特急列車（スコラスノーイ　Скоростной）

2009年よりモスクワ～サンクトペテルブルク間で超特急列車「サプサン号」の運行が始まった。この列車は両都市間を約4時間で結ぶもので、1日6～7往復している。1等（ビジネスクラス）と2等（エコノミークラス）に分かれている。本誌掲載の極東ロシア、シベリア、サハリンでは運行はしていない。

ノヴォシビルスクに停車中のフィールメンヌイ

サハリンのエレクトリーチカ

一般列車

特に“一般列車”という呼び名があるわけではないが、フィールメンヌイと後述のエレクトリーチカ（近郊列車）を除けば、それ以外の列車には明確なカテゴリーの違いはない。パッサジールスキイ（Пассажирский）、スコールイ（Скорый）などの呼び名はあるが、違いは曖昧である。

何日も走る長距離列車から、比較的短距離を走る座席車主体の列車まで、種類もさまざま。車両は概して古く、開放寝台（3等寝台）主体の列車も多い。外国人観光客はあまり利用しないが、地方都市に行く場合など優等列車が走っていなければ、このタイプの列車に乗ることになる。

ウラン・ウデ駅に停車中のスコールイ

近郊列車（エレクトリーチカ　Электричка）

大都市周辺を走る近郊列車（エレクトリーチカ）は通勤列車として使われているものが多く、改札やホームも長距離列車とは別になっている場合が多い。ウラジオストクからウスリースク（→ P.68）やナホトカ（→ P.70）などへは、このエレクトリーチカで行くことができる。ウラジオストク空港とウラジオストク駅を結ぶ空港連絡列車もエレクトリーチカに含まれる。

ウラジオストク駅に停車中のエレクトリーチカ

◆ 車両の種類

車両は寝台車と座席車に大別できる。寝台車は、多くの長距離列車に連結されているほか、昼間しか走らない列車でも連結されている場合がある。カテゴリーは、大きく分けて4段階。また座席車も同様にクラス別となっている。

特等寝台（リュクス　Люкс）

モスクワ〜サンクトペテルブルク間を結ぶ「赤い矢号」、「エクスプレス」やウラジオストク〜ハバロフスクを結ぶ「オケアン号」など、一部の豪華優等列車に連結されている。1〜2人用の個室になっており、トイレ、シャワー、テレビが付いている。設備とサービスの高さゆえに値段も驚くほど高く、1等寝台の3倍以上することもある。

駅の設備

ウラジオストクやハバロフスク駅など、主要ターミナルには待合室をはじめカフェや売店、荷物預け所などの設備が整っている。構内は旅人であふれ、旅情あふれる場所ではあるが、決して治安がよいとはいえない。切符をすでに持っているなら、発車30分前の到着で十分間に合うので、駅や鉄道に興味のない人は、なるべく駅で時間をつぶすのは避けたほうがよいかもしれない。

荷物預け所（カーミラ・フラニェーニヤ）

おもなターミナルには、カーミラ・フラニェーニヤ（Камера Хранения）と呼ばれる荷物預け所がある。荷物ひとつ当たり300P程度で1日預かってもらえる。駅舎の地下などあまり雰囲気のよくない場所にあることが多い。また、昼休みなど荷物を引き出せない時間があるので、要確認。最近はコインロッカーを導入している駅も増えている。

車内販売

長距離列車には各車両にサモワールがあり、熱湯はいつでも手に入るので、カップラーメンなどインスタント食品を日本から持っていけば、いつでも車内で食べられる（現地購入も可能）。各車両の車掌もカップラーメンやジュース程度は売ってくれる。インスタントコーヒーや紅茶も安価で売ってくれ、グラスも貸してもらえる。

特等寝台

169

1等寝台（エスバー　СВ）

　1等寝台は、基本的にふたつのベッドを向かい合わせた2人用コンパートメントになっている。個室だが貸切ではなく、ひとりで利用すると見知らぬ人と同室になる。日本のA寝台に相当する。一般列車には連結されていないこともある。

2等寝台（クペ　Купейный）

　外国人観光客にとって最も一般的なのが、この4人用コンパートメントである2等寝台。日本でのBコンパートに当たり、クペと呼ばれる。日本からのツアーだと、基本的にはこのクラスの利用が多い。

2等寝台

　これら個室寝台は、いずれも部屋の中から鍵をかけられ、安心して利用できる。ただ、個人で利用すると見知らぬ乗客と狭い個室内で過ごさなくてはならず、ストレスを感じるかもしれない。なお、男女別の個室が設定されている場合もあるので、予約時にリクエストしてみよう。

3等寝台（プラツカールトヌイ　Плацкартный）

　日本の開放式B寝台に当たるのが3等寝台、プラツカールトヌイである。通路の両側に3段ずつ寝台が並んでいる（最上段は使われない）が、片側は線路に直角、もう片側は線路に平行に並んでいる。料金はかなり安いが、カーテンがないのでプライバシーは確保されない。そのぶん乗客同士のコミュニケーションも活発なので、楽しい旅になることもある。日本の旅行会社で手配する場合、基本的にはこの3等寝台は扱っていないことが多い。

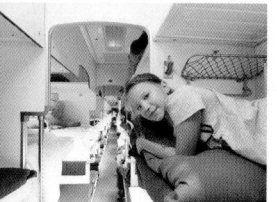
3等寝台

座席車

　モスクワ〜サンクトペテルブルク間を昼間に走る列車など、大都市の数百km圏内を走る列車には座席車主体の列車も多い。基本的には1等、2等の2クラス制だが、さらにデラックスな特等クラスも一部列車に連結されている。そのほか、エレクトリーチカももちろん座席車である。こちらは通路を挟んで木製のベンチのような3人掛け座席が並んでいることが多い。

座席車（エレクトリーチカ）

食堂車

　シベリア鉄道を走る長距離列車はもちろん、一昼夜以上走る列車であれば、大半が食堂車を連結している。基本的に9:00頃から22:00頃までの間、朝、昼、夕食の時間を中心に営業している。味やサービス、値段などは、乗る列車によってまったく異なる。基本的には肉や魚のメイン料理数種類に、スープが1、2種類、それにサラダなどが用意されている。値段は1食当たり数百ルーブルといったところだろう。

食堂車

　ロシア人の乗客は、食料を持ち込んで乗る場合が多いので、どの列車でも食堂車はあまり混んではいない。よほどでなければ満席ということはないだろう。利用する際は必ず貴重品を持

ち、同室の乗客には食堂車に行くことを伝えておいたほうがいい。なお、食堂車以外での飲酒は禁止されている。

切符について

◆ バウチャー旅行の場合

バウチャー旅行をする場合、現地で自分で切符を購入する必要はない。切符は日本での発券が可能な旅行会社もあるが、多くは現地での受け渡しとなる。

料金については、日本で購入するとさまざまな手数料が加算されるので、本書に掲載している現地購入価格よりかなり高くなる。しかし、決して日本の旅行会社が暴利を得ているわけではなく、現在のシステムでは仕方ないと理解してほしい。

◆ 現地で切符を買う場合

ウラジオストクからウスリースクやウラジオストク近郊エリアを日帰りで訪れる場合など、比較的近距離の列車で日帰り旅行をする場合、現地で切符を購入する必要がある。購入時に制限があるわけではないが、パスポートの提示が必要となる（パスポートとビザのコピー提示でも可能な場合もある）。

切符は駅の窓口のほか、市内各地にある鉄道窓口でも購入できるし、ホテルなどでも代行してくれることが多い。駅の窓口では英語も通じにくいので、ロシア語で記入したメモなどを用意すれば購入もスムーズにいくだろう。

◆ 料金システム

近年、ロシア鉄道の料金は変動制が導入され、乗車日や乗車する列車によって大幅に変わり、また食事込みのチケットなども発売されるようになり、かなりややこしくなってきている。クラスによる料金の差は大きく、また同じ2等寝台であっても、列車のグレードによって料金も変わる。極端な話、「赤い矢号」の1等寝台に乗るのと、名もない普通の列車の2等座席車に乗るのとでは、同じ路線でも数十倍もの料金差になる。

◆ エレクトリーチカの切符

一般的な長距離列車とは違い、エレクトリーチカの切符は窓口で行き先を告げるだけで買える。日本の通勤列車と同じく座席も自由で、主要駅では自動券売機や自動改札機も導入されている。自動改札機はチケットのバーコード部分をかざすとバーが開く構造であり、下車の際にも必要なことが多いのでなくさないように。

なお無人駅から乗車した場合などは、車内を巡回している車掌から切符を買うこと。

ロシア鉄道のオンライン切符購入
URL pass.rzd.ru

ユーザー登録のうえ、日本のクレジットカードでの購入が可能だが、2018年4月現在、英語表示からの購入ができず、ロシア語表示画面から決済する必要がある。チケットはPDFファイル形式によるeチケットとなる。

トイレ

優等列車（フィールメンヌイ）や新型車両を使用した列車の場合、大部分がタンク式トイレを装備しているが、一般列車の場合は大半が垂れ流し式のため、駅の到着前後や市街地を通過するときは、トイレが使用できなくなる。また洗面所は大半の車両がトイレの中にしかなく、トイレが使えないときは洗面所も使用不可になる。なお、エレクトリーチカの車両にはトイレがない場合が多い。

冷暖房設備

車両に限ったことではないが、冬のロシアは室内はどこも暑いくらいに暖房を効かせている。なので真冬であっても車内はTシャツ1枚で十分だ。部屋ごとにエアコンの温度調節ができる、最新の車両も一部で導入されている。冷房は旧型の車両の場合、導入されていないことも多い。

◆ ロシア鉄道チケットの読み方

e-ticketsの場合

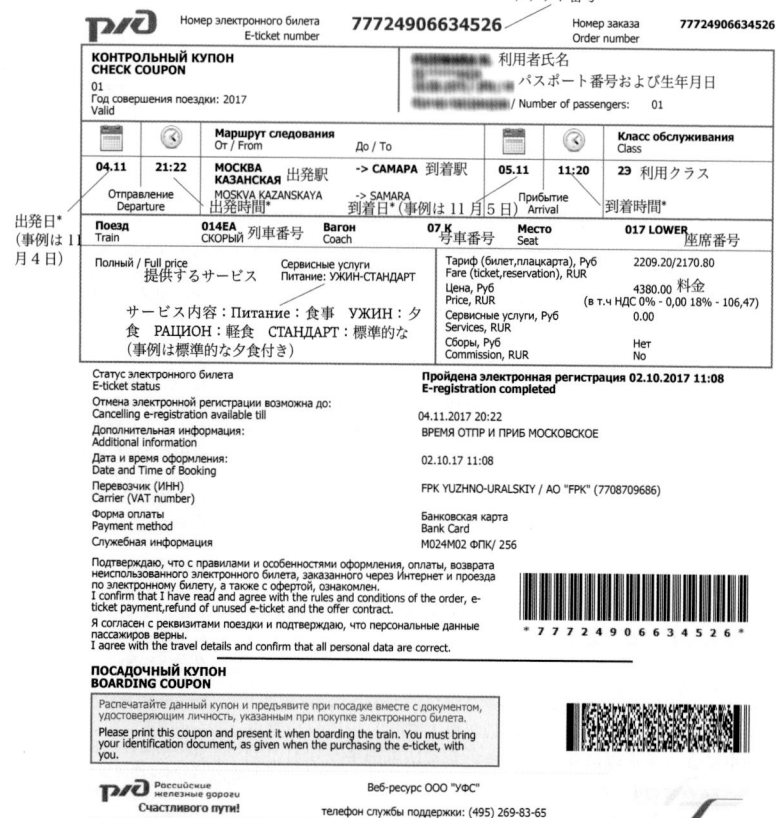

チケット番号

Номер электронного билета / E-ticket number　77724906634526

Номер заказа / Order number　77724906634526

КОНТРОЛЬНЫЙ КУПОН / CHECK COUPON
01
Год совершения поездки: 2017 / Valid

利用者氏名
パスポート番号および生年月日
/ Number of passengers:　01

		Маршрут следования От / From До / To				Класс обслуживания Class
04.11	21:22	МОСКВА КАЗАНСКАЯ 出発駅 -> САМАРА 到着駅	05.11	11:20		23 利用クラス
Отправление Departure		MOSKVA KAZANSKAYA 出発時間* -> SAMARA 到着日*(事例は11月5日)		Прибытие Arrival		到着時間*

出発日*（事例は11月4日）

Поезд / Train　014ЕА СКОРЫЙ 列車番号
Вагон / Coach　07 К 号車番号
Место / Seat　017 LOWER 座席番号

Полный / Full price
提供するサービス

Сервисные услуги
Питание: УЖИН-СТАНДАРТ

サービス内容：Питание：食事　УЖИН：夕食　РАЦИОН：軽食　СТАНДАРТ：標準的な
（事例は標準的な夕食付き）

Тариф (билет,плацкарта), Руб
Fare (ticket,reservation), RUR　2209.20/2170.80

Цена, Руб
Price, RUR　4380.00 料金
(в т.ч НДС 0% - 0,00 18% - 106,47)

Сервисные услуги, Руб
Services, RUR　0.00

Сборы, Руб
Commission, RUR　Нет / No

Статус электронного билета / E-ticket status
Отмена электронной регистрации возможна до: / Cancelling e-registration available till:
Дополнительная информация: / Additional information
Дата и время оформления: / Date and Time of Booking
Перевозчик (ИНН) / Carrier (VAT number)
Форма оплаты / Payment method
Служебная информация

Пройдена электронная регистрация 02.10.2017 11:08
E-registration completed

04.11.2017 20:22
ВРЕМЯ ОТПР И ПРИБ МОСКОВСКОЕ
02.10.17 11:08
FPK YUZHNO-URALSKIY / AO "FPK" (7708709686)
Банковская карта / Bank Card
М024М02 ФПК/ 256

Подтверждаю, что с правилами и особенностями оформления, оплаты, возврата неиспользованного электронного билета, заказанного через Интернет и проезда по электронному билету, а также с офертой, ознакомлен.
I confirm that I have read and agree with the rules and conditions of the order, e-ticket payment,refund of unused e-ticket and the offer contract.
Я согласен с реквизитами поездки и подтверждаю, что персональные данные пассажиров верны.
I agree with the travel details and confirm that all personal data are correct.

* 7 7 7 2 4 9 0 6 6 3 4 5 2 6 *

ПОСАДОЧНЫЙ КУПОН / BOARDING COUPON

Распечатайте данный купон и предъявите при посадке вместе с документом, удостоверяющим личность, указанным при покупке электронного билета.
Please print this coupon and present it when boarding the train. You must bring your identification document, as given when the purchasing the e-ticket, with you.

Российские железные дороги
Счастливого пути!

Веб-ресурс ООО "УФС"
телефон службы поддержки: (495) 269-83-65

*時刻表示はモスクワ時間での表示となる。

Дата формирования купона 02.10.17 11:08

紙チケットの場合

列車番号　乗車日／月　発車時刻　車両番号　車両の種類：К個室寝台 П開放寝台　人数

パスポート番号

到着時刻
到着日／月
料金

Column　夜行列車、旅のアドバイス

極東ロシア、シベリアを旅するうえで、夜行列車は欠かせない。主要都市の多くはシベリア鉄道の沿線に位置しており、各都市間をおよそ10数時間程度で結んでいる。飛行機に比べて時間はかかるものの、夜間に寝ながら移動でき、なおかつ宿泊費も浮かせられる。上手に利用すれば、効率的かつリーズナブルに旅することができるだろう。

乗車方法と荷物

かつてはどの駅でも、駅舎内やホームは誰でも立ち入り自由だった。しかし近年は、空港ほど厳重ではないものの、多くの駅でX線検査などのセキュリティチェックが行われている。乗車券は列車に乗り込む際に、指定された座席や寝台の号車の入口で、車掌がひとりずつチェックする。乗車券と合わせ、パスポートも確認されることもある。

荷物は特に重量制限などはないが、コンパートメント内のスペースが限られているので、荷物の多い場合は早めに乗車するようにしよう。荷物は下段寝台の下か、通路上のスペースに置くのが一般的。なお2階建て寝台車の場合、通路上のスペースがないので注意すること。

上段と下段、どっちがいい？

基本的には下段のほうが人気が高く、乗車券も下段の方が高く設定されていることが多い。上段は窓の景色が見づらいうえ、ハシゴを使った上り下りがお年寄りにはけっこうキツい。実際、お年寄りが上段の乗車券を持っていた場合、下段の乗客が席を譲るケースがよくある。

ただし、下段は上段の人も食事の際などに利用するので、ずっと寝そべっていたいなら上段の方が気楽。荷物を置くのも通路上のスペースが比較的安全なので、ひとり旅なら上段を選択するのもいいだろう。

注意したいのは、近年少しずつ増えてきている、2階建て車両の場合。最新の設備を誇る快適な車両なのだが、コンパートメント内の天井が低く、

コンパートメントの上段。転落防止柵は小さい

荷物が置ける通路上のスペースもない。2階建て車両では上段は避けた方が良いだろう。

非冷房車も走っている

かつてシベリア鉄道を走る優等列車は、多くが専用カラーをまとったオリジナル編成で運行されていた。近年は統一デザインの車両が大半になり、外見だけでは列車の見分けがつかなくなってきている。またエアコンやタンク式トイレを備えた新型車両も増えてきたが、今でも非冷房、垂れ流し式トイレの車両も走っている。非冷房車のコンパートメント内は、夏季にはかなり暑くなり、寝苦しいことも。薄着するなり団扇を持ち込むなどして工夫したい。なお、エアコンの有無はロシア鉄道HPの時刻表検索からチェックできる。

また近年はシャワーを備えた車両も増え、車掌に申し出ると有料（150P程度のことが多い）で使わせてもらえる。ただ設備はあっても使えない（使わせてもらえない）ことも多いので、あまりアテにはできない。

車内の様子。小さな子供連れ家族の利用も多い

男女同室が当たり前

今も昔もあまり変わらないのが、コンパートメント内での男女同室のシステム。寝台ごとにカーテンがないのでプライバシーが守られず、抵抗を感じる人もいるだろう。ただロシア人の場合、若い女性であっても男女同室を気にする人は少数派。女性専用コンパートメントの設定のある列車もないわけではないが、基本的にはごちゃ混ぜ状態が一般的だ。

システム的な部分はどうしようもないが、着替えたいときなどは同室の乗客にひと声かければ、ほとんどの人は嫌がらずに退出してくれる。また、もし万一、身の危険を感じるようなことがあった際は、迷わず車掌か身の回りの乗客に告げること。過剰に警戒する必要はないが、気を緩め過ぎないようには注意したい。（藤原浩）

世界最長の鉄道

ロシアの首都モスクワと、極東の港町ウラジオストクとを結ぶ、世界最長の鉄道路線、シベリア鉄道。ロシア語を直訳すると「シベリア横断鉄道 Транссибирская магистраль」となるが、日本では「シベリア鉄道」と呼ばれるほうが通りがよいだろう。

その名の通り、シベリアを横断してアジアとヨーロッパを結び、全区間を走破する「ロシア号」に乗れば乗車時間は約150時間、実に1週間もの長旅となる。ヨーロッパまで陸路で行くことができるという壮大なスケール感に加え、かつては航空機に比べ旅費も大幅に安かったことから、バックパッカーを中心に人気の高い移動手段であった。本書も創刊以来、シベリア鉄道で旅する旅行者の便宜を図るために刊行されてきた経緯があり、現在も本書で扱う都市の多くが、シベリア鉄道沿線に位置している。

また旅客輸送以上に、貨物輸送においてシベリア鉄道は重要な役割を担っており、沿線各地で長編成の貨物列車を見ることができる。国際貨物輸送においても、極東アジア〜ヨーロッパ間でスエズ運河経由の航路が30〜40日を要するのに対し、シベリア鉄道なら2週間程度で運ぶことができることから、今も一定の需要がある。

そして歴史的視点から考えたとき、シベリア鉄道ほど世界の近代史に足跡を残した鉄道はないだろう。とりわけ日露近代史において、シベリア鉄道の与えた影響は極めて大きい。また見方を変えれば、シベリア鉄道の歴史は、シベリア・極東アジアの近代史そのものであった。シベリアという地域は、この鉄道が建設されたことによって初めて、歴史の表舞台に登場することになるのである。

ウラジオストク駅で発車を待つ「ロシア号」。
ここからはるかモスクワへの旅が始まる

ウラルはロシア鉄道発祥の地

シベリア鉄道の歴史を知る前に、その前史についても少しばかり触れておきたい。

世界初の鉄道路線である、イギリスのストック

トン〜ダーリントン鉄道の開業に遅れること12年。ロシアの鉄道史は1837年に開業したツァールスコエ・セロー鉄道に始まる。帝都サンクトペテルブルクと、"琥珀の間"で知られる離宮・エカテリーナ宮殿があった郊外のツァールスコエ・セローとを結ぶ、23kmの短い路線であり、この鉄道の開業をもってロシア鉄道史の創始としている。

もっとも、ヨーロッパの後進国であった当時のロシアに、自国の技術で鉄道を建設する力はなかった。このツァールスコエ・セロー鉄道も、オーストリアでの鉄道建設の実績があったチェコ人技師によって敷設されたものだ。だが、このツァールスコエ・セロー鉄道の開業に先立つ1834年、ウラル山脈東方の鉱山町ニジニ・タギルにおいて、ロシア国産の蒸気機関車の製造に成功していたのである。

開発したのは、農奴出身の技術者であるエフィム・チェレパノフ（1774〜1842年）とミロン・チェレパノフ（1803〜1849年）親子。トレヴィシックによる蒸気機関車の発明から30年もあとのことであったが、自前の技術で、それもウラル地方の片田舎で蒸気機関車を製造できたことは特筆すべきであろう。現在のロシアにおいても、このチェレパノフ親子の蒸気機関車が、本当の意味でのロシア鉄道史の出発点として位置づけられている。ロシア各地の駅前広場や鉄道博物館などに展示されている、樽のような胴体に長い煙突をもつ小さな機関車の模型こそ、チェレパノフ親子が開発したロシア国産蒸気機関車であり、ロシア鉄道史の原点というべき存在なのである。

チェレパノフ親子の作った蒸気機関車の模型は、
ロシア各地で見ることができる

皇帝が作った幹線鉄道

　1851年、ロシアの2大都市であるサンクトペテルブルク～モスクワ間が鉄道で結ばれる。ニコライ1世の主導で建設された644.5kmの路線は「ニコライ鉄道」と呼ばれ、両都市間は約21時間で結ばれた。ソ連時代はボリシェヴィキが実権権力を握った十月革命にちなみ「十月鉄道」と呼ばれ、現在も十月鉄道支社の管轄にある。高速鉄道「サプサン」などが走る、ロシア最大の幹線である。

　この鉄道は、ニコライ1世が地図上に定規をあてて両都市間を一直線に結び、そのまま実際に線路を敷設させたという有名な逸話が残っている。真偽のほどは定かではないが、実際にほとんど全区間が直線で建設され、しかも全線が複線で敷設されるという、当時としては世界最長の幹線鉄道であった。軌間はアメリカ人技師の推奨によって1524mm（5フィート、現在は1520mmと表記）が採用されるが、世界的な標準軌である1435mm（4フィート8.5インチ）より幅広のゲージとなったのは、他国に侵入された際に鉄道を容易に使わせないため、あえて違うゲージを採用したのだといわれている。この5フィートゲージは、その後に建設されたロシアの鉄道にも引き継がれ、ソ連時代を経て現在もなお用いられている。その結果、中国など標準軌を採用する国の鉄道とは直通運転ができず、国境駅での台車の交換や、貨車の荷を積み替えるなどの作業が必要となっている。

大改革時代の鉄道ブーム

　ニコライ鉄道開業から2年後の1853年、ロシアは黒海・バルカン半島の覇権をめぐって、オスマン帝国に戦いを仕かけた。ロシアは当初、オスマン帝国に対し圧倒的な優位に立っていたが、イギリス・フランスがオスマン帝国側について参戦したことで苦境に陥る。最大の激戦地となったセヴァストポリ要塞では、1年に及ぶ攻防の末要塞は陥落、クリミア戦争は事実上のロシアの敗北に終わった。この戦争により、産業革命をいまだ経験していなかったロシアの後進性が明らかになり、ロマノフ王朝の権威は失墜することになる。

　そしてセヴァストポリ要塞陥落の直前に即位したアレクサンドル2世は、ロシアの後進性を克服すべく、次々と改革に着手した。いわゆる"大改革"の時代であり、農奴解放令をはじめ徴兵制の施行、国立銀行の創設など、あらゆる面での制度改革が進められた。またクリミア戦争の敗北の要因のひとつに輸送力の欠如が挙げられたことから、停滞していた鉄道建設が活発となる。民間の鉄道会社が次々と設立され、政府保証付きの外債で資金を調達することで、年平均で2000kmもの新線が開業するという猛スピードで建設が進んだ。その結果、クリミア戦争当時は約1000km程度しか

なかったロシアの鉄道は、1870年代末には2万kmを越えるなど、ヨーロッパ・ロシア内における現在の鉄道網の骨格ができあがっていく。

　一方、黒海方面への進出が妨げられたことで、ロシアはシベリア・極東方面に対し、以前より強く意識をもつようになる。弱体化の著しい清と1858年に愛琿条約、1860年に北京条約を結び、アムール川左岸の沿海州（現在の沿海地方）を手に入れた。そして新たに建設されたウラジオストクとハバロフスクの2都市を拠点として、極東アジア進出への意欲はさらに強まっていくことになる。こうした状況下、いよいよシベリアを横断する鉄道の建設が議論されるようになるのである。

ハバロフスク駅。20世紀初頭にはウスリー鉄道の終点として発展する

シベリア鉄道建設の決定

　1881年3月13日、アレクサンドル2世がサンクトペテルブルクで爆弾テロにより暗殺される。代わって即位した息子のアレクサンドル3世は、改革派だった父とは異なり、守旧的な政治姿勢の専制君主であったが、一方でロシアの人民に対する慈愛は誰よりも強かった。とりわけシベリアに暮らす人々への思いは強く、シベリアを豊かな土地とすべく鉄道建設計画を推進する。

　シベリアを横断する鉄道建設の構想は、1850年代より何度も提唱されてきたが、自前で建設できるだけの資金も技術もなく、欧米メディアからは「スラブの大風呂敷」といわれ物笑いの種となってきた。しかしヨーロッパ・ロシア内の鉄道網がしだいに整備され、1878年にはウラル山脈を越えてエカテリンブルクまで、1885年にはチュメニまで開通する。シベリア各都市からの鉄道建設の要望は日増しに強くなり、もはやシベリア鉄道はロシアにとって必要不可欠なインフラとして認識されるようになっていく。

　1891年2月、外債による資金調達にめどが立ったロシア政府は、ついにシベリア鉄道の建設を正式決定した。5月にはアレクサンドル3世の長男であるニコライ皇太子（のちのニコライ2世）が、アジア遊歴の旅の途上にウラジオストクに立ち寄り、起工式に立ち会うことで鉄道建設の本気度を内外にアピールしている。

なおニコライ皇太子は、その起工式の直前に立ち寄った日本で、警護中の巡査に襲われ負傷するという災難に遭遇している。いわゆる"大津事件"であり、日本中が大騒ぎになった。ロシアが怒りにまかせて日本に攻め寄せてくるのではないか、そんな恐怖心が日本中を覆い尽くし、少しでも怒りを和らげようと明治天皇自ら京都に急行し、皇太子を見舞っている。幸いにも、この事件でロシアが日本に圧力を加えるようなことはなかったが、俗に"恐露病"と呼ばれるロシアへの恐怖心を日本人に強く植え付けることとなった。

ウラジオストクの凱旋門は、ニコライ皇太子の来訪を記念して建てられた

満洲を横断する新ルート、東清鉄道

こうして建設が始まったシベリア鉄道は、起点がエカテリンブルク南方のチェリャビンスクと定められ、主要都市を経由してウラジオストクまで結ばれる計画となっていた。チェリャビンスクは建設が始まった当時はペルミとともに最東端だった駅であり、百科事典類のシベリア鉄道の項目には「厳密にはチェリャビンスク～ウラジオストク間を指す」と書かれていることが多い。ただし、後にペルミ・エカテリンブルク経由の路線が開通し、そちらがメインルートとなったため、現在ではチェリャビンスクはシベリア鉄道沿線の駅とはみなされていない。

工事は実際には6工区に分けられて進められ、1896年にはオビ川西岸まで、1898年にはイルクーツクまで開通している。また1897年にはウラジオストク～ハバロフスク間（ウスリー線）も開通しているが、この線の工事には日本人の出稼ぎ労働者も多く加わっている。他の工区でも、労

働力の多くを外国からの出稼ぎ労働者や流刑囚が占めていたが、過酷な自然環境に苦しめられ、命を落とす人も少なくなかったという。そしてノヴォニコラエフスク（現在のノヴォシビルスク）のように、シベリア鉄道建設の拠点として築かれ、後に大都市へと発展する町も誕生している。

比較的順調に開通したイルクーツク以西およびウラジオストク～ハバロフスク間に対し、ハバロフスク～イルクーツク間はアムール川沿いの狭隘な地形が続き、難工事が予想された。そのためロシアは、清国領である満洲を突っ切る路線の敷設を検討する。1896年、ロシアのロバノフ外相は清の実力者・李鴻章と相互援助条約を結び、そのなかで満洲の鉄道敷設権を得る。いわゆる「露清密約」である。こうして建設が始まった東清鉄道は、実質的にシベリア鉄道の一部に組み込まれ、1903年に東西を結ぶ本線が全通する。この時点で、船での連絡となっていたバイカル湖の区間を除くモスクワ～ウラジオストク間が全通、曲がりなりにも洋の東西が鉄道で結ばれたのである。

ノヴォシビルスク駅はシベリア鉄道建設によって誕生、シベリア最大の駅へと発展した

満洲の要衝、ハルピン駅。ロシアによって建設された東清鉄道の中心駅だった

増幅する対ロ恐怖心

一方、日本はシベリア鉄道建設の動きを構想段階より注視し、国家の存立を脅かすものとして警戒していた。またウラジオストクが冬季に結氷するため、軍港としては不十分であることから、ロシアは必ず不凍港を望むであろうことも看破していた。そして1895年、日清戦争の勝利により日

本は清から遼東半島を割譲されるが、ロシアら三国の干渉により返還を余儀なくされる。

　三国干渉から3年後の1898年、ロシアは日本に返還させた遼東半島南部の大連、旅順の租借権と、旅順にいたる鉄道の敷設権まで清に認めさせた。これにより、ロシアは念願の不凍港を手に入れたばかりか、シベリア鉄道に接続する鉄道を建設する権利まで得たのである。このような極東アジアへの野心を隠そうともしないロシアの態度に、日本が強い恐怖心や警戒心を抱いたのも当然だろう。政府や軍にとって、シベリア鉄道は脅威以外の何者でもなかったのだ。

　もっとも、民間レベルではシベリア鉄道は決して脅威一辺倒ではなく、ヨーロッパと結ばれる新たな鉄道に商機を見出そうとした人々も大勢いた。ウラジオストクには商売や貿易を営む日本人が多く進出し、日本海岸の各港はウラジオストクとの航路就航を目指した。北前船の衰退によりにぎわいを失いかけていた各港町は、ウラジオ航路に夢を託そうとしたのである。すでに"裏日本"化が進みつつあった日本海沿岸にとって、シベリア鉄道は希望の光であった。

遼東半島の先端、旅順駅。20世紀初頭、シベリア鉄道から続く鉄道の終着点であった

日露戦争で発揮された輸送力

　しかし1904年2月、日本の連合艦隊が極東ロシア艦隊を砲撃して日露戦争が勃発、こうした動きはすべて頓挫する。日本が開戦に踏み切った背景には、湖上連絡のため輸送上のネックとなっていたバイカル湖岸の区間が全通する前の、補給態勢が十分でない段階で戦わねば勝ち目がない、そういう判断も働いたといわれている。

　事実、満洲や朝鮮半島において日本軍と戦ううえで、ロシアは補給に苦労した。バイカル湖西岸のポルトバイカルと東岸のムィソーヴァヤの間は、輸送船が連絡していたが、日露戦争開戦当時は湖面が結氷していたため、100台を越える犬ぞりで氷上を輸送していた。しかし犬ぞりだけではとても間に合わず、ポルトバイカルやイルクーツクは増援された部隊や補給物資でごった返すことになる。また重量のある機関車などを輸送するため、

3月には氷上に線路を敷いて運搬されたという。

　日露戦争さなかの9月に、難工事だったバイカル湖岸の区間がようやく開通し、シベリア鉄道全線が鉄路で結ばれることになる。これで輸送力は大幅に増大したが、それでも大半が単線のままであり、回送させる余裕のない貨車をやむを得ず廃棄するなど苦難の連続であった。結局、1年以上に及んだ日露戦争はロシアの敗北に終わるが、シベリア鉄道での兵員・物資輸送が十分ではなかったことが敗因のひとつに数えられている。クリミア戦争での輸送力不足を教訓に始まったロシアの鉄道政策は、半世紀後の日露戦争において再び輸送上の欠点が仇となるという、皮肉な結果に終わるのである。

　とはいえ、ロシアが満洲の野に100万を越える大軍を展開させたことは事実であり、シベリア鉄道抜きには遂行不可能な戦争であった。実際の輸送力は、日本が当初見込んでいた以上の成果を上げており、完成したばかりの世界最長の輸送機関としては十分に機能したといえるかもしれない。ちなみに、大戦さなかに開通したバイカル湖岸の区間は、その後のダム建設により1956年に新線が完成し、シベリア鉄道のルート上から外れた。現在は湖岸を走る風光明媚な観光路線として人気を集めている。

アムール川の支流、シルカ川のさらに支流であるインゴダ川沿いを走る郵便列車。開業当時はこのようなか細い単線であった

欧亜連絡の時代

　日露戦争後、満洲における権益の多くを失ったロシアは、中断していたアムール川沿いの区間の建設を再開する。ハバロフスク～クエンガ間は1916年に開通し、ここにシベリア鉄道はロシア領内のみで結ばれるようになった。一方、東清鉄道の南部支線のうち長春以南が日本に譲渡され、新たに南満洲鉄道（満鉄）が設立される。この満鉄を仲立ちとして日本、朝鮮、満洲それにロシアの鉄道が協調し、連絡運輸が実施されるようになった。1912年にはヨーロッパの鉄道事業者も加えた欧亜連絡運輸がスタートし、東京からパリまで1枚の切符で行くことが可能となっている。

　欧亜連絡には大きく3つのルートがあり、東京

177

から下関へ出て釜山に渡り、朝鮮鉄道および満鉄を経由してシベリア鉄道に向かうルートと、下関から大連に渡って満鉄経由で向かうルート、さらには敦賀からダイレクトにウラジオストクに渡り、シベリア鉄道に連絡するルートがあった。いずれも当時の主流であったヨーロッパ航路に比べ、運賃・日数とも半分程度で済んだため、文人・作家や留学生、政治家や外交官など、多くの日本人渡航者が欧亜連絡を利用した。当時のシベリア鉄道での旅の様子は、与謝野晶子や林芙美子らが残した随筆や短歌などの文学作品を通してうかがい知ることができる。

欧亜連絡の玄関港だった敦賀には、かつての駅舎が復元されている

この欧亜連絡は、第1次世界大戦の勃発により中断するが、ソヴィエト連邦と日本が国交を結んだ1927年に再開され、第2次世界大戦により再度中断されるまで続けられている。そして第2次世界大戦後、シベリア鉄道は日本人など多くの外国人抑留者を輸送する手段として使われたが、ソ連との国交が回復して以降は三たびヨーロッパへの移動手段として人気を得るようになった。戦後はウラジオストクが閉鎖都市となったため、旅行者は横浜〜ナホトカ間の航路を利用し、ナホトカ〜ハバロフスク間を「ヴォストーク号」に乗り、ハバロフスクから「ロシア号」に乗り換えてモスクワを目指すというルートが一般的だった。まだ航空券が高かった時代、多くの若者がこのルートでヨーロッパを目指している。

結氷したアムール川に架かる鉄橋。現在の橋は1998年に架けられた道路併用橋である。また川底には、スターリン時代に建設されたトンネルも通っている

現代のシベリア鉄道

ソ連崩壊後、ウラジオストクが解放されたことにより、ウラジオストクから直接シベリア鉄道に乗車できるようになった。1990〜2000年代にかけては富山県の伏木港とウラジオストク港との間を「ルーシ号」が運航されていたが、航空券が安く手に入るようになったことで、かつてのようなヨーロッパを目指す旅行者の姿は減ってしまった。その一方、雄大なシベリア鉄道の旅そのものを楽しむ旅行者が増え、鉄道そのものがロシアの観光資源となっていく。

2010年代以降、ロシアでもLCCを中心に航空路線が大幅に増え、また日本との直行便も大幅に増加したことで、以前に比べ航空機での旅がずいぶんと楽になった。その一方で、シベリア鉄道を利用する機会は減り、ロシア鉄道も乗客確保に腐心している。確かに航空機で所要1〜2時間程度の移動で済む距離でも、鉄道では1〜2日かかることから、時間を急ぐ旅には不向きなのは確かだ。運賃面でも航空券が安くなったことで、以前ほどの差はなくなっている。

しかし鉄道の旅には、航空機にはない魅力がある。日本ではほぼ全滅してしまった夜行列車に乗れ、食堂車も当たり前のように利用できる。夜間に移動でき、宿泊費も浮かせられるうえ、駅は市内の中心部にあるため移動が楽。現にウラジオストク〜ハバロフスク間では夜行列車「オケアン号」の利用が一般的で、航空機の便は今も少ない。上手に利用すれば、シベリア鉄道は今も経済的で利便性の高い移動手段なのである。

もちろん、ウラジオストク〜モスクワ間を乗り通す「ロシア号」の旅には壮大なロマンがあり、車内での乗客との触れ合いや雄大な車窓など、一生の記憶に残る旅となることは間違いない。だが、たとえ1晩、十数時間程度の乗車であっても、シベリア鉄道の魅力の一端に触れることは十分に可能だ。世界を揺るがせた歴史に思いをはせつつ、果てしなく続くシベリアの大地を眺める時間は、きっとすばらしい旅の一コマとなるに違いないだろう。（藤原浩）

シベリア鉄道の起点、モスクワのヤロスラヴリ駅

旅の準備と技術

極東ロシア旅行の組み立て方

電子簡易ビザの発給国

2017年8月に始まったロシア沿海地方の電子簡易ビザは、日本をはじめ18ヵ国に発給されている。ただし、中国や北朝鮮以外は、東南アジアや中東の国々ばかりなので、実際これを利用するのは、日本も含めた北東アジアの3ヵ国がほとんどだと考えられる。

電子ビザが発給される国境について

ロシア政府観光局のサイトによると、ロシア沿海地方に加え、ハバロフスク地方、アムール州、サハリン州、カムチャツカ地方の5地域の国境検問所で電子簡易ビザの発給ができるとしている。国境検問所は、空路、港湾、鉄道、一般道の4つのタイプがある。発給できる場所は、以下のとおり。

＊空路（国際線）／ウラジオストク（沿海地方）、ペトロパヴロフスク・カムチャツキー（カムチャツカ地方）、ブラゴヴェシチェンスク（アムール州）、ハバロフスク（ハバロフスク地方）、ユジノサハリンスク（サハリン州）、アナディール（カムチャツカ地方）
＊港湾／ウラジオストク、ザルビノ、ポシエット（沿海地方）、ペトロパヴロフスク・カムチャツキー、コルサコフ（サハリン州）
＊鉄道／ポグラニチヌイ（沿海地方）、ハサン（沿海地方）、マハリノ（沿海地方）
＊一般道／ポルターウカ（沿海地方）、ツリー・ロッグ（沿海地方）

このうち、日本人が利用できるのは、空路や港湾のすべての都市と、鉄道のポグラニチヌイのみだ。ポグラニチヌイは中国側の黒龍江省綏芬河から延びた鉄道がある。

電子簡易ビザ発給で自由旅行が実現

一般に、ロシアの観光ビザを取得するにはバウチャーと現地受け入れ先機関からの「旅行確認書」が必要となる。それを入手するためには、旅行会社に依頼し、ホテルや都市間の交通機関、現地ガイド、送迎などの手配をし、その予約証明書としてバウチャーを発行してもらう必要がある。

バウチャーとは、旅行の予約、支払い証明書のこと。滞在都市や宿泊ホテルをあらかじめ決め、交通機関の切符なども手配し、それらすべての事前手配が完了したことを示す書類である。そして、観光ビザ申請の際には、このバウチャーや旅行確認書などを在日ロシア大使館領事部や領事館に提出する必要がある。つまり、ロシアでは「ぶらり自由旅」というわけにはいかないのが実情だった。

◆ 電子簡易ビザ申請の諸注意

ところが、2017年8月からロシア沿海地方で日本人に対する電子簡易ビザが発給されるようになった。日本人の場合、ウラジオストクを空路と航路で入国する場合と中国から沿海地方に鉄道で入国する場合、事前にネット申請しておけば、ロシア大使館で観光ビザを取得する必要がなくなったのだ。

ビザ発行の費用は無料。申請日から4日間以内に発給され、「e-visa nontification」というタイトルのメールが届く。メールに添付されたPDFドキュメントを印刷すればいい。ただし、発給される電子簡易ビザはシングルエントリーで30日間有効、滞在期間は8日間以内。延長は不可。申請は入国予定日の4〜20日前まで可能だが、ここでいう8日間以内とは、入国した日を1日目として8日目の23時59分までに出国しなければならないので注意。また、30日間有効とは、申請時に記入した入国日から30日以内を指すため、実際の入国日が遅れると、8日以内でも滞在できないことがある。実際、滞在日数を間違えて、出国時にトラブルになるケースが発生している。出発前に確かめておこう。

◆ 2018年9月から極東ロシア5地方で開始

2018年9月から沿海地方に続き、ハバロフスク地方やサハリン州、アムール州、カムチャツカ地方でも電子簡易ビザが発給されるようになった。ただし、ビザは地方ごとに発給されるため、入国後、他の地方に行くことはできないのがルール。つまり、沿海地方で電子簡易ビザを申請し、ウラジオストクに入国した場合、シベリア鉄道でハバロフスクに行くことはできないのだ。これがこの制度のひとつの難点だが、近い将来改善されることを期待したい。

電子簡易ビザの申請方法

2020年1月現在、極東ロシアの主要都市の空路と航路の入国に限り、電子簡易ビザのネット申請が可能になっている。申請方法は、ロシア電子ビザ申請サイト（日本語）にアクセスし、その手順に沿って個人情報や旅行日程などを入力するだけだ。以下手順に沿って簡単に説明しよう。

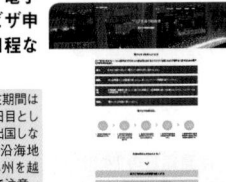

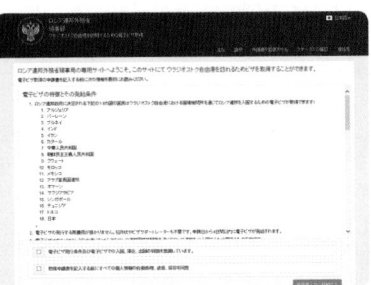

トップページの「電子ビザ取得の申請書を記入する」をクリックすると、申請ページに入る

電子簡易ビザでの滞在期間は8日目限定。入国日を1日目として8日目の23:59までに出国しなければならない。また沿海地方からハバロフスク州を越えることはできないので注意。

●ロシア電子ビザ申請サイト（日本語）
URL electronic-visa.kdmid.ru/index_jp.html

ビザ申請の手順

1 「申請書入力へ移動する」をクリック

2 パスワードの入力

3 申請書番号の通知（プリントアウトできる）

4 個人情報を入力する

5 入国予定日を決める。申請日の5日後以降の入国が可能

6 パスポートナンバー、個人のメールアドレスなどの入力

7 デジカメなどで自撮りした顔写真をアップロードする。写真については細かい仕様が書かれているので要確認のこと

8 最後に入力した内容を確認し、申請ボタンをクリックして終了

その後、ロシア大使館から「e-visa notification」というタイトルのメールが届く。添付されたPDF書類が電子ビザで、これをプリントアウトし、パスポートと一緒にウラジオストクの空港で入国審査官に渡すとアライバルビザがもらえる。

シベリア旅行の組み立て方

在日ロシア連邦公館
ロシア連邦大使館領事部
☎〒106-0041
東京都港区麻布台2-1-1
TEL (03) 3583-4445 (領事部) ※電話による問い合わせは開館日の14:30〜17:00
開ビザ申請、受領時間(以下同)9:30〜12:30
休土・日、ロシアの祝日
URL tokyo.mid.ru

ロシア連邦総領事館(大阪)
☎〒560-0005 大阪府豊中市西緑ヶ丘1-2-2
TEL (06)6848-3451〜2
開月・木9:30〜12:30、14:00〜16:00(火・金は午前のみ)
休土・日、ロシアの祝日
URL osaka.kdmid.ru

ロシア連邦総領事館(新潟)
☎〒950-0078 新潟県新潟市中央区万代島5-1万代島ビル12階
TEL (025)244-6015
開11:00〜12:00、14:00〜16:30
休金〜日、ロシアの祝日

ロシア連邦総領事館(札幌)
☎〒064-0914 北海道札幌市中央区南14条西12丁目2-5
TEL (011)561-3171〜2
開14:00〜16:00
休土・日、ロシアの祝日
URL sapporo.mid.ru

ロシア連邦総領事館(函館支部)
☎〒040-0054 北海道函館市元町14-1
TEL (0138)24-8201
開10:00〜12:00(事前に予約が望ましい)
休月・土・日、ロシアの祝日

ビザの取り方と種類

　極東ロシアやサハリン州では、電子簡易ビザによる訪問が可能となったが、シベリアは電子簡易ビザの対象外のエリアであり、ビザの相互免除協定がないため、在日ロシア公館などでビザを取得する必要がある。

◆ 観光ビザ(ツーリストビザ)

　一般的にロシアを旅行する人が取得するビザ。観光ビザを取得する場合、現地旅行会社が発行する旅行確認書(外国人旅行者受け入れ確認書)と代金支払いのあとに受け取るバウチャー(予約証明書)が必要。

●必要書類
①パスポート(残存有効期間がロシア入国時に6ヵ月以上あるもの。少なくとも見開きで2ページ以上の余白があること
②オンラインで必要事項を入力し、印刷した申請書(EVA)1枚。本人の署名が必要
③カラー写真1枚(縦45mm×横35mmで申請書に貼る)
④現地旅行会社(ロシア外務省に登録されている旅行会社)が発行した旅行確認書(個人申込番号を記入したもの)
⑤日本の旅行会社発行のバウチャー原本またはロシアの旅行会社発行のバウチャーのコピー

●ビザ手数料(日本国籍者の場合)
　申請日から受領日までの期間が11業務日以上は無料、4〜10業務日での発給は4000円、3業務日以内の発給は1万円。
※このほか、ビジネスマン、教育・科学・芸術そのほか文化活動関係者、報道関係者、スポーツ行事参加者を対象とした業務ビザや個人ビザ、就労ビザ、留学ビザなどがある。詳細はロシア大使館にお問い合わせを。

ビザ申請書のオンライン記入

　ビザ申請書はインターネット上で必要事項を入力し、印刷して署名をしたうえで、ほかの必要書類とともに提出する。
　まずロシア連邦外務省領事局(URL visa.kdmid.ru)の画面で、左上から「Japan」「日本語」を選ぶと、日本語の案内付きのページが開くので、登録番号を記録し、画面に従って必要事項を選択あるいはローマ字で入力していく。すべて入力し終わったら画面の「保存する」ボタンを押し、左下の「A4ページ形式の申請用紙をプリントする」ボタンを押してPDF形式の申請書をダウンロードし、印刷して署名し提出する。

ロシアのビザ申請書の書式（オンラインで記入）

ロシアビザの申請書はオンライン査証申請システムで作成する。オンライン査証申請フォームをロシア連邦外務省領事局の URL visa.kdmid.ru にて入力し、印刷してそのほかの必要な書類とともに提出する。

※詳細はロシア連邦大使館のウェブサイトへ。
URL tokyo.mid.ru

ON-LINE VISA APPLICATION FORM

20002-1█████ \ 28.03.2016 █████
CONSULATE GENERAL OF THE RUSSIAN FEDERATION █████

1. Nationality (if you formerly had USSR or Russian citizenship, please indicate when and why you lost it).　　JAPAN　国籍

2. Surname (as in passport).　　█████ 姓

3. First name, other names, patronimic (as in passport).　　█████ 名

4. Date of birth (dd/mm/yyyy).　　█████ 生年月日（日／月／年）

5. Sex.　　MALE　性別

6. Passport.

Passport No:　█████ パスポート番号
Date of issue:　21/12/2009 パスポート発行年月日（日／月／年）
Valid until:　21/12/2019 パスポート有効期間満了日（日／月／年）

7. Purpose of visit.　　TOURISM 入国目的

8. Category and type of visa.　　COMMON TOURIST ビザの種類とカテゴリー

9. Number of entries.　　SINGLE 入国回数

10. Date of arrival and departure.　　13/06/2016 - 17/06/2016 入国年月日ー出国年月日

11. Host organisation you intend to visit.

Company name:　ACADEMSERVICE 現地受け入れ機関名
Reference No:　000001 そのリファレンス番号
Confirmation No:　40█████ 確認番号
Address:　4 ILYINSKOE HIGHWAY,KRASNOGORSK,MOSCOW 現地受け入れ機関の住所

12. Route of journey (destination points).　　MOSCOW 訪問都市：MOSCOW-ST. PETERSBURG　など

Photograph and signature.

写真
Place for photograph

Date (dd/mm/yyyy), personal signature

申請日　日／月／年の順
パスポートと同じサイン

Service information (automatically generated).

Application form recipient: CONSULATE GENERAL OF THE RUSSIAN FEDERATION █████
Basis (voucher, dir. No, inv. No): 000001
The estimated date of visit to the RC:
Application No (web-site): 15█████
The date of processing: 2016/03/28
Application No (VAC):
The date of processing by the VAC:

Request No in Russian Consulate (RC):

I hereby agree to the processing and transfer of my personal data in electronic form for the purposes of making a decision on visa issuance. I declare that data provided in the application form are full and correct. I am aware that any false information may be a cause for the denial of visa or for the cancellation of the previously issued visa and may lead to other consequences provided for by the legislation of the Russian Federation. Subject to the receipt of visa, I pledge to leave the territory of the Russian Federation before the visa expiration date. I am aware that valid visa does not automatically allow to enter the territory of the Russian Federation. In case of denial of entry, I will not seek any compensation for potential losses.

Page 1 of 2

13. Children under 16 years and other relatives written in your passport.

Do you travel with children under 16 years or other relatives written in your passport?

NO パスポートに記載されている、16歳以下の子供および親類を同伴するか

14. Your permanent address, telephone number, fax number, E-mail.

現住所、電話番号、ファクス番号、e-mail アドレス

15. Place of work or study (position, company name, address, telephone number, fax number, E-mail).

NONE
勤務先名（学生の場合は学校名）、住所、電話番号、ファクス番号、e-mail アドレス

16. Information about your previous trips to Russia.

How many times have you been to Russia?

- これまで何回ロシアに渡航したか

17. Information about health insurance.

Do you have health insurance that is valid in Russia?

NO ロシアで有効な保険に加入しているか（日本国籍者は特に求められていない）

18. Other names used in the past (maiden, pen-name, religious, etc.).

NONE 旧姓があれば記入

19. Your place of-birth (if you were born in Russia, please specify when and which country you emigrated to).

出生地

20. Additional information about your relatives.

Do you currently have relatives in Russia?

NO ロシアに親類がいるか

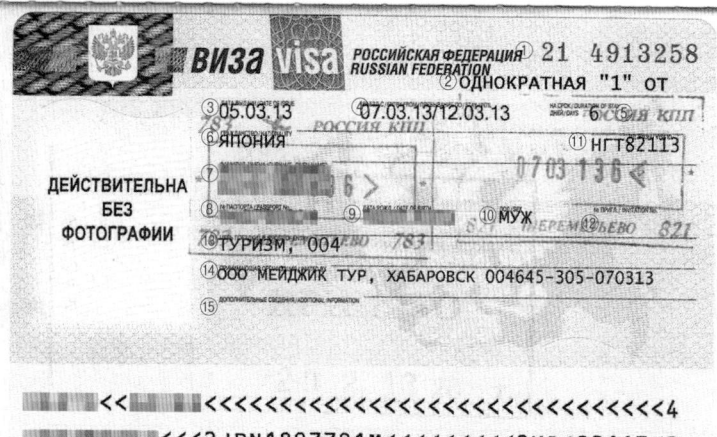

ロシアのビザの内容

①ビザ番号

②ビザの種類（シングル ОДНОКРАТНАЯ、ダブル ДВУКРАТНАЯ、マルチプル МНОГО-КРАТНАЯ）

③発給日（日、月、年の順）

④有効期間（入国の日、月、年／最後に出国する日、月、年）

⑤滞在日数

⑥国籍（日本人なら ЯПОНИЯ）

⑦姓名：姓 ФАМИЛИЯ（SURNAME）、名 ИМЯ（GIVENNAMES）の順

⑧パスポート番号（アルファベットは省略）

⑨生年月日（日、月、年の順）

⑩性別（男性：МУЖ、女性：ЖЕН）

⑪ビザID

⑫旅行確認書の番号

⑬渡航目的（観光：ТУРИЗМ、トランジット：ТРАНЗИТ、業務：ДЕЛОВАЯ）

⑭旅行の手配会社とそのリファレンス番号、当人の予約番号

⑮追記、そのほかの手配会社（番号のみ）

旅行会社の使い方

とにかくビザを得るためにはバウチャーが必要だが、一度作ったバウチャーは変更が非常に難しく、追加の料金もかかるので、旅程も慎重に組み立てる必要がある。そう考えた場合、一般的な大手旅行会社よりも、P.187で紹介しているような現地事情をよく知るロシア旅行を専門に扱っている旅行会社に依頼したほうがいいだろう。ロシア旅行を決めたら、旅行会社のウェブサイトを見るなり、直接問い合わせをして対応をみるなり、自分に合った旅行会社選びを進めよう。

◆ 予約はいつするか

ゴールデンウイークや夏休み、クリスマスから年始めは、ロシアでも観光客で混雑する。シベリアでは、初夏から夏の時期など観光シーズンはたいへん混み合う。また近年中国人観光客が爆発的に増加しているので、常にホテルは不足気味である。そのため、予約を始めるのは早ければ早いほどいいが、あえて目安を示すならば、特に上記の時期に旅行するには3ヵ月前には予約を開始したい。

◆ 旅行の予算について

旅行会社に依頼する前に、まずは出発日と帰国日、大まかな総予算ぐらいは決めておいたほうがいいだろう。その後旅行会社と相談しながら予算は決まっていくと思うが、予算を抑えたいなら旅行会社にすすめられるままではなく、自分の旅に何が必要なのか、よく考える必要もある。

通常バウチャー作りに最低限必要なのは、日本からの往復航空券と現地での宿泊、都市間の移動手段の予約だ。

そのほかの旅行手段、例えば近郊への日帰り旅行のためのバスや近郊電車の切符などは予約の必要はない。現地でなら非常に安価に切符が買える。しかし自分で切符を買ったり、地元の人に交じって交通機関を使う自信がないという人は、バウチャー作成時にエクスカーション（貸し切りの車での小旅行）を予約していくこともできる。

また空港とホテル間のトランスファー（送迎）などもオプションでの予約となる。本書を参考に自力での移動ももちろん可能だが、ロシアに着いた当日だけでもトランスファーを付けておけば、大きく心の余裕もできるだろう。

◆ ビザの取得代行

ロシアの領事館は、東京など限られた都市にしか設置されていない。また自分でビザを取得する場合は、最低でも2回領事館に足を運ばなければならない。特に7・8月中のビザ申請は朝から長蛇の列になり、窓口に並ぶ必要がある。

旅行会社はビザ手数料の実費のほかに5000〜1万円の手数料でビザの取得代行をしており、住居が領事館から遠い場合や

ロシア旅行のルート作りのポイント
①日程とルートに余裕をもつ
②同日乗り継ぎは避ける
③帰国前日は搭乗予定便の出る都市で宿泊

日程とルートに余裕をもつ

旅にトラブルはつきもの。航空路線も欠航となる可能性がある。短い日程で毎日移動するルートでは、1ヵ所でトラブルが起きると先々の予定が全部狂ってしまう。滞在する都市を絞りそれぞれ2〜3泊ずつする日程であれば、トラブルで遅れが生じても最低限の日程変更で修正できる。

帰国前日は搭乗予定便の出る都市で宿泊

別の町からの移動には悪天候や機体の故障など、思いもよらないトラブルが起こる可能性もある。そのため帰国の前日は、乗り遅れなどがないよう搭乗予定の便が出る都市で宿泊すべきである。モスクワから東京への便は毎日飛んではいるが、空席がなければ翌日の便にも搭乗できない。その結果ビザの期限切れ、滞在延長の出費など、問題が山ほど生じる可能性がある。

旅行会社を通せば、現地の体験ツアーの手配をしてくれる。写真は手づくりペリメニ教室

ウラジオストク駅の切符売り場

パスポート

海外渡航をする人に国籍や身分を証明する公文書。日本からの出国時や、外国への入国時に絶対に必要。住民登録をしている各都道府県のパスポート申請窓口に必要書類を提出して申請する。

申請に必要な書類
①一般旅券発給申請書1通
②戸籍抄本または謄本1通
※発行日から6ヵ月以内
③写真1枚　縦45mm×横35mm。
④身元を確認するための書類

受け取りに必要な書類
①旅券引換書
②発券手数料
5年用：1万1000円
10年用：1万6000円
※20歳未満は、5年用のみ取得可能。

パスポートに関する情報
各都道府県の申請窓口所在地やパスポートについての最新情報は外務省のホームページ内、渡航関連情報を参照のこと。
URL www.mofa.go.jp/mofaj/toko/passport

パスポート受取りまでの日数
申請場所により、パスポート申請から受取りまでの日数は異なる。東京都の場合は6業務日。遅くとも10業務日ぐらい。スケジュールに余裕をもって申請しよう。

ロシアの入国に際して
ロシアに入国する場合は、パスポートの有効残存期間が、ロシア出国期限より6ヵ月間以上必要。またビザ申請の際に、査証項目で少なくとも見開きで2ページ以上の余白が必要となる。

仕事で都合のつかない人などは利用のメリットがある。

もちろん自分でできる人はやってみよう。大使館や領事館へ行くと、その国のお国柄がうかがえるかもしれない。

◆ 交通手段の情報を入手しておく

あらかじめどのような交通手段があるのかわかっていれば日程も組みやすいし、「この日のこの便を」と旅行会社にリクエストすることも可能だ。

鉄道時刻表はダイヤモンド・ビッグ社から『ヨーロッパ鉄道時刻表』が発売されている。これでヨーロッパ圏のロシアの鉄道に関して概略がつかめる。またインターネットのロシア国鉄のウェブサイト（URL www.rzd.ru）では時刻表も検索できる。

ロシアにはアエロフロート・ロシア航空ほかいくつかの航空会社があり、ウェブサイトで時刻表を確認できる。また各空港のウェブサイトからも定期便の発着状況を知ることができる。

◆ 出発の前に

近年は、予約などもインターネットで確認できるので、現地ではバウチャーを示さなくてもいい場合が多くなった。しかしまだバウチャーと引き換えに切符をもらうような場合もあり、現地でのバウチャーの扱いについては依頼した旅行会社に十分確認しておこう。また必要がないと言われても、万一のためバウチャーのコピーは持参するようにしたい。

また現地で何かトラブルがあった場合どうすべきか、またその際の連絡先なども事前に旅行会社に確認しておこう。

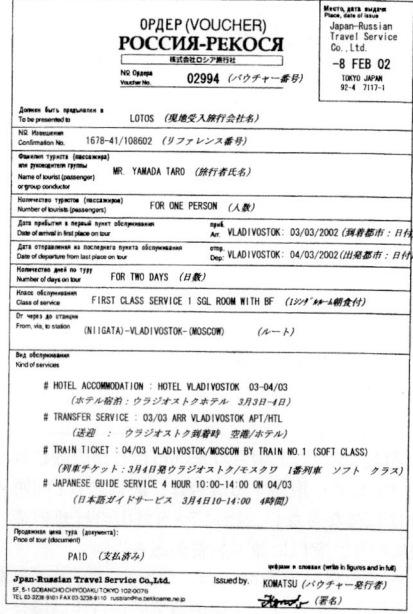

※今回は(株)ロシア旅行社で発行されるバウチャーを見本として使用した。各旅行会社によりバウチャーのフォームが異なる場合がある。

ロシアの旅行手配ができる旅行会社

(株)インツーリスト・ジャパン
〒102-0073
東京都千代田区九段北4-1-14　九段北TL ビル2階
TEL(03)3238-9117　FAX(03)3238-9128
🕘9:30～18:30　休土・日・祝
✉info@intourist-jpn.co.jp
URLwww.intourist-jpn.co.jp

エムオーツーリスト(株)
本店営業本部CIS ロシアデスク
〒105-6115
東京都港区浜松町2-4-1　世界貿易センタービル
15階
TEL(03)5733-5595　FAX(03)3436-2292
🕘9:00～17:30　休土・日・祝
✉cis.info@mo-tourist.com
URLwww.mo-tourist.co.jp/services/russiacis/
index.html

(有)ツーリストシアター
〒104-0054
東京都中央区勝どき4-2-13辻野ビル503
TEL(03)5560-8051　FAX(03)5546-0303
URLwww.touristtheater.com

ジェーアイシー旅行センター(株)
〒160-0004
東京都新宿区四谷2-14-8　YPC ビル7階
TEL(03)3355-7295　FAX(03)3355-7290
🕘9:30～18:00　休土・日・祝
✉jictokyo@jic-web.co.jp
URLwww.jic-web.co.jp

ジャパン・エア・トラベル・マーケティング(JATM)
〒105-0014
東京都港区芝2丁目3-3 芝二丁目大門ビルディン
グ2階
TEL03-6453-9177　FAX03-6453-9224
🕘9:00～18:00　休土・日・祝
URLwww.jatm.co.jp

(株)エイチ・アイ・エス ネイチャーワールド
〒150-0001
東京都渋谷区神宮前4-3-3　バルビゾン7番館2階
TEL(03)5775-0731　FAX(03)5775-0734
🕘11:00～19:00　休年末年始
✉tw-sekaiisan@his-world.com
URLwww.natureworld.jp

(株)大陸トラベル
〒104-0033
東京都中央区新川2-21-10梶谷第一ビル
TEL(03)6222-0580　FAX(03)6222-0551
URLwww.tairiku-travel.co.jp

株式会社ノマド
〒060-0062
札幌市中央区南2条西6丁目8番　一闇ビル2、5階
TEL011-251-1900　FAX011-261-2019
🕘9:00～18:00　休土・日・祝
URLwww.hokkaido-nomad.co.jp

福井旅行株式会社
〒918-8015
福井市花堂南2-16-1
TEL0776-34-5555　FAX0776-34-1116
URLiitb.jp

(株)プロコ・エアサービス
〒105-0014
東京都港区芝1-10-11　コスモ金杉橋ビル2階
TEL(03)6628-6066　FAX(03)6628-6060
🕘9:30～18:00　休土・日・祝
✉info@proco-air.co.jp
URLwww.proco-air.co.jp

北都観光株式会社
〒097-0022
北海道稚内市中央4-5-29
TEL0162-23-3820
URLwww.hoktokanko.co.jp

ユーラシア旅行社
〒102-8642
東京都千代田区平河町2-7-4　砂防会館別館4階
TEL(03)3265-1691　FAX(03)3239-8638
🕘10:00～18:00　休土・日・祝
✉contact@eurasia.co.jp　URLwww.eurasia.co.jp

ユーラスツアーズ
〒108-0014
東京都港区芝5-13-18　いちご三田ビル9階
TEL(03)6453-6632　FAX(03)6453-6630
🕘9:30～17:30　休土・日・祝
✉tokyo@euras.co.jp　URLwww.euras.co.jp

「RTB」ロシア・トラベル・ビューロー
〒105-0013
東京都港区浜松町1-2-11　浜松町鈴木ビル7階
TEL(03)5408-5550　FAX(03)5408-5551
🕘9:30～17:30　休土・日・祝
✉info@rtb.co.jp　URLwww.rtb.co.jp

(株)ロシア旅行社
〒102-0076
東京都千代田区五番町5-1　第8田中ビル5階
TEL(03)3238-9101　FAX(03)3238-9110
🕘9:00～20:00、土9:00～17:00　休日・祝
✉info@russia.co.jp　URLwww.russia.co.jp

ロシアへのアクセス

極東ロシア、シベリア方面の航空会社

アエロフロート・ロシア航空
URL www.aeroflot.ru/cms/ja

S7航空
URL www.s7.ru

オーロラ航空
URL www.uts-air.com

ウラル空港
URL www.uralairlines.ru

日本航空
URL www.jal.co.jp

全日空
URL www.ana.co.jp

成田空港のS7航空の
チェックインカウンター

日本からのフライト

2020年1月現在、日本から極東ロシアやシベリア方面に直行便を運航しているのは、アエロフロート・ロシア航空（SU）やS7航空（S7）、オーロラ航空（HZ）、ウラル航空（U6）。一部路線はアエロフロート・ロシア航空、S7航空と日本航空（JL）の共同運航便になっている。S7航空は、モスクワをはじめノヴォシビルスク、イルクーツクなどロシア東部をおもな拠点とする航空会社で、アライアンスはワンワールド所属。オーロラ航空は、サハリン航空とウラジオストク航空の合併で設立された航空会社。

2020年春から新規就航が計画されているのが、成田・ウラジオストク便の日本航空と全日空だ。なかでもS7と同じワン

極東ロシアとシベリア各都市に
運航しているS7航空

ワールドのメンバーである日本航空は、ウラジオストクを基点にヤクーツクやペトロパブロフスクカムチャッキーなど極東ロシア各地にネットワークを結んでいる。関西国際空港からS7航空、新千歳空港からウラル航空がウラジオストクに運航しているが、今後新規就航や運航便数に変更がありそうだ。

サハリンへの直行便は、成田、新千歳からユジノサハリンスクにオーロラ航空が運航している。

極東ロシア、シベリア方面への直行便

2020年1月現在

ロシアの就航都市	日本の空港	航空会社名	フライト時間
ウラジオストク	成田	オーロラ航空	2時間20分
	成田	S7航空	2時間25分
	成田	日本航空（2020年2月28日から）	2時間25分
	成田	全日空（2020年3月16日から）	2時間15分
	羽田	S7航空（2020年3月29日から）	2時間10分
	関西	S7航空	2時間10分
	新千歳	ウラル航空	2時間10分
ハバロフスク	成田	S7航空	2時間55分
ユジノサハリンスク	成田	オーロラ航空	2時間40分
	新千歳	オーロラ航空	1時間20分
イルクーツク	成田	S7航空	5時間30分
ノヴォシビルスク	成田	S7航空	7時間20分

※2020年夏以降、ウラジオストク線やハバロフスク線の新たな航空会社の新規就航も計画されている。

船でのアクセス

◆ 境港〜東海（韓国）〜ウラジオストクの航路

韓国船籍のイースタンドリーム号が、鳥取県の境港から韓国東海岸の東海経由でウラジオストクまで、通年で運航している。境港からは毎週土曜19:00発、通常のスケジュールではウラジオストク2日後着、冬季は復路のみ3日後朝着。客室はプレジデントスイートからスタンダードルームC（エコノミー）まで、6つのカテゴリーに分かれている。運賃は境港からウラジオストク往復で4万4000円から。

ウラジオストクの国際客船ターミナル「海の駅」に停泊するDFSフェリー

◆ 撫遠（中国黒龍江省）〜ハバロフスクの航路

中国黒龍江省最東端の町、撫遠から船でハバロフスクに入国できる。乗船時間は約1時間。この国境では、電子簡易ビザは発給されないので注意。

◆ 稚内〜コルサコフの航路

北海道稚内国際客船ターミナルからサハリンのコルサコフ港に、サハリン船舶（SASCO）の「ペンギン33」が運航していたのは、2018年夏まで。現在は運休中。再開は未定。

陸路でのアクセス

中国から極東ロシアやシベリア方面に鉄道や自動車道を通じて入国できる場所がある。以下の2ヵ所は、中露両国人同様、日本人も入国できる。

◆ 琿春（中国吉林省）〜クラスキノ〜ウラジオストク

中国吉林省最東端の町、琿春からバスでロシアに入国できる。この国境は現状では電子簡易ビザは発給されないため、日本でビザを取得しておく必要がある。ロシア入国後、ウラジオストクまでバスで所要約5時間。

中国吉林省琿春のロシア行き国境ゲート。乗客はいったんバスを降り、出国手続きをする

◆ 綏芬河（中国黒龍江省）〜ポグラニチヌイ〜ウスリースク

中国黒龍江省の綏芬河から鉄道やバスでロシアに入国できる。ロシア側の町はポグラニチヌイ。ウスリースクまで直行する国際バスもある。鉄道で入国の場合、電子簡易ビザが発給される。

DBS クルーズフェリー
📮〒684-0034
鳥取県境港市昭和町9-23
境港国際旅客ターミナル内
📞(0859)30-2332
🔗www.dbsferry.com/jp

境港国際旅客ターミナル

〔往路〕
境港発 19:00（土）東海着 9:00（日）
東海発 14:00（日）ウラジオストク着 15:00（月）
〔復路〕
ウラジオストク発 14:00（水）東海着 10:00（木）
東海発 18:00（木）境港着 9:00（金）
（季節により発着日時に変動あり）

DBSフェリー・ウラジオストク支社
📮Морской Вокзал
国際客船ターミナル「海の駅」内
📞230-2704

中国黒龍江省撫遠のイミグレーション。ここから出国手続きをすませ、船に乗る

ウスリースクのバスターミナル発の中国行き国際バス

中国黒龍江省綏芬河駅。ここからロシア行き国際列車が発車する

入国と出国

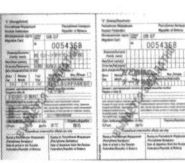

ロシアの出入国カード

無申告で持ち込める嗜好品の範囲（18歳以上の場合）
●3ℓ以内のアルコール飲料
●200本あるいは250g以内のたばこあるいは50本以内の葉巻

持ち込みや持ち出し禁止物の例
機密情報、武器、麻薬、放射性物質、毒物、人体の一部、ある種の動植物、文化的価値があるものなど。

税関申告書
申告すべきものが物品のみの場合は、一般記入用紙2枚に必要事項を記入して提出する。1万US＄相当以上の所持金がある場合は、さらに追加記入用紙2枚に記入して、計4枚を提出する。その場で記入するのは大変だし、英語版の用紙があるとは限らないので、申告が必要な人は用紙をダウンロードして、あらかじめ記入しておいたほうがよい（ＵＲＬeng.customs.ru/images/stories/site_content/files/english.pdf）。

ロシア連邦税関
ＵＲＬeng.customs.ru

中国黒龍江省綏芬河駅からロシアのグロデゴヴォに向かう乗客

ロシア入国

ロシアの入国手続きは、欧米やアジア諸国などで入国する場合と基本的に同じ。また飛行機や鉄道、船などといった入国方法による手続きの違いはない。

◆ 入出国カードと電子ビザ

入国手続きにはパスポートとともに入出国カードが必要。電子簡易ビザが発給される極東ロシアの各空港での入国審査は、事前に記入した入出国カードと電子ビザの申請後にロシア大使館からメールで送られてきたe-visa notification（電子ビザ通知書）をプリントアウトした紙を渡し、審査後に入国スタンプの押されたパスポートと入国カード部分が切り取られた出国カードを返してもらうと完了。この出国カードはロシア滞在中、パスポートとともに常に携帯しておく必要がある。

◆ 空港での入国手続き

まずヘルスチェックだが事実上フリーパス。次いで入国審査（Паспортный Контроль）でパスポート（と入出国カード）を提示する。パスポートには入国スタンプが押され、切り取られた半分の入出国カードとともに返却される。審査が終わったらターンテーブルで預けた荷物を受け取り、次は税関検査である。

◆ 税関検査

税関（Таможня）は、申告なしの緑色コーナー（Green Channel/Зелёный Коридор）と、申告ありの赤色コーナー（Red Channel/Красный Коридор）に分かれている。

所持金が1万US＄相当以下で申告すべき物品がない場合は、緑色コーナーを通って外に出ればいい。ただまれに呼び止められて、荷物や所持金の検査が行われることもある。

申告すべき物品があったり、1万US＄相当以上の所持金がある場合は、所定の税関申告書（Таможенная Декларация）に記入し、赤色コーナーで検査を受ける。

◆ 列車で入国する場合

手続きは飛行機で入国する場合と同様だが、列車でのロシア入国はよりシンプルだ。国境駅で停車したあと、たいてい入国審査官と税関員が車内に乗り込んできてチェックをする。入出国カードが切り取られ、パスポートにスタンプが押され、荷物を軽くチェックされてそれで終了というパターンが多い。

◆ バスで入国する場合

バスで国境を越える場合、基本的には国境の検問所で乗客全員が下車し、出入国手続きと税関検査を受けることになる。手続きの内容自体は空港などから入国する場合と変わりない。手荷物検査もあるが、バスのトランクを開けるだけの簡単なチェックであることが多い。

◆ 船で入国する場合

船で国境を越える場合も、上陸後、国境の検問所で乗客全員が下船し、入国手続きと税関検査を受けることになる。手続きの内容は空港やバスで入国する場合と変わらない。

中国吉林省琿春からロシアのスラビヤンカに向かう国際バスの表示

中国黒龍江省黒河からロシアのブラゴヴェシチェンスクに向かう船

ロシア出国

空路で出国の場合は、出国手続きには時間がかかるので、当日は遅くても出発予定の2時間前までに空港に到着しておこう。空路の場合、まず最初にチェックイン、次いで税関検査、手荷物検査、そのあとに出国審査を経て搭乗となる。

◆ 出国時の税関検査

カウンターでチェックインの後、申告のない人は緑色コーナーを通る。まれに抜き打ち的に検査が行われることもある。規定の物品のほか、所持金は1万US＄相当未満は無申告で持ち出せるが、それ以上は入国時に税関申告をした場合のみ持ち出すことができる。次はボディチェックと手荷物検査。この際もポケットの小銭や時計などはもちろん、オーバージャケットや、靴も脱いで検査されることもあるので覚悟しておくほうがいいだろう。

◆ 出国審査から搭乗まで

手荷物検査を通ったら、イミグレーションの出国審査でパスポートと残り半分の入出国カード、搭乗券を提示する。パスポートに出国スタンプが押されて、搭乗券とともに返却され出国審査は終わり。残り半分の入出国カードはここで回収される。

搭乗時刻に遅れないよう、ゲートへ向かおう。

出国時の税関申告

申告するものがある場合は、新たに税関申告書を1枚（物品のみの場合。一般記入用紙）もしくは2枚（物品と所持金または所持金のみの場合、一般記入用紙と追加記入用紙）記入し、入国時にサインとスタンプをもらった税関申告書とともに税関に提出する。

持ち出し制限のあるもの

資源保護の立場から、キャビアはひとり250gが持ち出し限度になっている。購入店の領収書が必要で、数量オーバーや領収書がない場合は没収される。

美術品やアンティークなどは、購入の際に国外持ち出し可能か否かを必ず確認し、証明書（スプラーフカ）も付けてもらうこと。

ウラジオストク空港ではロシア語、英語、中国語などの多言語表示

出国手続きを済ませると免税店がある（ウラジオストク空港）

ロシアの旅の実際

ホテルスタッフは親切で優しい

バウチャーは手元に
バウチャーは、まれにロシア入国の際に入国審査で提示を求められることがあり、また地方の空港などでも提示を求められることがある。バウチャーはトランクなどの機内預け荷物にしまい込まず、手荷物内に持参しておいたほうがいいだろう。できればコピーも数枚取って分散して保管しておこう。

パスポートは肌に着けて携帯しよう
日本と同じ感覚でパスポートをポケットや手提げに放り込んでいると、それは盗んでくださいと周りに公言しているようなもの。異国でパスポートを失うと、非常に深刻な事態に直面することになる。また盗まれたパスポートも闇社会に持ち込まれ、犯罪に利用されることになる。パスポートは服の内側に隠れる貴重品入れなどに着装し、決して盗まれないように気をつけよう。

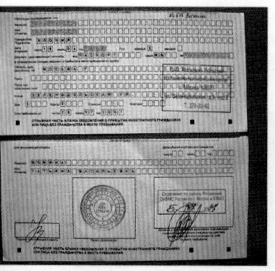
滞在登録の半券

ロシア旅行といえども、通常の海外旅行と何ら変わるところはない。ただし、ロシア独自の制度も確かに存在するので、その知識は事前に頭に入れておいたほうがいい。

バウチャーの使い方

バウチャーの形式は発行する旅行会社により異なる。全日程の予約内容をホテルと交通機関とに分けてあるもの、あるいは都市ごとに分けてあるものなど、さまざまな形式がある。

昨今は、ロシア国内の航空券、鉄道切符もバウチャーとは別に日本出発前に旅行者に手渡しできる旅行会社が多い。このため、現地でバウチャーと交換に切符を受け取る旧来のシステムは少なくなっている。しかし日本の旅行会社によってはロシア国内の切符の発券ができず、バウチャーのみを旅行者に渡すところもある。バウチャーの使い方については、出発前に日本の旅行会社で確認しておく必要がある。

パスポートの携帯義務

ロシアでは、外国人観光客も常にパスポートを携帯するよう義務づけられている。パスポートは、ホテルにチェックインしたときなど、後述の滞在登録のために一時的にフロントに預けることになる。その後パスポートを引き取るのを忘れ、パスポートを携帯せずに外出して、警官の職務質問に遭い拘束されたという例もある。

日本ではパスポート携帯など必要ないが、国が違えば制度も違ってくる。ロシアでは、パスポートの携帯を忘れないよう注意しよう。

滞在登録（到着通知）について

◆ 滞在登録とは？

滞在登録（レギストラーツィア Регистрация）は、文字どおりロシアに滞在する者がロシア当局に対して行わねばならない登録のこと。制度自体が、外国人全員をスパイと見なして監視下においていたソ連時代の遺物のようなもので、あいまいでわかりにくい時代遅れな制度である。

と聞いて「何をしなければならないのだろう？」と心配になる人もいるかもしれないが、一般の観光でロシアを訪れる場合、滞在登録の手続きは宿泊するホテル側がすべて行い、観光客が自分でしなければならないような手続きは一切ないので、安心

してほしい。

◆ 滞在登録の仕組み

2007年より名称は「到着通知」というようになったが、一般的には旧名称の「滞在登録（レギストラーツィア）」と呼ばれることが多いので、ここでもそのように扱う。

滞在登録は、チェックイン時にパスポートを提示した際に、ホテル側が登録手続きを行う。その後、登録用紙の半券がホテルから宿泊客に手渡される。この半券は、もし何かの機会に証明を求められたとき、登録をしたという証になるので、ロシアを出国するまで大切に保管しておこう。地方のホテルでは、前の宿泊先の滞在登録がないと宿泊を断られることがあるので、半券は必ず保管しておくこと。

自由旅行は可能？

ロシアの観光ビザを取得するためには、たとえどのような場合でも「旅行確認書」と「バウチャー」は必要である。ただ昨今は、厳密な予約なしでもこの「旅行確認書」と「バウチャー」を発行している旅行会社がある。ロシア領事館も現状ではこうした書類でも受領しているようで、ロシア語のできる人やロシアを旅慣れた人にとっては便利といえるかもしれない。

またインターネットでロシアにあるホステルを予約し、ビザ取得に必要な「旅行確認書」と「バウチャー」を送ってもらってビザを取得する方法もある。通常、予約して料金を支払った日数以上の期間のバウチャーを発行してくれるので、その間自由旅行が可能ということになる。ホステル側とのやりとりは英語になるだろうし、支払いの面などでも自分の責任においてしなければならないことは多いが、トライする価値はある。

滞在登録の問題点

ホテルが宿泊客の滞在登録の書類を作成するのに、長時間かかる場合がある。そのため、滞在登録の証となる半券なしに過ごさなければならない期間が生じることがある。そんな空白期間に運悪く警官の職務質問に遭ってしまい、それが不良警官だったりすると賄賂を要求される可能性もある。

ホテルでこの点を確認すると、そのような場合はホテルの宿泊カードを見せればよいと言われることが多い。不良警官の被害に遭いそうな場合は、ホテルなり日本大使館、領事館なりに連絡しよう。

ホテル以外に泊まる人は？

ロシアでレンタルアパートや、友人宅などホテル以外の場所に8労働日以上（土・日、休日を除く）滞在する場合、到着後7労働日以内に滞在登録を行う必要がある。この手続きはアパートや住宅の所有者が、外国人宿泊者のパスポートと入出国カードを持って郵便局もしくは移民局で通知手続きを行う必要があり、外国人宿泊者自身ではこの手続きはできない。

✉ 読者投稿

ユジノサハリンスクのホステル

ユジノサハリンスクの「ホステル65」をおすすめします。ドミトリーで、男女の部屋の区別はあります。NHK BSも視聴できますが、日本語は通じません。　（岡山県　田邊知人　'18.10）

ハバロフスク駅の荷物運びに注意

ハバロフスク駅で荷物運びのぼったくりに遭った。旅行者に「荷物を持ってあげる」と声をかけ、線路を1本またいだだけで相当なお金を要求してくる。望まない場合は、スーツケースから手を離してはいけない。（東京都　佐藤しおり　'17.2）

ハバロフスク空港のタクシーに注意

ハバロフスク空港に飛行機で着いて、タクシーの呼び込みに捕まってしまいました。近くにいた空港の人に確認しても「その人について行け」と言う感じで、調べる間もなく強引にスーツケース

を持って行かれたのですが、1000Pくらいかかりました。ロシアにもUberのような配車アプリがあったのを現地で知り、利用したのですが、それがとても便利で、おすすめです。ウラジオストクのドラッグストアでお目当てだったナチュラシベリカの商品をたくさん買いました。シャンプーとコンディショナーはふわっとした仕上がりの印象で、ハンドクリームの使用感はとてもしっとりしました。ほんのいい香りがします。

（東京都　S　'18.11）

極東ロシアおすすめみやげ

滋養強壮の効果で知られるトナカイの角からとったエキスを利用したヤクーツクのマッサージクリームはおすすめ。老化防止や疲労回復の効能もあります。ほかにもカムチャツカ半島と取れたミントと竹墨で消臭効果が高い歯磨き粉はいいです。（東京都　Y　'18.12）

国内の移動（飛行機）

ウラジオストク航空のロビー

ロシアの主要航空会社

アエロフロート・ロシア航空
URL www.aeroflot.ru

S7航空
URL www.s7.ru

ウラル航空
URL www.uralairlines.com

ヤクーツク航空
URL www.yakutia.aero

オーロラ航空
URL www.flyaurora.ru

ヤクーツク航空の客室乗務員と
キャプテン

SUとS7が2大キャリア

　ロシアの航空会社は、成田～モスクワに直行便をもち、スカイチームに所属するアエロフロート・ロシア航空（SU）が最大手。モスクワのシェレメチェヴォ国際空港をハブとし、国際線からロシア国内線への乗り継ぎの便もよい。また2番手がワンワールドに所属するS7航空（シベリア航空、S7）で、モスクワのドモジェドヴォ国際空港およびノヴォシビルスクのトルマチェヴォ空港をハブにしている。アエロフロートを上回る国内線のネットワークを有し、極東～日本間の国際線も運航している。

極東ロシア線のミールは
サンドイッチ（S7航空）

　ロシアは日本の約45倍の国土をもっている。そんな広大な国を限られた時間で旅するなら、飛行機を利用する機会も当然多くなる。鉄道がないシベリアの東部のヤクーツクやカムチャツカ半島などへは、事実上飛行機が唯一の交通手段である。

ロシアの航空会社

　ロシアの航空会社は、旧国営のアエロフロート・ロシア航空のほか、そこから分離独立したS7航空、UTエアー、ウラル航空、ヤクーツク航空、オーロラ航空などの航空会社が数十社あり、主要路線では数社が競合する状況にある。

　飛行機はかつてはイリューシン、ツポレフなどロシア製が使われていたが、現在ではボーイング社やエアバス社の飛行機が主流になっている。

成田からユジノサハリンスクに運航している
オーロラ航空

飛行機の使い方

◆ 飛行機の運航について

　スケジュールは通常現地時間で表示されるが、シベリアなどで利用する場合はモスクワ時間でないか必ず確認すること。

　またロシアの空港には発着規制がないので、空港は原則として24時間オープンである。そのため、深夜、早朝に発着する便もあるので、予約の際には注意が必要。また国際線と国内線でターミナルの場所が完全に分かれている空港もある。飛行機を乗り継ぐ際は、時間に余裕をもって計画を立てたい。

◆ 航空券の入手

　日本で手配が完了した時点で、eチケットが発行される。受け取ったら氏名、便名、出発日時などの確認を忘れずに。昨今のテロ対策から、国内便でも氏名などがパスポートの綴りと異なると搭乗を断られる。不明な点は旅行会社に相談すること。

　また航空券は、現地の航空会社のオフィスや市内の旅行会社でも購入できる。購入の際にはパスポートが必要。最近はロシアでもインターネットでの航空券購入が容易になり、日時によって異なる料金を比較して購入できるようにもなっている。

ハバロフスク空港のチェックイン
カウンター

ロシアでは預け荷物をビニール
シートで巻くサービスは一般的

チェックインから到着まで

◆ チェックイン

ロシアでは国内線、国際線ともチェックインは2時間前に始まることが多い。道路渋滞などの心配もあるので、空港へはなるべく早めに着くことを心がけたい。

最近はどこの国でも同じだが、空港に入る際にも荷物の検査およびボディチェックがあり、かなり厳しい。金属類は非常に敏感に反応するので、あらかじめ体から外せるものは外しておいたほうがいいだろう。靴も脱がされる場合がある。また、一時的に財布や携帯電話を置いてX線検査を受けなければならないこともあるが、貴重品からは決して目を離さないこと。

◆ 機内預け荷物について

ロシアでは荷抜きなどの被害が多いので、預け荷物には貴重品を絶対に入れないこと。荷物にはしっかり鍵をかけ、開けにくくするなど自衛手段も必要だ。

チェックインカウンター近くには、荷物をビニールシートでぐるぐる巻きにしてくれるサービス（500P程度）もある。これは荷物の汚れ防止にもなる。ロシア人の乗客も、多くが荷物をテープでぐるぐる巻きにして預けている。

クレームタグはなくさないこと。空港によっては、到着時に荷物を受け取る際に提示を求められることもある。

◆ 搭乗

チェックイン後、空港によってはボディチェックと手荷物検査をもう一度受け、あとは搭乗まで待合室で待つ。搭乗はバスで移動することが多い。なお搭乗の際、もう一度搭乗券とパスポートの提示が求められる。

機内食は、近距離路線であれば飲み物とパン、長距離路線であれば本格的な食事が出ることが多い。モスクワ～ウラジオストク間など、2度も本格的な機内食が出される路線もある。国内線では酒類は提供されない、あるいは有料が一般的。

◆ 到着後

飛行機が着陸すると、そのまま滑走路に降ろされ、バスに乗り込むのが一般的。到着の際はこれといった手続きはないが、荷物を預けている場合は、荷物が出てくるのを待たなければならない。

最近は主要空港では早くなったが、1時間程度待たされることもある。ターンテーブルに出てくるのが一般的だが、地方空港では、ダンプカーのようなトラックで運んできた荷物をそのまま受け取る場合もある。もし荷物が届かなかったり、何らかの被害を被った場合は、空港の係員にその旨を伝え、手続きを受けること。

到着ロビーのタクシーカウンターを
利用すると便利(ハバロフスク空港)

遅れと欠航の対処法

ロシアの国内線を利用する場合、地方空港とを結ぶ路線や厳冬期など、便が遅れたり欠航したりする可能性もある。1～2時間の遅れならともかく、半日くらい遅れることもあり、バウチャー旅行をしている場合日程がすべて決められているため、遅れや欠航は一大事である。

予定どおり旅行を続けられないことが判明したら、すぐに日本の旅行会社に連絡を入れること。もし日本が休日や深夜で連絡が取れない場合は、現地の受け入れ先の旅行会社に連絡しなければならない。

その日のうちに飛行機が飛ばない場合は、補償として航空会社がホテルを手配することもあるので、航空会社の職員に問い合わせよう。

ホテルについて

ロシア観光ではホテルに宿泊するのが一般的ではあるが、ホステルやB&B、ホームステイなどのオプションもあり、旅行会社を通せばこれらの宿泊施設を利用できる。

滞在登録

近年は滞在登録の手続きも簡略化され、パスポートもチェックインの際にコピーを取られるだけで、すぐに返却されることが多くなった。また個人手配で宿泊する場合、こちらから頼まないと滞在登録がされない場合がある。チェックインの際に滞在登録手数料を請求されない場合は、滞在登録をしていない可能性があるので、必ず確認すること。

滞在登録の証明書

滞在登録をすると、滞在登録の証明書(この証明書も「レギストラーツィア」と呼ばれる)が発行される。ほとんどの場合、プリンターから印刷されたA4の用紙にスタンプを押し、その3分の1を切り取って宿泊客が受け取ることになる。滞在登録の発行には少し時間がかかるので、最低でも1〜2時間、場合によっては翌朝まで待たされることもある。

設備とサービス

ホテルの部屋の種類は、スタンダード（Стандартный）とセミスイート（Полулюкс）、スイート（Люкс）と大別される。

ホテルのフロントは英語でレセプション、あるいはロシア風にアドミニストラーツィヤ（Администрация）などと書かれている。宿泊客にとってはチェックイン、チェックアウト、外出時のカギの受け渡しなどをするところである。また宿泊客の滞在登録手続きを行ったり、パスポートの管理をしている。

チェックインからチェックアウトまで

ホテルに着いたら、チェックインのためにフロントでパスポート、入出国カード、バウチャーを提出する。近年はバウチャーの提示は省かれることも多い。

チェックインの際、滞在登録（レギストラーツィア）手続きのため、パスポートと入出国カードはホテル側が一時預かることになる。このためチェックイン直後はパスポートが手元にないことになる。すぐに観光に出たい気持ちもあるだろうが、パスポート不所持のまま外出すると警官に職務質問された際に問題になるので、パスポートが返却されるのを待とう。Wi-Fiはほぼ無料で使えるので、部屋に向かう前にパスワードを確認しておこう。

ロシアのホテルでは、宿泊客がアイロンがけできる専用の部屋がよくある

ホステルに宿泊する場合

ロシアにもドミトリー形式の宿泊施設、いわゆるホステルがあり、外国人観光客も宿泊できる。

まずはロシアのホステルのウェブサイトにアクセスしてみよう。たいていビザサポートに関するページがあり、ロシアのビザ取得方法の説明が英語で書かれている。そこにある説明をよく理解したら、送信フォームあるいはメールで必要なデータを送信する。観光ビザの場合、日本でのビザ取得に必要なロシア側からの書類は、旅行確認書（あるいは招待状 INVITATION）とバウチャー（VOUCHER）のふたつ。規定が変わりやすいので大使館領事部あるいは領事館で事前に確認のこと。これらをホステルから送ってもらい、日本で揃える必要書類とともに提出してビザを取得する。

キッチン付きのホステル
（ウラジオストク）

食事とレストラン

ロシアの食事について

　伝統的には帝政ロシア時代にフランス料理を取り入れたことでロシア料理は形成されたが、広い国土や寒冷な気候、多民族国家としての各地域の特色ある味覚が加わるなど、その種類は多種多様である。味つけの特徴としては、ソースやクリームを使い、刺激の少ないまろやかなものが多く、日本人の口に合う。ロシア人は夏はダーチャで自家製野菜をつくり、秋はキノコ狩りでマリネや酢漬けにする習慣があり、野菜を豊富に使うのも特徴だ。

　一方、ロシア人にとって南方のコーカサス地方は南欧のような存在で、豊かな食材によるスパイシーな料理をワインと一緒に味わえることから全国的に人気。どんな小さな町でも中央アジア料理店が多いのはそのためだ。

レストランの種類

◆ レストラン Pecтopaн

　ロシアで食事ができるのは、レストラン Pecтopaн やスタローヴァヤ Столовая（食堂）、カフェ Кафе、バー Бар など。レストランの種類は多く、本格的なロシア料理の店から中央アジアのジョージア（旧グルジア）料理、ウズベキスタン料理など、さらには日本海の海鮮が豊富なことからシーフードレストランも増えている。近隣アジアの中国や韓国、そして日本食のレストランも多い。食の世界が想像以上に豊かで多様なのが、現在の極東ロシアの食のシーンといえる。レストランで予算は一品が日本より少し安い感じ。

　人気のレストランの場合、特に週末（金・土）は予約でいっぱいのことが多い。予約は電話やネットでできればいいが、ロシア語となるとちょっとハードルが高い。この際、どうしても行きたい店はなるべく早めに行って空くのを待つくらいの覚悟でいよう。地元の人たちもそうしている。

◆ 食堂スタローヴァヤ Столовая

　町の食堂「スタローヴァヤ」はビュッフェ式で料理を見ながら好きなだけ選べるので、ひとり旅でも気軽に利用できる。メニューの中身も庶民的でリーズナブル。コーヒーや紅茶、ドリンク類も豊富なので、ランチに利用するといい。利用法は、トレイに好きな料理を並べ、レジで精算するだけだ。

ロシア語のメニューが読めなくても注文できる

極東ロシア特有の食材を生かした味覚

　極東ロシアは日本海に面し、タイガの森に囲まれていることから、海や森の食材に恵まれている。これらはもともとこの地の先住民族が食していたものだが、それを食材として大胆に取り入れ、オリジナルな食の世界「パシフィック・ロシア・フード」（→P.27）をつくり出そうとしている。

ドレスコード

　一部の人気高級レストランでは、地元の人たちがドレスコードを守っていることもあるが、観光客にはそれほど気にすることはない。

喫煙について

　ロシアでは、公共の場所はすべて屋内では禁煙。レストランやバーも同様。店の外に喫煙スペースがあり、愛煙家のたまり場となっている。

支払いについて

　レストランでの支払いは基本的にテーブルチェック。食事が済んだらスタッフを呼び、精算してもらう。クレジットカードはVISAやMASTERは多くの店で使えるが、JCBやAMEXは使える店がまだ少ない。スタローヴァヤやカフェでは、注文をレジで行うセルフサービス式が基本。注文したときに支払いを済ませ、終わったら席まで自分で料理を運ぶ。

エンターテインメント

ウラジオストクのマリンスキー劇場

●劇場の前では「自分が見に行けなくなったので誰か買ってください」といった素人？のダフ屋もいる。買う場合は自己責任で。

マリンスキー劇場のチケット売場。当日券が買える

●外国人観光客がよく訪れる劇場では、混雑するセキュリティチェック時や、服や荷物をクロークに預ける瞬間を狙ったスリ、置き引きが横行している。劇場にはなるべくグループで出かけ、お互いの持ち物に配慮し合うなどの注意が必要。

開演前にビュッフェで過ごすのも楽しい

チケットの入手

　劇場チケットはインターネットでの購入が主流となっている。人気公演の場合チケットはすぐ売り切れてしまうので、観光で訪れる際に見たい公演があれば事前にネットでチケットを購入しておくべきだろう。ただし劇場によっては、ネット予約の際にロシアで使える電話番号やSMSでパスワードを受け取るためのロシアの携帯電話番号が必要となる場合がある。ウラジオストクのマリンスキー劇場は、日本からでも購入可能だ。

　まずは劇場のウェブサイトにアクセスしてみよう。リンクに公演スケジュールのページがあり、たいていチケットの有無が示されている。一般的な手順は、まず簡単な登録をし（SMS経由で登録できる場合もある）、画面から席と枚数を選んでクレジットカードで支払いを済ますと、eチケットが送られてくる。これを印刷したものがチケットとなる。あるいは予約確認書などを印刷し、現地でチケットと引き替えるという場合もあるので、購入の際には内容をよく確認しよう。

　現地では劇場の窓口（カッサ）などでチケットが購入できるが、ロシア語が話せないと希望どおりのチケットを購入するのはなかなか難しい。事前に演目や日時などをロシア語で書いたメモを用意して見せれば、購入の助けになるだろう。

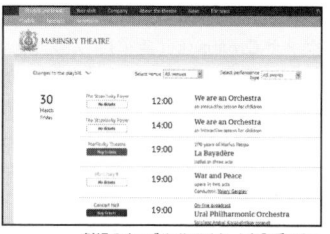

劇場のウェブサイトでチケットを入手できる

公演時間

　公演は基本的に夜19:00から。少なくとも30分程度は早めに劇場に着いておこう。入口でセキュリティチェックのある劇場もあり、公演直前は混雑する。またコートや大きな荷物はクロークに預けなければならない場合が多い。

　公演時間だが、演劇やバレエは3時間程度で終わるのが一般的だが、オペラでは5時間を超えるものもある。1時間〜1時間30分に1回程度は休憩があるので、途中で抜けて帰る場合は休憩時に。また劇場内のビュッフェでは飲み物やちょっとした軽食が売られていて、休憩時間に食べることもできるが、値段は町なかより少し高め。ヨーロッパの劇場では、日本の歌舞伎座のように劇場内で弁当を食べる風習はないので、先に夕食を済ませておいたほうがいいだろう。

座席の種類

ボリショイ劇場などの大劇場の場合、座席にもさまざまな種類がある。もちろん、それぞれ座席によって舞台の見え方も値段も違う。代表的な座席の種類は以下のとおり。

◆ パルテール Партер

舞台の真正面の1階席のこと。当然ながら舞台にいちばん近く、見やすいが、後ろのほうだと前に座る人がじゃまになって見えにくいことが多い。値段も高く、後ろのほうが前より若干安いことが多い。

◆ アンフィチアートル Амфитеатр

1階後方の階段席。パルテールの後方に当たる。舞台からは遠いが、階段状になっているため、どの座席からもよく見える。また桟敷席が設けられていることもあり、ベヌアール（Бенуар）と呼ばれる。

◆ ベリエタージュ Бельэтаж、バルコーン Балкон

円形状になった上階席の、2階席をベリエタージュ、3階席以上をバルコーンと呼ぶ。3階がバルコーン1階（1 ярус）、4階がバルコーン2階（2 яруса）と数え、ちょっとややこしい。6人くらいのボックス席になっていることもある。座席は2〜3列あるが、劇場によっては最前列以外はよく見えず、公演中ずっと立っていなければならない。値段はもちろん、舞台から遠く（見えにくく）なるほど安くなる。

◆ 座席の選び方

舞台をしっかり鑑賞したいなら、やはりパルテールの前のほうがいいだろう。また大劇場で演劇を鑑賞する場合、後ろのほうだとセリフが聞こえにくいという難点もある。劇場内の雰囲気を味わいたいなら、1階席より上階席のほうがよい。一般的に、パルテールの前のほう、およびベリエタージュ、バルコーンの最前列というのが人気席になり、値段も高い。一方、バルコーン最上階の後ろのほうの座席などは、舞台は見づらいものの値段はかなり安く、学生がよく座っている。

窓口でのチケットの買い方

ロシア語に自信のない人は日時や演目などを紙に書いて見せたほうがよい。カッサは販売員との間に仕切りがあり、声が伝わりにくいことも多い。また混雑している場合、後ろの客が横から入ってくることもある。カッサが空いているタイミングを狙い、基本的なことは紙に書いて見せ、口頭で補うというのが無難な方法だ。

以下、ロシア語を少しかじった人のためのアドバイス。「〜のチケットが欲しいのですが」は、「Я хочу купить билет на 〜」か、もう少していねいに言うと「Я хотел(а) бы купить билет на 〜」。チケットは1枚なら単数主格、2〜4枚なら単数生格（два билета）、5枚以上は複数生格（пять билетов）。「〜の」の前置詞は「на」。続けて今日（сегодня）、明日（завтра）、演目（対格 “Чайку”）、日付（日にち、月の順。日にちは中性主格、月は生格）などを言う。つまり「6月4日のチケットを3枚欲しいのですが」なら、「Я хотел(а) бы купить три билета на четвёртое июня.」のようになる。

希望の座席も、同じように伝えればよい。「1階席が欲しいのですが」は「Я хотел(а) бы партер.」、「2階席またはバルコーンの、最前列が欲しいのですが」なら、「Я хотел(а) бы бельэтаж или балкон, первый ряд.」のような感じで言えば伝わる。文法的に多少間違っても、相手が聞き取れれば通じるので自信をもって。

ウラジオストクのマリインスキー劇場のウェブサイト（URL prim.mariinsky.ru）

席によって見え方は違う

バレエ鑑賞ガイド

はじめに

◆ヨーロッパの華の継承者ロシア

17世紀末にフランスから導入されたバレエは最初は西欧のバレエの焼き直しのようなものだった。しかし、19世紀初頭、フランス革命の戦火を逃れてきたディドロの革新によって、ロシア・バレエの発展の道が開かれた。彼はつま先でバランスを保つポワンテ技法やパ・ド・ドゥというふたり舞踊の手法をあみ出し、これにコーカサスやロシアの伝統的な舞踊を組み込んだ。

世界に冠たるボリショイ・バレエは、早くも1776年に創設され、ディドロの後継者たちによって育まれていく。

1847年には、演出振付家プティパがフランスからサンクトペテルブルクにやってきた。彼はチャイコフスキーの『くるみ割り人形』、『白鳥の湖』などを次々に演出し、ロシア・バレエにロマンチシズムの花を開かせた。現在観ることができる古典バレエには、彼の振付によるものが多い。その頃モスクワのボリショイ・バレエでは、ゴールスキーの指導のもと、ロマンチシズムの対極であるリアリズムが根づいていった。

◆新風を吹き込んだロシア・バレエ

ロシア・バレエに幻想とスペクタクル性をもたらしたのは、ディアギレフ率いるロシア・バレエ団の演出家フォーキン、アンナ・パヴロワ、そしてニジンスキーなどである。彼らは伝統的なバレエのもつ仰々しさを否定し、自然な動きを求めた。また、チャイコフスキーなど従来の音楽に加えて、ドビュッシー、ラベル、ストラヴィンスキーなど少し違和感のある音楽をも採用していった。

ディアギレフのバレエはロシア革命によって追放されたが、その影響ははかりしれず、フランスのリファールやニューヨーク・シティ・バレエのバランシンにも強く影響を与えた。

◆バレエ界の今

革命後のソビエトに継承されたバレエは、プティパやゴールスキーの古典バレエであった。ラブロフスキーの作品群はこの路線で大きな成功を得、1910年生まれの天才バレリーナ、ガリーナ・ウラノワは世界的名声を博した。

1930年代以降は、共産主義のプロパガンダ活動の一翼を担わされるべく、『パリの炎』など現実主義的傾向の強い作品も上演された。

ソ連崩壊以降、低迷期を迎えた劇場もあったが、現在はボリショイ、マリインスキーともに若手も育っており、日本公演でも人気のスターダンサーたちが各劇場で活躍している。

演出家では、ボリショイで2004年から2008年まで芸術監督を務めたアレクセイ・ラトマンスキーが、『明るい小川』『イワンと仔馬』など、日本公演でも話題になった作品を生み出している。

バレエの名作紹介

◆白鳥の湖　Лебединое Озеро

音楽はチャイコフスキー。1877年2月20日ボリショイ劇場で初演されたが、振付があまりにもひどくすぐに演目から消えた。天才的な振付師プティパとイヴァノフによって全面的に演出し直され、再び日の目を見たのは1895年、初演から18年も後であった。今では、当代一流のバレリーナたちにとって欠かせない演目のひとつとなっている。

ストーリー
第1幕第1場　城を望む森

成人式を前にした王子ジークフリートが村人たちとたわむれている。そこへ母親である王妃がやってきて、成人式には婚約者を決めるようにと伝え、プレゼントとして弓を与える。成人式が済めば、自由に狩りに行くこともできないだろうと考えた王子は、弓を持って森に向かう。

第1幕第2場　森の中の湖畔

ここは悪魔ロットバルトの森。湖畔に群れをなす白鳥たちは、彼の魔力によって白鳥にされた乙女たち。深夜の間だけ人間の姿に戻れるのだ。そのなかに王女オデットの姿があった。

湖畔にやってきた王子はオデットに出会い、その美しさに魅せられる。悪魔の呪いを解くためにはいまだ恋を知らない若者が永遠の愛を誓うのが唯一の方法と聞き、王子は彼女を自分の成人式に招く。オデットは、自分が深夜に訪れる前に、誰とも契りを結ばぬよう、王子に願う。

第2幕第1場　城内の大広間

オデットへの思いで胸がいっぱいの王子は、花嫁候補の王女たちが次々と紹介されてもまったく無関心だ。そこへ、騎士を装ったロットバルトと、オデットにうりふたつの娘オディールが登場。王子はオディールをオデットと思い込み、永遠の愛を誓ってしまう。その瞬間、悪魔は正体を現し、嘲笑を残して去る。窓辺からは、白鳥の姿をしたオデットが絶望して飛び去っていく。王子はオデットのあとを追う。

第2幕第2場　森の中の湖畔

　白鳥の乙女たちとともに、悲しみにくれるオデット。駆けつけた王子は許しを請うが、もう遅い。王子は自分の命をかけて、悪魔に戦いを挑む。激しい格闘の末、王子はついに勝利し、悪魔は滅びる。愛の力によって再び乙女の姿となったオデットは、王子とかたく抱き合うのだった。（幕）

◆ジゼル　Жизель

　若い娘が結婚を前にして死ぬと、ウィリーという精霊になり、真夜中に墓から抜け出して踊り狂う。若い男が通りかかろうものなら、踊りの輪に引き入れ、倒れるまで踊らせる……という伝説をもとに、詩人ハイネが物語を書いた。『ジゼル』は、この物語をベースにしたもの。音楽はアダン。1841年、パリのオペラ座で初演、ロシアでは翌年、サンクトペテルブルクで初めて上演された。

ストーリー

第1幕　ジゼルの家の前

　青年貴族アルブレヒトは、村娘ジゼルに恋をしている。彼は身分を隠すため、狩り小屋で粗末な服に着替える。ジゼルを慕う若者はもうひとりいた。山番のヒラリオンだ。

　アルブレヒトはジゼルを呼び出し、はにかむ彼女と恋占いをしたり、一緒に踊ったりして楽しく過ごす。実はアルブレヒトにはバチルダという婚約者がいた。彼の本当の身分を知ったヒラリオンは、ジゼルにこのことを暴露する。

　そこにバチルダが登場しアルブレヒトは彼女の手にキスをする。あまりのできごとにショックを受けたジゼルは、発狂し、ついにはこと切れる。

第2幕　ジゼルの墓の前

　不気味な静けさの漂う夜ふけの墓場。ウィリーの女王ミルタを囲んで、ウィリーたちの舞いが始まる。ジゼルも今夜からウィリーとなるべく、踊りを命じられる。やがてウィリーたちは、ジゼルの墓参りに来たヒラリオンを捕らえ、踊り狂わせ、死の淵へと追いやる。

　次に、ジゼルの幻を追うアルブレヒト登場。ミルタは彼に死の舞いを命じるが、ジゼルの愛の力によって阻止される。ここで踊られるふたりのパ・ド・ドゥは限りなく美しく、そして悲しい。

　再びウィリーたちが登場。アルブレヒトの懇願も聞かず、倒れるまで踊らせる。と、そのとき、暁の鐘が鳴り響き、魔力を失ったウィリーたちは、朝もやの中に消えていく。ジゼルもまた、アルブレヒトを残し、墓の影へと姿を消す。（幕）

◆くるみ割り人形　Щелкунчик

　音楽はチャイコフスキー。振付はプティパ。1892年12月に、サンクトペテルブルクのマリインスキー劇場で初演。ドイツの作家ホフマンが書いたおとぎ話『くるみ割りとねずみ王子』を下敷きにして、台本が書かれた。

ストーリー

第1幕第1場　ジルベルハウス家の舞踏室

　クリスマスの飾りつけがなされた部屋には、大勢の客が集まっている。当家の子供マーシャ（クララ）は、ドロッセルマイヤーおじさんから、くるみ割り人形をプレゼントされた。兄フリッツは人形が変な顔をしてみっともないといっていじめて壊してしまった。優しいマーシャは、ばんそうこうを巻いてやり、ベッドに寝かせた。

　夜、人形のことが気になって仕方がないマーシャは、こっそり起き出し舞踏室に忍び込む。でも、しんと静まりかえった部屋で怖くなり、人形のいるベッドに走り寄る。月の光がさし込み、人形やおもちゃが動きだした。小さな野うさぎが急を告げる。ねずみ軍が攻撃して来たのだ。くるみ割り人形は立ち上がり、ブリキの兵士たちとともに戦う。ついにねずみ王との一騎撃ちとなり危機に陥るが、マーシャが投げつけたスリッパがねずみ王に命中して助かる。戦いに勝ったくるみ割り人形は、ハンサムな王子に姿を変え、マーシャをクリスマスツリーの中へと誘った。

第1幕第2場　雪の情景

　舞踏室は深いもみの木の森のなか。大きな雪花が舞い、吹雪になる。やがて吹雪はおさまり、柔らかい月明かりに冬景色が照らし出される。

第2幕　お菓子の宮殿

　マーシャが連れて行かれたところは、マーマレードブルクというお菓子の宮殿。出迎えたのは金平糖の精たち。くるみ割り王子は、マーシャが自分の命を救ってくれたと伝える。

　歓迎の宴が開かれた。チョコレートの精は「スペインの踊り」、お茶の精は「中国の踊り」を披露した。マーシャはすっかり魅了されてしまう。実はマーシャの一夜の夢であった。（幕）

「くるみ割り人形」

ロシアの気候

気象庁世界の天候
URLwww.data.jma.go.jp/
gmd/cpd/monitor/
dailyview

ベストシーズンは5月から9月

極東ロシアの11月〜4月は寒冷で、ようやく春めいてくるのが5月。旅行しやすいのは5月から9月まで。ホテルのハイシーズンも7〜9月で、特にウラジオストクの場合、予約を取るのが難しくなる。とはいえ、冬の旅行も決して悪くない。ロシアの冬でしか味わえないイベントが多いし、12月中旬から1月中旬までの長いロシア特有のクリスマスシーズンは町も飾られ、お楽しみがいっぱいだ。ホテルの予約も取りやすい。

冬のアムール川は氷結する

ロシアというと北国というイメージがあり、常に寒いところと思うかもしれないが、実際は夏には暑く、30℃を超えてしまう地域もある。

◆ 極東ロシアの気候

なかでも日本海に面したウラジオストクでは、6〜8月にかけて最高気温は25℃を超え、海水浴シーズンになる。地元の人たちはビーチに出かけてのんびり過ごしている。市内周辺には島やビーチが多く、車やボートで無人ビーチに行き、BBQをするのが夏の定番レジャーなのだ。ほかの地域も、夏は気温が上がり、アウトドアが盛んになる。

もっとも、冬はさすがに寒く、11月から3月にかけて平均気温は氷点下になる。寒波がくると、ウラジオストク以外の極東ロシアの町ではマイナス30℃まで下がることもある。降水量は年間を通じてあまり多くないが、7〜9月はほかの季節より雨が多くなる。

夏のウラジオストクの海水浴場にて

Column シベリアの自然

シベリアは、南からステップ（大草原帯）、タイガ（針葉樹林帯）、ツンドラ（凍土帯）という3つの東西に延びる自然帯に分けることができる。

ステップは、ロシアでは最も肥沃な地帯で、農業に適するため耕作地が広がっている。気候は、夏季はロシアでも最も暑く、乾燥している。一方、冬季は酷寒となるが、降水量が少なく、雪は少なめ。

タイガは、ハリモミ、アカハリモミ、トドマツ、カラマツ、エゾマツ、シベリアマツなど北方針葉樹林が密生する樹林帯。その南部にはシラカバやヤナギ類も交ざり、いわゆる森林ステップと呼ばれる中間帯へと連なっている。「冬季は酷寒で常時積雪があるが、夏季には凍結しない期間もあり、降水量が蒸発量を上回る地帯」で、降水量はさほどないが、西シベリアなど低地の大部分は湿地となっている。タイガ地帯の気候は大陸性で、東シベリアが特に顕著だ。冬季は−50℃、夏季は＋40℃と、月平均気温の差は50〜60℃もある。さらに山脈に取り囲まれた高原地帯は−70℃近くまで下がることもある。褐色クマ、黒クマ、シベリアシカ、ノロジカ、イノシシ、オオカミ、オオヤマネコ、キツネ、クズリ、テン、黒テン、シベリアテン、ウサギ、リス、シマリスなどがおり、ハバロフスクから近いウスリーのタイガにはトラやヒョウも生息している。

ツンドラは北極地方だけに見られる独自の自然帯で、地面は数十cmから数十mにわたって永久に凍結している。短い真夏には地表がわずかに解けることもあるが、凍った地層に解けた水が染み込むことはない。通常の植物は生えず、地衣類、蘚苔類だけが生育している。北極グマ、セイウチ、アザラシ、トナカイ、オオカミ、北極キツネ、白テン、ウサギなどの生息が見られる。なお、地球上に残ったオットセイの3大コロニーのうち、ふたつまでがロシア領内にあるツンドラ地域の太平洋の島にある。

旅の準備

旅の服装

寒さ対策は万全に

　夏のロシアを旅する場合、場所によっては8月でも10℃を切り、雪が降ることもある。一方、日本同様、暑い日は30℃以上になる。アンダーシャツはTシャツのように1枚でも着られるものを基本として、それに長袖のシャツやセーターを持っていこう。薄手のジャンパーがあってもよい。

　ズボンは長ズボンがおすすめ。これは寒さ対策というより蚊やブヨ対策。森や湿原はもちろんのこと、特にシベリア方面では、町なかでも状況は同じ。女性もジーンズなど長ズボンを用意していくべきで、虫よけスプレーや虫よけの塗り薬、蚊取り線香も持参したほうが賢明だ。電池式の蚊取り線香や虫よけが有効。ただし、缶のスプレー式のものは、飛行機に持ち込めない。100mℓ以下のポンプ式のもの（ガスの入っていないもの）は機内持ち込み可。

　冬にロシアを旅する場合、服装にもそれなりの準備と注意が必要だ。寒冷地域の常として、ホテルなどの家屋内や列車内は暖房されていて心配ないが、町を歩いたり、移動のときは外気にさらされるし、ロシアの大自然に接しようとするなら、服装をおろそかにはできない。防寒着は、冬山登山用品からチョイスするとよい。保温の基本は暖かく乾いた空気を着込むことで、これには効果的な重ね着で対応しよう。アンダーウエアはウールや即温性化学繊維などをじかに着る。木綿は湿ると冷えるので避けること。その上に着るシャツ、ズボン、セーターなどはウール製品がおすすめ。ウールは保温性、吸湿性がよく、ぬれても冷たく感じにくいので寒冷地向きだ。保温性の高い上着としては、ダウンジャケットがいちばん。これも機能性優先の登山用品がいいだろう。また、コートやズボンの下に着込めるダウンインナーを使う方法もある。

◆ 冬の旅に帽子は必携品

　−20℃にもなると、顔がこわばり、頭痛も起こってくる。凍傷の危険性もあり、極端な場合は寒波にさらされると脳が凍り、重い脳障害が起きる。保温は極めて重要だ。ウールの帽子をかぶり、マフラー、ジャケットのフードも活用しよう。寒さだけでなく、雪よけにもなる。ロシア人がかぶっているシャープカを現地で購入するのもよいだろう。メガネのメタルフレームでほおが凍傷になった話も聞く。長時間、外に出なければならないときは、これも注意が必要である。

地元の人も冬は帽子着用

出発前に控えておいたほうがよいもの
●日本の旅行会社の電話番号
●パスポートとビザ……番号、発行年月日、発行地
●クレジットカード……番号、有効期限、発行地、紛失や盗難時の連絡先、再発行可能なオフィスの住所と電話番号
●バウチャー……発行日、発行した旅行会社名、そのリファレンス番号、電話番号
●航空券……番号、搭乗区間、発行日、発行地

機内持ち込みの制限対象となるもの
　100mℓ以上のあらゆる液体（水分を含むもの）は機内持ち込みの制限対象となっている。
●霧吹き式スプレー類
　虫よけスプレー、防臭スプレー、制汗スプレー、ヘアスプレーなど
●クリーム、ローション類
　軟膏、ボディローション、化粧水、化粧下地クリーム、ハンドクリームなど
●医薬品、ベビーフードは対象外
　機内で必要になる医薬品やベビーフード、ベビーミルクなどは透明な袋に入れなくても機内に持ち込める。

情報収集

● ロシア専門書店
ナウカ・ジャパン
〒101-0051
東京都千代田区神田神保
町1丁目34番地
☎03-3219-0155
URL www.naukajapan.jp

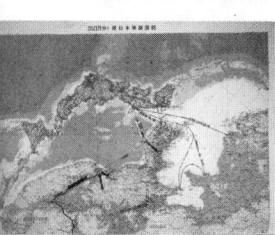
サハリン観光局のスタッフ

北東アジアの地図を南北逆さに
して見ると新鮮な発見がある

ロシア旅行にはバウチャーやビザの問題があり、事前に旅の情報を得ることが必要不可欠だ。本書でも最新の正しい情報を伝えるべく努力はしているが、時間の経過とともに現実とのズレが出てくるのも事実。これを補ってくれる最も優れた情報源が、インターネットだ。

事前の情報収集

日本で事前に旅の情報を得るにはインターネットが不可欠。可能ならロシア語が最適だが、英語、日本語などでもグーグルなどの検索サイトでキーワードを打ち込めば、非常に多くの情報が得られる。情報は莫大だが、情報に振り回されることなくその情報が正しいか、古くはないかなど見極める見識もまた必要になる。

現地での情報収集

ロシアの一部の観光都市には政府や市などが運営する非営利の観光案内所があり、英語などの外国語を話せるスタッフが常駐している。宿泊や交通などの案内が受けられ、地図やパンフレットなども無料でもらえることが多い。初めての町に到着したら、まず観光案内所を訪ねて最新の情報を得るのが賢い旅のやり方といえるだろう。

Column 旅に役立つ参考文献

◆歴史
『ウラジオストク物語』原暉之　三省堂
『中露国境4000キロ』岩下明裕　角川選書
『おろしあ国酔夢譚』井上靖　文藝春秋
『間宮林蔵』吉村昭　講談社
◆紀行、エッセイなど
『ハバロフスク』内藤陽介　彩流社
『サハリン島』チェーホフ　中央公論新社
『デルスー・ウザーラ』ウラジーミル・アルセーニエフ　河出書房新社
◆『ユーラシア・ブックレット』
　かつてのソ連圏の政治、経済、歴史、文化などをコンパクトにまとめたシリーズ。
No.25『シベリア抑留　いま問われるもの』堀江則雄
No.40『シベリアの至宝　バイカル湖』大田憲司
No.73『ウラジオストクの日本人街　明治・大正時代の日露民間交流が語るもの』堀江満智
No.108『サハリンのなかの日本　建築と都市』井澗裕

No.118『シベリア鉄道　洋の東西を結んだ一世紀』藤原浩
No.137『宮沢賢治とサハリン　「銀河鉄道」の彼方へ』藤原浩
No.147『ウラジオストク　混迷と希望の20年』堀内賢志
◆旅行案内
『Platウラジオストク』ダイヤモンド・ビッグ社
『日本から2時間半で行けるヨーロッパ　ウラジオストクを旅する43の理由』（朝日新聞出版）
『Modern Guidebook Primorye』『Khabarovsk』『Sakhalin and the Kurils』現地出版の最新旅行案内（英語版）

モダンガイドブックシリーズ
沿海地方編

極東ロシアの最新情報をゲット！

今極東ロシアが注目される理由

　ロシア沿海地方のウラジオストクは、帝政ロシアが19世紀の半ばに建設を始めた港町で、20世紀以降、太平洋への玄関口として発展を続けてきた。1930年代以降、軍事的な理由で閉鎖都市となったが、1992年に外国人に開放された。現在のウラジオストクはロシア太平洋艦隊基地や商業港、漁業港として多くの商業施設や高等教育機関、研究機関、文化施設を擁するロシア沿海地方の政治・経済・文化の中心となっている。2012 年にはルースキー島でAPECサミットが開催され、ロシアの「アジア太平洋への窓口」として近隣アジア諸国との交流も盛んになっている。

おすすめサイト

ウラジオストク最新情報の決定版

ウラジオ.com

　ウラジオストク市内で旅行会社を立ち上げ、現地の情報収集と日本人をアテンドする日々を送る(有)うらじお代表の宮本智さんが発信する。情報量がハンバではない。
URL urajio.com

地元ロシア人の旅行会社

日本海ブリッジ

　地元出身のウラジーミル・ルセンコさんが始めた旅行会社。少人数のグループを対象として郊外のお屋敷でのコンサートや同社所有のクルーザーによる無人島クルーズなどを提供している。その他の細かい手配もメールで問い合わせよう。
URL nihonkaibridge.com

おしゃれなカフェ情報がいっぱい

ウラジオストク・マニア

　ウラジオストク在住でロシア人のご主人とふたり娘をもつ専業主婦のemiさんが発信するブログとインスタグラム。女性ならではの視点での旅に役立つ情報が満載。なかでも最新のカフェ情報は行く前に必ずチェックしたい。
URL vladi-mania.com

ハバロフスクのグルメ情報はここから

ハバロフ.com

　2018年後半に立ち上がったハバロフスクの旅行情報サイト。グルメ情報に力を入れている。
URL habaroff.com

サハリンの今を日々伝える

65RUS・ユジノサハリンスク市アムールスカヤ通から…

　中川善博さんが運営しているブログで、日々彼が見たこと、体験したことが丁寧に綴られている。現地のスポーツ事情や日露交流の話など、興味深い内容であふれている。グルメ情報も豊富。サハリンに行く前にぜひチェックしておこう。
URL 65rus.seesaa.net

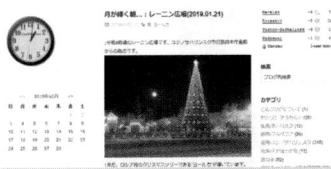

極東ロシアの国境観光

ボーダーツーリズムを楽しもう

　「地球の歩き方」極東ロシア、シベリア、サハリン編の編集チームが立ち上げた国境観光を提唱するサイト。極東ロシア、中国、モンゴル、北朝鮮などのボーダーツーリズム情報が満載。
URL border-tourism.jp

両替と旅の予算

①クレジットカードでATMから
キャッシングできる

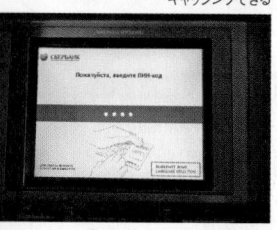

②クレジットカードを入れたあと、
暗証番号を入力

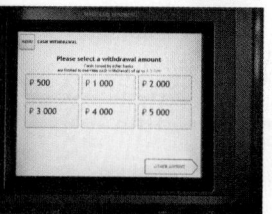

③キャッシング額は500₽、
1000₽、2000₽、3000₽、
5000₽から選べる

④銀行によってはキャッシング
できないこともあるので注意

持っていくお金

　現金を持っていくなら、USドルかユーロが便利。ウラジオストクでは、日本円を両替できる場所もある。ただし両替レートが悪い場合がほとんどで、損を覚悟で両替しなければならないことも多い。両替できる場所は、銀行や空港の両替窓口、ホテルや町なかの両替所など。「アブメーン・ヴァリュートィ ОБМЕН ВАЛЮТЫ」と書かれた看板が目印。

クレジットカード

　多くの場所でVISAやMasterCardなどのクレジットカードでの支払いができ、現地通貨がキャッシングできるATMもある。しかしロシアでのクレジットカードの使用に際しては、スキミングに対する注意が必要。近年はATMに細工されていて、使用時にクレジットカードのデータが読み取られてしまう犯罪が増えている。特にひと気のない路上にあるATMは危険。クレジットカードを使う場合は注意を払い、信頼できる店でのみ使ったほうがいい。またATMでキャッシングをした場合などは、念のため帰国後すぐ暗証番号を変更するなど自衛手段を取ったほうがいい。

旅の予算

　ツアー参加、あるいはバウチャー旅行の人は、宿泊と長距離移動にかかる費用はすでに日本で支払い済みなので、予算の目安は立てやすい。現地でかかる費用を大別すると食費、入場料などの観光費、市内交通費、そしてみやげ物の購入などの雑費となるだろう。実際ツアーなどで食事や観光が込みになっていれば、現地でかかる費用は雑費程度。宿泊と移動のみ予約の個人バウチャー旅行なら、食事の回数を数えれば予算の大枠は得られる。

☆ツアー旅行の場合

　みやげ物代＋αとして目安として日数×3000円、プラス万一のための帰りの航空運賃ほどは持っていきたい。

☆バウチャーによる個人手配旅行

　現地での食事代、観光費、みやげ物代＋αを含め、目安として日数×6000円、プラス万一のための帰りの航空運賃ほど。

◆ 極東ロシアの物価

　1回の食事はカフェや食堂を使えばひとり500₽（約1000円）程度、レストランで取れば1200₽（約2400円）程度、さらに高級レストランなどではひとり5000円程度。

Column 地図アプリを使ってみよう

スマートフォンの地図アプリを旅行中に使い、目的地までナビしたり、バスや電車の乗り換え情報を得られれば便利だろう。

Googleマップも使えるが、多少ロシア語が使える人にはロシアの無料地図アプリ「2GIS」と「Yandex Map」の利用がおすすめ。レストランやショップのオープン時間や電話番号といった情報も多いからだ。

アプリのダウンロードと設定

「2GIS」と「Yandex Map」では「2GIS」のほうが人気だが、機能にそれほどの差異はない。ダウンロードは日本の自宅や滞在ホテルなどのWiFi環境で、AppStoreやPlayストアで検索して行う。言語選択で英語を選ぶと、メニュー項目などが英語で表示される。ただし、地図上での道路名や物件はロシア語しかない。Wi-Fi環境下で事前にやっておくとよいのがオフライン用データの取得。「2GIS」なら、検索画面の右にある設定画面をタップすると出るリストのなかで「List of cities」を選択する。ロシア語で都市名リストが出るので訪問予定都市をクリックしてダウンロード。「Yandex Map」なら「Offline maps」からで、都市名はローマ字表記。これでオフラインでも各種機能が使えるようになる。

ルート検索のいろいろ

ローミングなり、レンタルルーターなり、現地SIMなり、とにかくスマートフォンで通信できる状態でアプリを立ち上げると現在地が表示される。このままでも周辺の確認や、乗り物で移動中にどちら方面に向かっているかの確認ができるので便利だが、地点間ルート検索機能を使うともっと便利だ。簡単なのは現在地→目的地の検索。検索窓に目的地や店名を入力するといくつか候補が表示される。ロシア語で入力するのが確実だが、ラテン文字転写で入力しても有名地は表示される。目的地をタップすると、目的地の地図が表示されるので、左端の「DIRECTIONS」をクリックすると「A My location」「B 目的地」が表示され、同時に交通機関の候補が表示される。交通機関はバスのアイコンが公共交通で、ほかにタクシーや徒歩に切り替え可能。公共交通機関の場合、希望の手段を選択すると、ルートが表示され、乗降する停留所も表示される。現在地ではなく、希望の地点からの場合はA、B欄に出発・到着到着地点を入力するか、「ON MAP」に切り替えて希望地点をタップする。目的地を検索して、出た画面で地図の下にある目的地の名前をタップすると住所や営業時間などの情報がロシア語で表示される。また、地図で任意の場所をタップするとその場所の情報が出る。

※画像は2GISのもの。Yandex Mapもほぼ同様

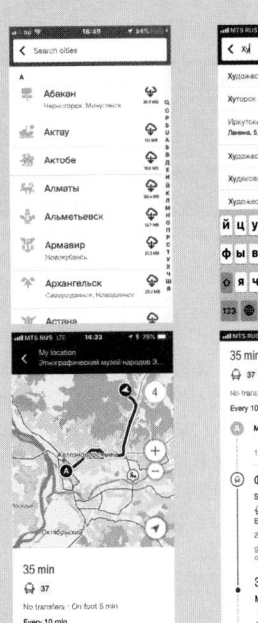

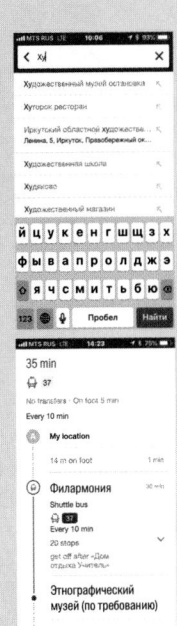

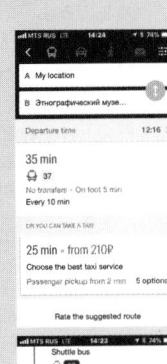

左:オフライン用データの都市一覧画面 中:一部を入力するだけでも候補が出る 右:交通手段の候補が出る

左:希望の手段をクリックすると、バスのルートが出る 中:乗降地点とバス番号などを表示 右:バスなどは全停留所を表示できる

通信事情

レンタルWi-Fi取り扱い会社
- イモトのWi-Fi
TEL 0120-800-540
URL www.imotonowifi.jp
- グローバルWiFi
TEL 0120-510-670
URL townwifi.com
- テレコムスクエア
TEL 0120-388-212
URL www.telecomsquare.co.jp

レンタルWi-Fiルーターの注意点
- **自動更新やバックアップをオフ!**
アプリの自動更新やiCloudなどのクラウドバックアップ設定、Wi-Fiアシストなどの設定もオフにしておこう。
- **日本国内で電源を入れない**
動作を確認する目的でも日本など対象国以外で電源を入れると、定額対象外の料金が発生することがある。
- **こまめに電源を切る**
使いたいときにバッテリー切れということがないように、使用しないときは電源を切っておく。

無料Wi-Fiはセキュリティに注意
無料のWi-Fiはセキュリティが緩いことが多く、不正アクセスによりパスワードやクレジットカード番号等の個人情報を抜き取られてしまう危険性もある。セキュリティアプリやVPN等の対策をしておきたい。また、空港内など、多くの人が接続する場合、通信速度がかなり遅くなることがある。

インターネット事情

近年はロシアでもインターネット環境の発展が著しく、都市部の多くのホテルが客室内無線LAN（Wi-Fi）に対応している。たいていのホテルで無料で使えるが、有料の場合はフロントでカードを購入し、オンラインでカードに入ったパスワードを入力して使用するケースが多い。

カフェやレストランでは無料でWi-Fiを提供していることが多く、店員に聞けばパスワードを教えてくれる。

現地での接続や設定を不安に感じる場合は、日本で事前にレンタルWi-Fiルーターを借りる方法もある。

SIMカード事情

SIMフリーのスマートフォンやタブレット端末がある場合、現地でSIMカードを入手すれば通話やインターネットを利用できる。SIMカードは携帯電話ショップで売られていて、購入の際にパスポートの提示が必要なことが多い。SIMカードは通信データ量などによっていろいろなタイプがあるので、必要な日数、使用する都市などの必要条件を店の人に伝えてどれがいいか相談してみよう。購入できる場所はMTS、MegaFon、Beelineの支店か、黄色い看板のEvrosetという総合携帯電話ショップで。空港や町なかに多数支店がある。

極東ロシアではMTSのオフィスが市内各地にあり、SIMカードが購入できる

ロシアの電話事情

ロシアでも携帯電話の普及により、町なかの公衆電話は激減している。公衆電話の多くはカード式だが、郵便局や一部のキオスクなど、テレホンカードが売られているところはごく限られているので、使用する予定がある場合は可能なときにカードを入手しておこう。ホテルの部屋の電話は、3つ星以上のホテルであれば、国際電話にも対応している場合が一般的。ただ電話代は非常に高い。日本で売られている「スーパーワールドカード」（KDDI）や「ワールドプリペイドカード」（NTTコミュニケーションズ）などのカードも使えるが、別途料金が発生する場合もある。

日本の携帯電話を使う

　日本の携帯電話各社がロシアでローミングサービスを行っている。NTTドコモとソフトバンクモバイルおよびau各社の対応機種であれば、ロシアでも通話、メール、データ通信が可能。ただし事前申し込みおよび使用時の設定が必要になる。また「国際ローミング対応機種」とあっても、3G専用機種の場合は使用できないこともあるので、事前に各携帯電話会社に問い合わせてみよう。ただ、各社とも料金システムは日本での契約とは異なっており、高額となるので注意が必要。着信にも料金がかかる。詳しくは各社に問い合わせるか、パンフレットやウェブサイトを参照のこと。

携帯電話会社問い合わせ先
●NTTドコモ
URL www.ntt.docomo.co.jp
●au
URL www.au.kddi.com
●ソフトバンク
URL mb.softbank.jp/mb

現地の携帯電話を使う

　ローミングサービスの料金が高額なので、現地で携帯電話を契約したいという人もいるだろう。GSM携帯電話の端末は、電化製品量販店をはじめどこでも売られており、現地で簡単に購入できる。携帯電話会社にはMTS、MegaFon、Beelineなどの会社があり、SIMカードを含むプリペイドのスタートキットを安価に販売している。SIMカード購入にはパスポートと入出国カードの提示が必要。英語の使用説明がなかったりするので、セッティングまでしてもらえれば確実だ。

現地で売られているSIMカード

INFORMATION
ロシアでスマホ、ネットを使うには

　まずは、ホテルなどのネットサービス（有料または無料）、Wi-Fiスポット（インターネットアクセスポイント。無料）を活用する方法がある。ロシアでは、主要ホテルや町なかにWi-Fiスポットがあるので、宿泊ホテルでの利用可否やどこにWi-Fiスポットがあるかなどの情報を事前にネットなどで調べておくとよいだろう。ただしWi-Fiスポットでは、通信速度が不安定だったり、繋がらない場合があったり、利用できる場所が限定されたりするというデメリットもある。ストレスなくスマホやネットを使おうとするなら、以下のような方法も検討したい。

☆各携帯電話会社の「パケット定額」

　1日当たりの料金が定額となるもので、NTTドコモなど各社がサービスを提供している。
　いつも利用しているスマホを利用できる。また、海外旅行期間を通じてではなく、任意の1日だけ決められたデータ通信量を利用することのできるサービスもあるので、ほかの通信手段がない場合の緊急用としても利用できる。なお、「パケット定額」の対象外となる国や地域があり、そうした場所でのデータ通信は、費用が高額となる場合があるので、注意が必要だ。

☆海外用モバイルWi-Fiルーターをレンタル

　ロシアで利用できる「Wi-Fiルーター」をレンタルする方法がある。定額料金で利用できるもので、「グローバルWiFi（【URL】https://townwifi.com/）」など各社が提供している。Wi-Fiルーターとは、現地でもスマホやタブレット、PCなどでネットを利用するための機器のことをいい、事前に予約しておいて、空港などで受け取る。利用料金が安く、ルーター1台で複数の機器と接続できる（同行者とシェアできる）ほか、いつでもどこでも、移動しながらでも快適にネットを利用できるとして、利用者が増えている。

ルーターは空港などで受け取る

　ほかにも、いろいろな方法があるので、詳しい情報は「地球の歩き方」ホームページで確認してほしい。
【URL】http://www.arukikata.co.jp/net/

旅の安全対策

海外安全ホームページ
URL www.anzen.mofa.go.jp
　渡航前には必ず外務省の海外安全ホームページで状況を確認しよう。トップページから地図あるいは国別で「ロシア」を選択できる。

コピーは必ず持っていく
　万一のため、パスポートやビザなどは複数コピーを取っておき、分散して持つようにしよう。クレジットカードの番号や緊急連絡先なども盗難などに備えてわかるようにしておこう。

外出時の注意
①夜遅くには外出しない。
②知らない人をむやみに信用しない。
③大声で日本語をしゃべりながら歩くような、外国人ということをことさら強調するような行動は避ける。
④車の運転は荒く、歩行者優先の考え方はないので、道路を横断するときは車に細心の注意を払うこと。
⑤酔っぱらいや、街角でたむろしている人々にはかかわらない。彼らとは極力目を合わせないようにする。最初はフレンドリーでも、相手は酔っぱらい、何かの拍子に攻撃的に豹変するかもしれない。絡まれてけがをした日本人旅行者も報告されている。
⑥頭を剃り上げ黒い服を着た集団、人種差別者（ネオナチ）の集団らしきものには決して近寄らない。通りで見かけたら道を避ける、だめなら最寄りの店に入るなどしてやり過ごすこと。最悪の状況ではへたに抵抗せず、とにかく逃げること。
⑦人混みの中では、荷物と財布に十分気をつけること。貴重品は、スリなどの手の届かない肌に近い場所に身に付けて持つ。

ロシアの治安

　ロシアというと、治安が悪いという印象があるかもしれない。しかし、2018年のワールドカップサッカー大会の成功で、さらに多くの外国人観光客を受け入れようという機運が盛り上がっており、以前に比べると大幅に治安は改善されている。以前は警官によるトラブルもあったが、減少している。ただし、金品目当ての犯罪はまったくないわけではないし、酔漢によるトラブルも起こらないとは限らない。そのような状況もあるにはあるが、外国を訪れる際の一般常識をもっていれば、おおむね安全に過ごすことができる。ロシアだからといってあまり神経質になり過ぎる必要はないが、やはり普段以上の緊張感はもっていたい。そして世界情勢などの情報にも常に接しておくことが不可欠だ。

被害に遭わないために

◆ スリ、盗難、強盗を防ぐには

　ロシアでは、外出時にはパスポートを携帯することが義務づけられている。そのためパスポートがスリや置き引きなどの被害に遭う可能性も高く、常に注意を払っておく必要がある。

　基本は、できるだけ肌に近いところに保管すること。服の下深くに付けておけばうっかり置き忘れることはないし、スリの手も届きにくい。市販の貴重品ケースを利用してもいい。

　混み合った駅や、バスやメトロなどの車内もスリが多い。いきなり話しかけて気を引く、ぶつかったフリをする、集団で観光客の行く手をふさぐ、などの手がよく使われる。周りの人はスリに気づいても助けてはくれないので、自分で被害を防ぐ以外にない。こういう場所では、ウエストポーチやショルダーバッグ、デイパックなどに貴重品は入れないこと。貴重品が入っていなくてもショルダーバッグ、デイパックは体の前にかけ、常にファスナーに手をかけておいたり、安全ピンで留めておくなど細心の注意を払おう。

　ホテルでも盗難は起こり得る。5つ星ホテルであっても従業員たちが合鍵で侵入するということも起こっている。いずれにせよ、目立つところに貴重品は置かない、外出の際は荷物は整理整頓してかばんに鍵をかけ、また貴重品はセーフティボックスに入れておこう。

◆ たかり、ぼったくり被害に注意

　旅行中に知り合ったロシア人に誘われて一緒に食事に行き、

少額の食べ物をおごってもらう。今度は夕食などをこちらがおごろうということになって、レストランに連れて行ってもらう。そこで食事後、法外な金を要求されるケースがある。高いと言って抗議すると、そのロシア人も一緒に抗議してみせ、でも食べたものは仕方ないと言って暗に支払うようほのめかす。これはそのレストランとグルであることがほとんど。客がその町を去ったあと、しっかり分け前をもらっている。

　旅で出会うすべての人を疑っていては旅の楽しさも損なわれるが、あまりに親しげにしてくる人には一応の警戒が必要だ。

◆ 財布拾いについて

　典型的な手口は、前を歩いている男が観光客の目の前でいきなり財布を落とす（あるいは拾うパターンもある）。財布は紙幣の束が見えるよう、透明な袋の場合が多い。すかさず横から男が現れおもむろに財布を拾い、ターゲットの観光客に見せる。何も知らない観光客は驚いて立ち止まってしまう。財布を落とした男はとりあえず消える。その後は以下のようなパターンがある。
①財布の拾い役が中身を見せていると、落とし主役が戻ってくる。拾い役は財布を隠す。「財布を落とした。お前たちが拾って取ったはずだ。紙幣には印がしてあるから見ればわかる。お前の財布の金を見せてみろ」と言う。観光客が自分の金を見せると、手に取って調べながら上と下の札を残し中身を抜き取る。終わると拾い役の隠していた財布を見つける。拾い役は財布を返し急いで逃げる。落とし主役は去って行く。
②財布の落とし主役と押し問答していると制服を着た警官がやってきて3人から事情を聞くとともに身分証明書の確認と所持金の検査をする。警官は通常ふたりでパトロールしているので、ひとりで現れたらあやしいと思ったほうがいい。この警官役が①と同様の手口でお金を抜き取るか、証拠と言って持ち去る。
③拾い役が中身を見せて「ふたりで山分けしよう」と観光客に持ちかける。山分けして拾った人物と別れホテルに帰ると、落とし主役がやってきて「あなたが私の財布を拾ったという話を聞いた。私の財布を返せ」と迫る。山分けされた金を返してもお金は半分しかない。「あと半分を返せ、さもないと警官を呼ぶぞ」と脅かされ、お金を払ってしまう。

◆ カード詐欺も多い

　最近急増しているのが、クレジットカードのスキミング被害だ。特に駅や路上などのATMを使ってキャッシングしたときに被害に遭う確率が高い。

　ATMには巧妙な細工がしてあって、知らない間にデータと暗証番号が盗まれて、偽造カードが造られ現金が引き出されてしまう。不具合を装って何度もカードの出し入れをさせるパターンが多い。おかしいな、と思ったらなるべく早めにカードを使用停止にするか、暗証番号を変えるなり、限度額を引き下げるなどして防衛手段を取ったほうがいい。

交通機関での注意
①鉄道駅、空港などは、あらゆる人間が出入りしている場所なので特に注意。
②メトロやバスなど市内の交通機関ではスリに注意。不審な集団が近くや車内にいたら、1便やり過ごすぐらいの余裕をもとう。特に到着時など大きな荷物を持っているときは素早い身動きができないので、スリの標的になりやすい。また夜遅い時間には、なるべく乗らないこと。特に構内の地下道やエスカレーターには注意。
③流しのタクシーはほぼ白タク。現地事情がわからない観光客は、なるべく乗らないほうがよい。必要な場合はホテルや現地手配会社で身元のはっきりしたハイヤーを頼むこと。
④長距離列車では盗難防止のために、コンパートメントに夜は必ず鍵をかける。貴重品は肌身離さず身に付けておく。

ロシアのパトカー

乗り物に乗るときは特に注意しよう

ATMはどこにでもあるが…

悪徳警官への対処法は

①怒らず、相手も怒らせず、冷静に努める。

②個室や車内などには付いて行かず、公衆の面前にとどまる。パスポート、財布などは手渡さず、自分の手から見せる。

③相手の警官の身分証明書（ドキュメント）を見せるよう要求し（警官は見せる義務がある）、できればID番号、氏名などをメモする。

④ロシア語がわかっても使わず、日本語か英語で対応する。

⑤深刻な状況になったら、「パズヴァニーチェ・フパソーリストヴァ・ヤボーニイ、パジャールスタ（日本大使館に電話して！）Позвоните в Посольство, пожалуйста!」と叫ぶ。もしくはその場から日本大使館に電話をかける。どうであろうこちらに悪いところがなければ気持ちを大きく、余裕をもって対処しよう。

海外旅行保険

海外旅行保険は、海外でのけがや病気、携行品の破損、盗難、賠償請求など、旅で起こるトラブルを補償してくれる保険である。万一のための安心料と考え、加入をすすめる。またほとんどの保険会社が日本語によるサービスを提供しているので、精神面でも安心できる。各保険会社がインターネットによる保険契約を行っている。ちなみに「地球の歩き方ホームページ」でも、出発当日まで加入できるインターネット保険を下記のアドレスで紹介している

URL www.arukikata.co.jp/hoken

外国人を対象とした病院

欧米並みの設備を備えた病院もあるが、通院や入院でかかる費用は莫大だ。そのうえ支払いできる保証がなければ、治療拒否されてしまう。海外旅行傷害保険には必ず加入しておこう。

警官とのトラブル

近年は減少傾向にあるが、以下のような実例がある。

①ホテルにチェックインし、滞在登録のためにパスポートを預けて外出したところ、通りで警官に職務質問され、身分証明書の不所持を理由に罰金20USドルを取られた。

町なかや駅などで、突然警察の職務質問を受けることがある。不法滞在者や犯罪者を取り締まる「コントロール」と呼ばれるもので、これ自体は合法的な行為だ。通常「ドキュメント（パスポート）」をチェックして、ビザや滞在登録に不備がなければ放免となる。しかしなかには、いろいろ難癖をつけて賄賂を取ろうとするたちの悪い警官もいる。彼らに付け入る隙を与えないよう、パスポートの不携帯はしないようにしよう。

ロシアでは警察が現場で罰金を要求することは違法で、このようにその場で罰金を払う必要はない。どうしても払わなければならないような状況になったら、相手の名前や警察官の身分証明書（ドキュメント）の提示を求め、それを覚えておき、後ほど日本大使館に訴え、抗議と犯罪防止をロシア側に約束させるよう取り計らってもらおう。

テロについて

ロシアはテロの発生が懸念される国のひとつである。ロシア軍のシリア内戦への荷担やイスラーム系国民へ差別などテロの火種となる懸案事項に加え、イスラーム過激派組織ISに参加していた多数のロシア国民が帰国する懸念がある。

最近でも爆破テロにより多くの死者や負傷者が出ている。ただし、ヨーロッパ・ロシアではそのような懸念はあるが、シベリアや極東ロシア方面ではほとんどテロは起きていない。もし滞在中の施設にテロ予告が通知された場合は退去命令が出されるので、警察の指示に従って避難しよう。テロの動きは、ロシアの政治的状況はもとより国際情勢とも関連しているので、ロシアを旅行する際はこうした方面の情報に敏感でいてほしい。最新の情報を外務省の海外安全ホームページなどからも得ておこう（→P.210）。

病気になったら

病気になったり、けがをしたら無理をせず、ホテルのフロントや現地受け入れ機関などに病院の手配をしてもらおう。医者が英語や日本語を話すということは少ないので、ロシア語が堪能な人を除き日本語通訳も手配してもらうこと。英語が話せても医学的なことまで自分で受け答えできなければ、日本語通訳を依頼したほうがよいだろう。

緊急連絡先

以下は、ロシアでの緊急連絡先。もし何か自分では手に負えないような重大な状況に陥ったら、まずは最寄りの日本大使館、総領事館に連絡を取ること。電話のかけ方はP.8を参照。

在ロシア日本大使館、総領事館

在ウラジオストク日本国総領事館

MAP P.38-A1外
住 ヴェルフネボルトーヴァヤ通り46
ул.Верхне-портовая 46
TEL (423) 226-74-81、226-75-58
開 9:00～12:30、13:30～17:45
休 土・日、ロシアの祝日および一部日本の祝日
URL www.vladivostok.ru.emb-japan.go.jp/itprtop_ja/index.html

在ハバロフスク日本国総領事館

MAP P.74-B3
住 ツルゲーネフ通り46
ул.Тургенева 46
TEL (4212) 41-30-44、41-30-48
開 9:00～12:30、13:30～17:45
休 土・日、ロシアの祝日および一部日本の祝日
URL www.khabarovsk.ru.emb-japan.go.jp

在ユジノサハリンスク日本国総領事館

MAP P.131 B-1
住 コミュニスト大通り 18
ул. Коммунистический пр. 18
TEL (4242) 72-55-30　開 9:15～18:00
休 土・日、ロシアの祝日および一部日本の祝日
URL www.sakhalin.ru.emb-japan.go.jp/itprtop_ja/index.html

緊急電話番号（国内共通）

火事　**TEL** 01、101（携帯から101）
警察　**TEL** 02、102（携帯から102）
救急車　**TEL** 03、103（携帯から103）
火事、警察、救急車共通　**TEL** 112

クレジットカードの紛失、盗難

■アメリカン・エキスプレス
TEL ＋44-20-8840-6461（イギリスへコレクトコール）
■JCB
TEL ＋81-422-40-8122（日本へコレクトコール）
■MasterCard
TEL ＋1-636-722-7111（アメリカへコレクトコール）
■三井住友VISA
TEL ＋81-3-6627-4067（日本へコレクトコール）

携帯電話を紛失した際の、ロシア（海外）からの連絡先（利用停止の手続き。全社24時間対応）

■au
TEL 8-10-81-3-6670-6944
（auの携帯から無料、一般電話からは有料）

■NTTドコモ
TEL 8-10-81-3-6832-6600
（NTTドコモの携帯から無料、一般電話からは有料）
■ソフトバンク
TEL 8-10-81-92-687-0025
（ソフトバンクの携帯から無料、一般電話からは有料）

航空会社

■アエロフロート・ロシア航空（ウラジオストク、ハバロフスク）
TEL 8 (800) 444-55-55
■S7航空
TEL (495) 777-99-99
■オーロラ航空（ユジノサハリンスク）
TEL 8 (800) 250-4988

おもな海外旅行保険会社

●損保ジャパン日本興亜
URL www.sjnk.co.jp
●東京海上日動保険
URL www.tokiomarine-nichido.co.jp
●AIG保険
URL www.aig.co.jp/sonpo
●三井住友海上火災保険
URL www.ms-ins.com

パスポートの盗難、紛失

紛失や盗難に遭ったら早急に新規発給か帰国のための渡航書の申請をしなければならない。ロシアの日本の在外公館（上記記載）にて手続きを行う。手数料は日本円などの外貨もしくは日本円相当の現地通貨で支払う。

●新パスポートの発給に必要な書類
①警察発行の紛失または盗難証明書
②写真2枚（縦45mm×横35mm）
③戸籍謄本又は抄本
④紛失一般旅券等届出書
⑤一般旅券発給申請書
⑥発給手数料
　10年用旅券　1万6000円
　5年用旅券　1万1000円

●帰国のための渡航書発給に必要な書類
①警察発行の紛失または盗難証明書
②写真1枚（縦45mm×横35mm）
③戸籍謄本または抄本1通または日本国籍があることを確認できる書類
④渡航書発給申請書
⑤紛失一般旅券等届出書
⑦航空券もしくは旅程表
⑥発給手数料　2500円

ロシア正教について

ロシア正教 Русская Православная Церковь（ロシア正教会、あるいはモスクワ総主教座ともいう）は、東ローマ帝国（ビザンチン）の国教だったキリスト教東方正教（ギリシア正教）の一派である。ロシア語では一般にプラヴァスラーヴィエ Православие といい、神への「正しい賛美」という意味をもつ。ロシア人のほとんどがこのロシア正教の信者であり、無神論が建前だったソ連時代にも生き残り、現在は事実上の国教として勢いと影響力を取り戻している。

ロシア正教の歴史

もともと東スラヴの人々は、雷や樹木などを信仰する自然崇拝多神教の宗教をもっていたが、キエフ・ルーシ国家の基盤強化の必要に迫られたウラジーミル聖公により、988年、当時全盛を極めたビザンチンの東方正教会が国教に定められた。

国教を定める際、ウラジーミルは当時の4つの主要宗教を比較し、選択を行ったという。まず飲酒と豚肉食を禁じるイスラームを、「飲酒はルーシ（東スラヴ人）の喜びである」として却下、聖地エルサレムを失ったユダヤ教は神に見捨てられた斜陽宗教として却下、ローマ・カトリックには何ら興味を覚えなかったが、ビザンチンに送った使者が語る東方正教会の典礼の美しさに惹かれた。ウラジーミルは洗礼を受け、ビザンチン皇帝の妹アンナを妃にもらう。キリスト教受容により、ヨーロッパとの関係が深まっただけでなく、文字の普及など、文化面での飛躍的発展も遂げた。

13世紀からルーシ国家はモンゴルの支配を受けるが、彼らが宗教に関して寛容だったため、税の免除など特典を受けた教会は発展した。大司教座はキエフからウラジーミルへ、ウラジーミルからモスクワへと移っており、セルギエフ・ポサードのトロイツェ・セルギエフ大修道院がその権威を高めた。

15世紀になると、強大化するオスマン帝国の脅威に対してビザンチンは1439年、東方正教会をローマ・カトリックに再統合することに同意した。これを「裏切り」とみたモスクワの大司教座は1448年に独自の総主教を立て、コンスタンチノープルの総主教座から独立し、ここにロシア正教が成立した。1453年にビザンチンが滅亡するとロシアこそが正当なキリスト教の後継者であり、モスクワは「第三のローマ」であるという思想がはびこった。ロシアがキリスト教世界を救うという、奇妙な終末論的メシア思想も生まれた。

17世紀になると外来文化の流入がロシア正教をも刺激し、総主教ニコンの原理主義的改革が始まった。改革は、例えば十字を切る手を2本指から3本指に変えるなど教会儀礼にまで及び、古い儀礼を固守しロシア正教会に反旗を翻す分離派「ラスコーリニク Раскольник」を生み出した。分離派は弾圧され、シベリア奥地や国外に逃亡し、近年まで閉鎖的な集団生活を続けている例もあった。

18世紀、ピョートル大帝の改革で総主教座は廃止され、ロシア正教会は国に従属することになるが、ロシア帝政とともにロシア正教も発展し続けた。しかし1917年のロシア革命後、ロシア正教の運命は一変する。反宗教の立場をとるソ連政府によって弾圧を受け、多くの聖職者が死刑、流刑に処され、教会も破壊、接収された。1940年までに、ロシアに約3万あったロシア正教教会が500以下に減少した。

その後1980年代にゴルバチョフ書記長が登場し、状況は変わる。1988年にはソ連でロシア正教1000年祭が祝われ、ロシア正教は復権を果たした。ロシアになってからは総主教座も復活し、現政権をサポートしながら、ロシア人の精神的よりどころとしてますます権威を深めている。

見てわかるロシア正教の特徴

観光などでロシアを訪れた際にも、ロシア正教の特徴はすぐに認知できる。

まず目に入るのは教会建築だが、丸天井の半円ドーム（あるいはタマネギドーム。これは燃えるろうそくを表したものとされる）を頂く建築様式はビザンチン建築の流れを汲むものであり、西欧のローマ・カトリック、プロテスタント教会とはかなり異なっている。屋根の上に立つ十字架も単なる十字ではなく、上に短い横棒が、下に斜めの棒が加えられた、計3つの横棒が並ぶ十字架である。

鐘の音は重要な役割を担っているが、初期の教会には鐘をつるす部分がなく、鐘楼は別に作られることが多かった。

教会内に入ると、椅子やベンチが一切ないことに気づく。礼拝の間、信者はずっと立っていなければならない。オルガンなどの楽器はなく、賛美歌は肉声のみで歌われるのが普通である。内壁一面は聖書物語や聖人などを描いた鮮やかなフレスコ画、モザイクなどで覆われ、そのなかで行われる礼拝は荘厳で、非常に儀式的な印象を受ける。

西欧の教会に見られる彫像はなく、その代わり平板に聖者のイメージを描いたイコン（聖像）が置かれ、信者たちはキスをしてあがめている。特に、東側奥の至聖所を区切るイコノスタス（聖障）は重要な聖者たちを描いたイコンが積み上げられ、見応えがある（右図参照）。

イコンについて

イコンとはイメージのことで、ロシア正教では板に描かれた聖像のことをいう。キリスト教受容とともにビザンチンから伝えられたもので、特にロシアでは崇拝の対象となり、発展をみせた。

一般にイコンはテーマが狭く、新作が描かれるよりは代々複写されていくものとされた。写実的な要素に乏しく、表情は硬く、実際のプロポーションや遠近法などを無視したものが多い。しかしよく見ると、表情からは憂いや慈愛など、秘められた深い感情が伝わってくる。構図にもある種の調和が感じられることだろう。

民衆に愛されるイコンに、聖母（生神女 ※）と幼子イエスを描いた聖母子像がある。『ウラジーミルの聖母』『カザンの聖母』『スモレンスクの聖母』など、奇跡を起こすと伝えられる聖母子像イコンは多く、民衆のさらなる信仰を集めた。

おもに14〜15世紀に活躍し、ロシアのイコンの基礎を築いた画家にフェオファン・グレク Феофан Грек、アンドレイ・ルブリョフ Андрей Рублёв、ディオニシー Дионисий などがいる。

（福原 正彦）

「救世主キリスト」
アンドレイ・ルブリョフ画

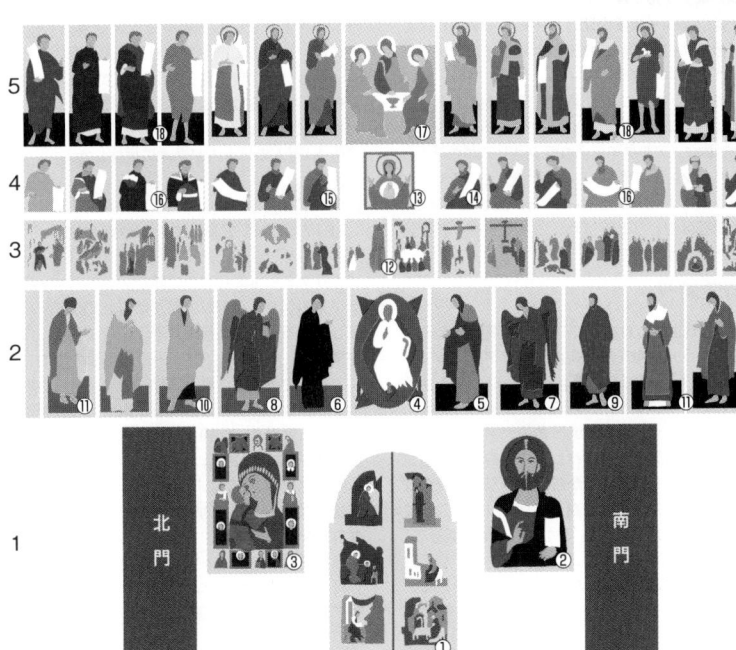

イコノスタス（聖障）の成り立ち

1. 地の列 Местный ряд
①美しき門　②救世主キリスト　③聖母子

2. デイシス（懇願）の列 Деисусный ряд
④王座につくキリスト　⑤洗礼者ヨハネ
⑥聖母　⑦大天使ガブリエル　⑧大天使ミハイル
⑨聖パウロ　⑩聖ペテロ
⑪そのほかの聖者（ルカほか）

3. 祭礼の列 Праздничный ряд
⑫十二大祭ほか

4. 預言者の列 Пророческий ряд
⑬オラントの聖母　⑭ソロモン　⑮ダビデ
⑯旧約聖書の預言者たち（イザヤほか）

5. 祖先の列 Праотеческий ряд
⑰聖三位一体　⑱旧約聖書の人物（ヨブほか）

※日本正教会では「生神女」と訳される。ロシア語は Богоматерь

極東ロシアとシベリアの歴史

極東ロシアとシベリアの歴史は、ヨーロッパ・ロシアとは大きく異なる。日本海に面したロシア沿海地方の中心都市ウラジオストクが誕生したのは1860年と、わずか150数年前。それ以前は、さまざまな古代国家や先住民族が暮らす世界最果ての地だった。とりわけ近代以降は、日本との歴史的な関係も深い。以下、帝政以前、帝政時代、ソ連時代、新生ロシア時代に分けて解説しよう。

▌帝政以前

最初の人類が現在のシベリアに現れたのは紀元前数万年前といわれる。その後、歴史上の民族が現れるのは、紀元前3〜2世紀頃でバイカル湖以南の草原は匈奴が支配した。6〜8世紀のアルタイ地方はチュルク族（突厥）の支配下にあり、極東ではツングース系の北方民族による渤海が栄えた。唐の文化を学び、仏教国家となった渤海は平安時代の日本と交易している。

13世紀にモンゴル帝国が勃興すると、東シベリアはモンゴル軍に征服され、南部がチャガタイ・ハーン国に、アルタイを含む西シベリアがキプチャク・ハーン国に併合された。15世紀、キプチャク・ハーン国のあとにシビル・ハーン国が成立する。その首都はシビリと呼ばれ、これをシベリアの語源とする説が有力だ。

▌帝政時代

12〜13世紀には、ノヴゴロドの商人が交易のためにウラル山脈を越えて西シベリアに達していた。16世紀半ばになると、モスクワの商人が毛皮を求めてエニセイ川の河口まで到達している。

1547年、イワン4世が正式にツァーリ（ロシア皇帝）を名乗り、ウスペンスキー寺院で戴冠式を挙行する。イワン4世から西シベリア開発の許可を得たロシアの富裕な商人グリゴリー・ストロガノフは、毛皮、魚、銅、銀などの資源を狙って、エルマークを隊長とするコサック隊をシベリアに派遣した。1582年にエルマークの軍がシビル・ハーン国を攻略したのを契機に、ロシア人が盛んにシベリアに進出するようになった。

その頃、極東ロシアでは女真族が後金を興し、中国の明朝を倒して清朝を建国している。

18世紀からはロシア人による鉱山の開発が行われた。シベリアは流刑地でもあったので、作業には流刑囚も使用された。農奴制から逃れてシベリアに移った農民が、西シベリアを中心に農業を発展させた。1891年に建設を開始し、1905年に完成したシベリア鉄道はこれを促進した。

日本とロシアの交流も、18世紀以降に始まっている。伊勢の商人、大黒屋光太夫は1791年にエカテリーナ2世に謁見し、井上靖著『おろしや国酔夢譚』で知られている。江戸幕末期の1860年代には、九州から多くの日本人が建設途上のウラジオストクをはじめ極東ロシアに渡っている。その後、しばらくロシア人と日本人は混住した。

しかし、その後日露関係は緊張する。1904年に勃発した日露戦争は日本の勝利に終わり、日本は南樺太を領有する。1945年の敗戦にいたるまで約40万人の日本人が樺太に居住した。

▌ソ連時代

1917年のロシア革命でソ連政権が成立すると、列強はじめ計14ヵ国が干渉し、なかでも日本は、イギリスとともに各国の先陣を切ってシベリア出兵に踏み切り、結局、最多の7万2000の兵を派遣している。ソ連は各国の干渉にパルチザン作戦を開始し、1920年にアムール川河口の町ニコラエフスクで起きた「尼港事件」では、激しい戦闘で日本が敗北。多くの日本軍事人や民間人が処刑されたことから、北樺太に日本軍は進駐し、5年間占領したこともある。その後22年には撤退した。

第2次世界大戦前、大陸に進出し、満州国を建国していた日本とソ連は極東で長い国境線を共有した。大戦末期、158万のソ連軍は、8月9日、日ソ中立条約を一方的に破棄して、満州国にいた日本軍を攻撃した。戦後、ソ連は極東の日本

極東ロシア、シベリアの先住民族はアニミズムを信仰していた

先住民族の多くは、清朝との交易で満洲族のチーパオ（旗袍）に似た衣装を身につけていた

コサックがシベリア征服の尖兵となった

20世紀初頭のウラジオストクの金角湾の光景

軍や民間人を捕虜として収容所に連行し、鉄道や道路建設などの強制労働に就かせた。この事実は1990年になってようやくソ連政府が公式に認めるところとなり、シベリア抑留者は54万6086人、うち抑留中の死亡者は6万2068人に上ることが確認された。

一方、樺太と千島列島には8月11日、ソ連軍が北緯50度の国境線を越えて南樺太に侵攻してきた。約2万の日本軍との戦闘は8月15日の終戦以降も1週間続き、結果としてソ連占領下の樺太には日本人や朝鮮人らが残された。千島列島については戦後、大戦末期の秘密会談による「ヤルタ協定」を根拠に全千島は自国領と主張するソ連と、北方四島は日本固有の領土と主張する日本との間で領有権問題が存在する。

ソ連は戦後、シベリア開発に力を入れ、ノヴォシビルスク郊外に科学アカデミーを建設するなど、広大な大地を活かし、宇宙開発などの研究を進めた。1974年から84年にかけてシベリア鉄道のバイパスとしてバム鉄道を建設した。

新生ロシア時代

1985年以降のペレストロイカ政策から1991年のソ連の解体が起こり、ロシアがソ連の継承国家となった。軍港として長く閉鎖されていたウラジオストクが対外開放された。

新生ロシア誕生から二十数年を経た現在、日露の人的、物的交流は進んでいる。ナホトカに1967年から暫定的におかれていた日本総領事館は、ウラジオストクに移設され、ハバロフスクにも総領事館を復活、さらにサハリンにも総領事館を新設するにいたっている。また在日ロシア連邦公館も、東京、大阪、札幌、函館、新潟に開設さ

れている。日本海を挟んだ隣国ロシア、特に極東、シベリア地域とのパートナーシップは、経済、文化を中心に今後確かなものとなるに違いない。

プーチン時代に入り、ウラジオストクを自由港とした極東開発に力が注がれており、近隣アジア諸国との人的交流も拡大している。

◆ウラジオストクを中心にした極東ロシア年表

紀元前1万年頃	最初の人類が沿海地方へ
紀元前800〜500年頃	先住民族の住居が現れる
698〜926年	渤海王朝、沿海地方を支配。日本との交易も
1115〜1234年	女真族による金王朝
14〜18世紀	明、清時代に一時期軍をハバロフスク方面に送る。ロシア東進の時代
1860年	北京条約によりロシアが沿海地方を併合
1876年	ウラジオストクに日本貿易事務館を開設
1881年	神戸ー長崎ー釜山ー元山ーウラジオストク航路開設
1891年	ニコライ皇太子、日本訪問。帰国時にウスリー鉄道起工式
1903年	モスクワ・ウラジオストク間のシベリア横断鉄道開通
1904年〜05年	日露戦争
1912年	敦賀・ウラジオストク航路に接続する国際列車(シベリア鉄道)の運行開始
1917年	ロシア革命
1918〜22年	連合軍によるシベリア出兵
1941〜45年	第2次世界大戦
1952〜91年	ウラジオストク外国人の立ち入り禁止
1991年	ソ連邦解体
1992年1月	ウラジオストク対外開放
2012年9月	ルースキー島でAPEC開催
2017年8月	日本ほか18ヵ国に電子簡易ビザの発給を開始

連合軍のシベリア出兵と戦うパルチザン戦争を描いた絵画

2012年のAPEC開催時に開通した金角湾大橋

Column 極東ロシア、シベリアの先住民族

民族文化ツアー
ニブヒ族
ウデゲー族
オロチ族
ウリチ族
エヴェニ族
ナナイ族

ニヴフ、オロチ、ウリチ、エヴェン、ウデゲ、ナナイは、ハバロフスク地方に住むおもな先住民族

極東ロシアやシベリアは寒冷の地でありながら、領内に200もの先住民族が暮らしている。伝統宗教はアニミズムやシャーマニズムで、トナカイの遊牧や狩猟、漁労などを生業として営む民族が多かった。

彼らの存在を世に知らしめたのは、探検家のウラジーミル・アルセーニエフ（1872〜1930年）。友人でガイドだったナナイ人にちなんで『デルス・ウザーラ』と名づけた小説の著者である。ウラジオストクのアルセーニエフ記念沿海地方博物館（→P.43）は彼の名を冠している。黒澤明監督はこれを原作とした映画を1975年に公開している。すべてを紹介できないが、おもな民族を語族ごとに紹介しよう。

ツングース系

●エヴェンキ（オロチョン）

クラスノヤルスク地方にある旧エヴェンキ自治管区地域に居住。一部中国黒龍江省にも住んでいる。生業はトナカイの遊牧で、白樺を組んだ円錐形の天幕式住居に住む。

●エヴェン

エヴェンキとは別の部族。マガダン州やカムチャツカ地方北部、オホーツク海周辺など、サハ共和国で最も寒く辺鄙な地域に暮らす。

●ナナイ（ホジェン）

ウスリー川流域に暮らす漁労の民。日本人と同様に魚を生食する。かつてサケの魚皮で衣類をつくっていた。ハバロフスク地方のシカチ・アリャン（→P.87 ）に民族村がある。

●ウデゲ

沿海地方のビギン川流域のタイガの森に暮らす。薬用ニンジンやハチミツ、ベリーを採集して生計を立てる。

●オロチ

ハバロフスク地方のアムール川支流トゥムニナ川やキジ湖周辺に居住している。

●ウィルタ（オロッコ）

サハリン東岸に暮らす民族で、第2次世界大戦前に日本領だった南樺太に居住していたウィルタは日本国籍をもっていた。戦後、ウィルタの一部は北海道へ移住した。

●アイヌ

北海道やサハリン南部、千島列島に暮らしていた。第2次世界大戦後、サハリンから北海道に多く移住した。

●ニヴフ（ギリヤーク）

サハリン北部やアムール河口に暮らしている民族だが、ニヴフ語はツングース系ではなく、世界中のほかの言語と関連がなく、どこから移住してきたか不明。間宮林蔵が1809年に樺太探検したとき、ニヴフの集落を訪ね、交流した記録が残っている。

チュルク諸語系

●ヤクート

サハと自称するロシア連邦サハ共和国の主要構成民族。もとはトナカイと半遊牧的な生活を送る狩猟採集民で、ロシア正教に改宗した。今日でもシャーマニスティックな習慣を残す（→P.163）。

チュクチ・カムチャツカ語族

●コリャーク人

カムチャツカ極北部のベーリング海沿岸地帯からアナディリ川流域に暮らす民族のひとつ。トナカイを飼い、漁労を営む。ペトロパヴロフスク・カムチャツキーを訪ねると、出会えるだろう（→P.164）。

旅のロシア語会話

ロシア語への誘い

　広大なロシアでは、120余りの民族がそれぞれ多様な言語を話しているが、共通語といえるのは、何といってもロシア語だ。ロシア人以外の民族が暮らすどんな小さな村のおじさんたちも、必ずロシア語を話す。

　そのロシア語を母国語とする語圏も決して狭いものではないから、方言も多種多様で、ロシア語にはいろいろな顔がある。日本人がつたないロシア語で話せば、中央アジアから来た人に間違えられることもある。

　一般の人たちには英語の通用度は低い。だからロシア語を片言でも話せれば、市場でも、売り子の応対が違ってくるはず。楽しい旅作りの第一歩に、ロシア語にちょっぴりでも親しもう。

※文のアクセント（平叙文ならば強く、疑問文ならば音調を上げて強く）する。ロシア語の名詞には男性形、女性形、中性形とあり、少しずつ異なる。動詞がふたつスラッシュで区切られているときは「：男」と後ろに付く単語は男性形、「：女」と付くのは女性形である。自分の性別に合ったほうの単語を使おう。

ロシア語文法の特徴

　ロシア語文法の最大の特徴は、名詞が格変化すること。辞書には基本の形（主格）が載っているが、実際には用例に応じて6つの格（主格、生格、与格、対格、造格、前置格）に変化する。例えば「私」という意味の単語яヤーは、「私は（主格）」だと形は変わらないが、「私の（生格）」だとменяミニャー、「私に（与格）」だとмнеムニェーというように変化して使われる。また名詞は男性、女性、中性、複数の4つの形に分類され、その形に応じて格変化の法則も異なる。名詞に「性」を持たず、格変化になじみのない日本語の話者には、最も難しいポイントである。

　一方の動詞も、用例に応じて「完了体」「不完了体」の2種を使い分けなければならないうえ、主語の形に応じて変化する。例えば「話す」という意味の不完了体говоритьガヴァリーチは、「私」が主語ならговорюガヴァリュー、「彼ら」が主語ならговорятガヴァリャートと変化するなど、こちらも変化の規則を覚えなければならない。このようにロシア語の文法は非常に難解だが、ちょっと学んだだけで使える言い回しも少なくないので、興味のある人は参考書を手に取ってみよう。

キリル文字一覧表

大文字	小文字	発音	ローマ字	大文字	小文字	発音	ローマ字
А	а	アー	A	С	с	エス	S
Б	б	ベー	B	Т	т	テー	T
В	в	ヴェー	V	У	у	ウー	U
Г	г	ゲー	G	Ф	ф	エフ	F
Д	д	デー	D	Х	х	ハー	X
Е	е	イェー	E	Ц	ц	ツェー	Ts
Ё	ё	イョー	Yo	Ч	ч	チェー	Ch
Ж	ж	ジェー	Zh	Ш	ш	シャー	Sh
З	з	ゼー	Z	Щ	щ	シシャー	Sch
И	и	イー	I	Ъ	ъ	音を分離する	
Й	й	イ	I	Ы	ы	ウィ	Y
К	к	カー	K	Ь	ь	前に来る子音を軟音化する	
Л	л	エル	L	Э	э	エー	E
М	м	エム	M	Ю	ю	ユー	Yu
Н	н	エヌ	N	Я	я	ヤー	Ya
О	о	オー	O				
П	п	ペー	P	※В（ヴェー）は英語のVのように下唇を軽く噛んで発音する。Р（エル）は巻き舌になる。			
Р	р	エル	R				

※В（ヴェー）は英語のVのように下唇を軽く噛んで発音する。Р（エル）は巻き舌になる。

基本の会話

毎日のあいさつ

おはよう！
ドーブラェ　**ウー**トラ Доброе утро!
こんにちは！
ドーブルイ　ヂェー二 Добрый день!
ズド**ラー**ストヴィチェ Здравствуйте!
こんばんは！
ドーブルイ　ヴェー**チェ**ル Добрый вечер!
おやすみなさい。
スパ**コー**イナイ　ノーチ Спокойной ночи.
ありがとう（ございます）。
（バリショーエ）スパ**スィー**バ
（Большое）спасибо.
どういたしまして。
二エ　ザ　シトー Не за что.
パ**ジャー**ルスタ Пожалуйста.
どうぞ（先へ譲るとき、何かを渡すとき）。
パ**ジャー**ルスタ Пожалуйста.

はじめまして&さようならのあいさつ

はじめまして。
オーチン　プリ**ヤー**トナ Очень приятно.
ごきげんいかがですか？
カーク　パジ**ヴァー**イチェ Как поживаете?
ありがとう、元気です。あなたは？
スパ**スィー**バ ハラショー ア **ヴィ**
Спасибо, хорошо. А вы?
さようなら（また会うときまで）！
ダ　スヴィ**ダー**二ヤ До свидания!
さようなら（お元気で、ごきげんよう）！
フシ**ヴォー**　ハロー**シェ**ヴァ Всего хорошего!
じゃあね！　パ**カー** Пока!
はい。　**ダー** Да.
わかりました。
ポー二ャル：男／パ二ャ**ラー**：女
Понял. / Поняла.
それでよいです。　ハラ**ショー** Хорошо.
いいえ。　二**ート** Нет.
いいえ、結構です。
二**ート**　スパ**スィー**バ Нет, спасибо.
あなたのお名前は？
カーク　**ヴァース**　ザ**ヴゥート** Как вас зовут?
私は日本人です。
ヤー　イ**ポー**二ェツ：男／イポーンカ：女
Я японец / японка.
私の名前は種田恵子です。
ミ二ャー　ザ**ヴゥート**　ケイコ　タ**ネ**ダ
Меня зовут Кэйко Танэда.

ホテルで

これが私のバウチャーとパスポートです。
ヴォート　モイ　ヴァーウチル　イ　パースパルト
Вот мой ваучер и паспорт.
すべての料金は支払ってあります。
ザ　フショー　ウスルーギ　ウジェー　アプ**ラー**チナ
За всё услуги уже оплачено.
チェックアウトは何時ですか？
カ**コー**エ　ラッ**ショー**トナエ　ヴ**レー**ミヤ　ウ　**ヴァー**ス
Какое расчётное время у вас?
朝食は何時ですか？
ヴァ　ス**コー**リカ　ザーフトラク
Во сколько завтрак?
レストランはどこですか？
グ**ヂェー**　リスタ**ラーン** Где ресторан?
どのようにして支払いますか？
カ**キーム**　オーブ**ラ**ザム　ヤー　マ**グー**　ラスプラ**チー**ッツァ
Каким образом я могу расплатиться?
鍵をください。
ダーイチェ　ム二ェー　クリューチ　パ**ジャー**ルスタ
Дайте мне ключ, пожалуйста.
この荷物を5:00まで預かってほしいのですが。
ヤー　ハチュー　アス**ター**ヴィチ　バ**ガー**シ
ダ　**ピ**チー　チ**ソー**フ
Я хочу оставить багаж до пяти часов.
部屋に忘れ物をしました。
ヤー　ザ**ビー**ル：男／ザ**ビー**ラ：女　コーイ
エ　シトー　ヴ　ノーミェレ
Я забыл／забыла коечто в номере.
預けた荷物を返してください。
アッ**ダー**イチェ　モイ　バ**ガー**シ　パ**ジャー**ルスタ
Отдайте мой багаж, пожалуйста.

ホテル	ガス**チー**二ッツァ	гостиница
ロビー	ヴィスチ**ビュー**リ	вестибюль
レストラン	リスタ**ラーン**	ресторан
非常口	ザパス**ノー**イ	запасной
昨日	フチェ**ラー**	вчера
今日	スィ**ヴォー**ド二ャ	сегодня
明日	**ザー**フトラ	завтра
朝、午前に	**ウー**トラム	утром
正午	**ポー**ルジェ二	полдень
午後に		
ヴァ　フタ**ロー**イ	во второй	
パラ**ヴィー**二ェ　ド二ャ	половине дня	
夕方、晩に	**ヴェー**チェラム	вечером
夜中、深夜	**ノー**チ	ночь

両替をする

両替所はどこですか？
グ**ヂェー**　モージナ　アブミ二ャーチ　ヴァリュー**トゥ**

Где можно обменять валюту?
日本円を扱っていますか？
モージァ アブミニャーチ イポンスキエ イェーヌィ
Можно обменять японские йены?
これを細かくしてください。
ラズミニャーイチェ ナ ミェールキエ ヂェーンギ
Разменяйте на мелкие деньги.

1
ア**ヂ**ーン один：男
アド**ナ** одна：女
アド**ノ** одно：中
アド**ニ** одни：複
2
ドゥ**ヴァ**ー два：男、中
ドゥ**ヴェ**ー две：女
3
トゥ**リ**ー три
（以下男、女、中性共通）
4　チ**トゥ**ィーリエ четыре
5　**ピャ**ーチ пять
6　**シェ**ースチ шесть
7　**スィェ**ーミ семь
8　**ヴォ**ースィミ восемь
9　**ヂェ**ーヴィチ девять
10　**ヂェ**ースィチ десять
11　**ア**ヂーンナッツァチ одиннадцать
12　ドゥヴィ**ナ**ーッツァチ двенадцать
13　トゥリ**ナ**ーッツァチ тринадцать
14
チ**トゥ**ィールナッツァチ четырнадцать
15　ピト**ナ**ーッツァチ пятнадцать
16　シス**ナ**ーッツァチ шестнадцать
17　スィム**ナ**ーッツァチ семнадцать
18
ヴァスィム**ナ**ーッツァチ восемнадцать
19
ヂヴィト**ナ**ーッツァチ девятнадцать
20　ドゥ**ヴァ**ーッツァチ двадцать
30　トゥ**リ**ーッツァチ тридцать
40　**ソ**ーラク сорок
50　ピッヂスィ**ヤ**ート пятьдесят
60　シズディシ**ヤ**ート шестьдесят
70　**スィェ**ーミヂスィト семьдесят
80　**ヴォ**ースィミヂスィト восемьдесят
90　ヂヴィ**ノ**ースタ девяносто
100　ス**ト**ー сто
500　ピッ**ソ**ート пятьсот
1000　トゥイー**スィ**チャ тысяча
0　**ノ**ーリ ноль

交通機関

オデッサ行きのチェックインカウンターはどこですか？
グ**ヂェ**ー ブージェット リギストラーツィヤ ナ アヂェース
Где будет регистрация на Одессу?
私の荷物は全部で2個です。
ウ ミニャー フシェヴォー ドゥ**ヴァ** バガジャ
У меня всего два багажа
飛行機の出発時間が遅れていますか？
プリェーミャ ヴィーリタ サマリョータ ザヂェールジヴァエッツア
Время вылета самолета задерживается?
飛行機は欠航ですか？
リェイス アトミ**ニョ**ーン
Рейс отменён?
手荷物の受取所はどこですか？
グ**ヂェ**ー **モ**ージナ パルチーチ バ**ガ**ーシ
Где можно получить багаж?
私の荷物が見つかりません。
ヤー ニ マ**グ**ー ナイチー スヴォイ バ**ガ**ーシ
Я не могу найти свой багаж.
市内へ行くバス乗り場はどこですか？
グ**ヂェ**ー ナホーヂッツァ アスタノーフカ アフトーブサ フ ゴーラト
Где находится остановка автобуса в город?
ボロジノまでいくらですか？
ス**コ**ーリカ ス**ト**ーイト ビリェート ダ バラヂ**ナ**ー
Сколько стоит билет до Бородина?
これはボロジノ行きですか？
エータ イ**ヂョ**ート ダ バラヂ**ナ**ー
Это идёт до Бородина?
次の停車駅はどこですか？
カ**カ**ーヤ スレードゥユシャヤ ス**タ**ーンツィヤ
Какая следующая станция?
切符をなくしてしまいました。
ヤー パチリ**ヤ**ール：男／パチリ**ヤ**ーラ：女　ビリェート
Я потерял／ потеряла билет.
日本人墓地行きのバスはありませんか？
イェスチ リ アフ**ト**ーブス イ**ドゥ**ーシイ ダ イ**ポ**ーンスカヴァ ク**ラ**ードビシャ
Есть ли автобус, идущий до японского кладбища?
銀の森行きのバス停はどこですか？
グ**ヂェ**ー ナホーヂッツァ アスタノーフカ アフトーブサ ナ セレーブリャヌイ ボール
Где находится остановка автобуса на Серебряный Бор?
切符売り場はどこですか？
グ**ヂェ**ー ビリェートナヤ **カ**ーッサ
Где билетная касса?

このバスは郷土博物館に停まりますか？
エータット　アフトーブス　アスタナーヴリヴァイェッツア　ナ
アスタノーフケ　クライヴィチェースカヴァ　ムズィェーヤ
Этот автобус останавливается на
остановке краеведческого музея?
次、降ります。
ヤー　ヴイハジュー　ナ　スレードゥユシェイ
アスタノーフケ
Я выхожу на следующеи остановке.
タクシー乗り場はどこですか？
グヂェー　スタヤーンカ　タクシー
Где стоянка такси?
インツーリスト・ホテルまでお願いします。
ヴ　ガスチーニィツゥ　イントゥリースト　パジャールスタ
В гостиницу "Интурист", пожалуиста.
空港までいくらかかりますか？
スコーリカ　ストーイト　ダ　アエラポールタ
Сколько стоит до аэропорта?

タクシー	タクシー такси
バス	アフトーブス автобус
バスターミナル	
アフトーブスナヤ автобусная	
スターンツィヤ станция	
トロリーバス	トラリェーイブス троллейбус
路面電車	トラムヴァーイ трамвай
地下鉄	メトロー метро
切符	ビリェート билет
荷物	バガーシ багаж
パスポート	パースパルト паспорт
税関申告書	
タモージェンナヤ таможенная	
ヂクララーツィヤ декларация	
税関検査	
タモージェンヌイ　ダスモートル	
таможенный досмотр	
入国ビザ	
ヴィェーズドナヤ　ヴィーザ	
въездная виза	
入国管理	
パースパルトヌイ　カントローリ	
паспортный контроль	
荷物預かり証	
バガージナヤ　クヴィターンツィヤ	
багажная квитанция	
国際線	
ミジドゥナロードナヤ　リーニヤ	
международная линия	
国内線	
ヴヌートリンニヤ　リーニヤ	
внутренняя линия	
空港　アエラポールト аэропорт	

出発時間
ヴリェーミャ　ヴィーレタ
время вылета
到着時間
ヴリェーミャ　プリリョータ
время прилёта
待合室
ザール　アジダーニヤ зал ожидания
駅　スターンツィヤ станция
大きな駅　ヴァグザール вокзал
切符売り場　カーッサ касса
荷物預かり所
カーミラ　フラニェーニヤ
камера хранения

町を歩く

すみませんが……。
プラスチーチェ パジャールスタ
Простите пожалуйста.
ブーチチェ　ダブルイ Будьте добры.
申し訳ありません（ごめんなさい）。
イズヴィニーチェ　パジャールスタ
Извините пожалуйста.
いいですよ。　ニチヴォー Ничего.
英語がわかりますか？
ヴィ　パニマーイチェ　パ　アングリースキ
Вы понимаете по-английски?
わかりません。
ニ　ポーニャル：男／パニャラー：女
Не понял／ поняла.
わかりません。
ヤー　ニ　パニマーユ Я не понимаю.
ニ　パニャートナ Не понятно.
私はロシア語がわかりません。
ヤー　ニ　パニマーユ　パルースキー
Я не понимаю по-русски.
クレムリンへ行きたいんです。
ヤー　ハチュー　パイチー　フ　クリェームリ
Я хочу пойти в Кремль.
歩いてそこへ行けますか？
モージナ　ダイッチー　ダトゥーダ　ピシコーム
Можно дойти дотуда пешком?
ここはどこですか？
グヂェー　ズヂェーシ Где здесь?
道に迷ってしまいました。
ヤー　ザブルヂールシャ：男／ザブルヂーラスィ：女
Я заблудился／ заблудилась.
いちばん近いトイレはどこですか？
グヂェー　プリジャーイシィ　トゥアリェート
Где ближайший туалет?
えっ（聞き返す）？　シトー Что?
もう一度おっしゃってください。

パフタリーチェ　パジャールスタ
Повторите, пожалуйста.
もっとゆっくり話してください。
ガヴァリーチェ　パジャールスタ　ミェードリンニェェ
Говорите, пожалуйста, медленнее.
ここに書いてください。
ザピシーチェ　パジャールスタ　ズヂェーシ
Запишите, пожалуйста, здесь.
入場料はいくらですか？
スコーリカ　ストーイト　フハドノーイ　ビリェート
Сколько стоит входной билет?
そこへ入ってよいですか？
モージナ　ヴァイチー　トゥダー
Можно войти туда?
ここで写真を撮ってもよいですか？
ズヂェースィ　モージナ　ファタグラフィーラヴァチ
Здесь можно фотографировать?
すみませんが私の写真を撮ってください。
スファタグラフィールイチェ　ミニャー　パジャールスタ
Сфотографируйте меня, пожалуйста.

東	ヴァストーク	восток
西	ザーパト	запад
南	ユーグ	юг
北	スィェーヴェル	север
右	ナプラーヴァ	направо
左	ナリェーヴァ	налево
左側に		
	リェーヴァヤ スタラナー	левая сторона
右側に		
	プラーヴァヤ スタラナー	правая сторона
前方	フピリョート	вперёд
後方	ナザート	назад
方角、方向、側	スタラナー	сторона
こちら側		
	エータ スタラナー	эта сторона
あちら側		
	ドゥルガーヤ スタラナー	другая сторона
通り	ウーリッツァ	улица
大通り	プラスピェークト	проспект
橋	モースト	мост
大学		
	インスチトゥート	институт
	ウニヴィルスィチェート	университет
広場	プローシャチ	площадь
競技場	スタヂオーン	стадион
川	リカー	река
運河	カナール	канал
市場		
	ルィィーナク	рынок
	バザール	базар
建物	ズダーニエ	здание
博物館	ムズィェーイ	музей

宮殿、大会館　ドヴァリェーツ дворец
教会　ツェールカフィ церковь
大寺院　サボール собор
公園　パールク парк
撮影禁止
ファタグラフィーラヴァチ　ザプリシィノー
фотографировать запрещено
フラッシュ禁止
ニリズィャー　イスポーリザヴァチ　フスプィースィク
нельзя использовать вспышку

買い物をする

これを見せてください。
パカジーチェ　エータ　パジャールスタ
Покажите это, пожалуйста.
いくらですか？
スコーリカ　ストーイト Сколько стоит?
これをください。
ダーイチェ　ムニェ　エータ Дайте мне это.
このクレジットカードは使えますか？
モージナ　イスポーリザヴァチ　エートゥ　クリ
ヂートヌユ　カールタチク
Можно использовать эту кредитную
карточку?

領収書	クヴィターンツィヤ	квитанция
店	マガズィーン	магазин
値段	ツェナー	цена
デパート	ウニヴェルマーク	универмаг
みやげ物／みやげ物屋		
	スヴィニール	сувенир
パン屋	ブーラチナヤ	булочная
薬局	アプチェーカ	аптека
本／本屋	クニーガ	книга
琥珀	インターリ	янтарь
陶磁器	ファルフォール	фарфор
地図	カールタ	карта
香水	ドゥヒー	духи
マトリョーシカ	マトリョーシカ	матрёшка
キャビア		
	チョールナヤ イクラー	чёрная икра

電話・郵便局

もしもし、インツーリスト・ホテルですか？
アリョー　エータ　ガスチーニツァ　イントゥリースト
Алло, это гостиница "Интурист"?
こちらは種田です。
エータ　ガヴァリート　タネダ
Это говорит Танэда.
英語の話せる人をお願いします。
パプラスィーチェ　カヴォーニブチ　クトー　ガ

ヴァリート　パアング**リ**ースキ
Попросите кого-нибудь, кто говорит по-английски.
最寄りの郵便局はどこですか？
グ**ヂェ**　プリジャーイシャヤ　ポーチタ
Где ближайшая почта?
航空便（船便）でお願いします。
ヤー　ハチュー　アトプ**ラ**ーヴィチ　エータ
アヴィアポーチタイ（マルスコーイ　**ポ**ーチタイ）
Я хочу отправить это авиапочтой (морской почтой).
これを日本へ送りたい。
ヤー　ハチュー　アトプ**ラ**ーヴィチ　エータ
ヴ　イ**ポ**ーニユ
Я хочу отправить это в Японию.
航空便ならいくらですか？
ス**コ**ーリカ　スト**ー**イト　アヴィア**ポ**ーチタイ
Сколько стоит авиапочтой?

国際電話
メジドゥナ**ロ**ードヌイ　チリフォーン
Международный телефон
1時間　ア**ヂン**　**チャ**ース один час
10分
ヂェースィチ　ミ**ヌ**ート десять минут
10秒
ヂェースィチ スィ**ク**ーント десять секунд
郵便局　**ポ**ーチタ почта
郵便料金
パチトーヴィエ　ラス**ホ**ードゥィ
почтовые расходы
絵はがき　アトク**ル**ィートカ открытка
切手　**マ**ールカ марка
封筒　カン**ヴェ**ールト конверт
航空便
アヴィア**ポ**ーチタ авиапочта
船便
マルス**カ**ーヤ　**ポ**ーチタ
морская почта
小包　パス**ィ**ールカ посылка
日曜日
ヴァスクリ**スィ**ェーニエ воскресенье
月曜日
パニ**ヂェ**ーリニク понедельник
火曜日　フ**ト**ールニク вторник
水曜日　スリ**ダ**ー среда
木曜日　チト**ヴェ**ールク четверг
金曜日　**ピャ**ートニッツァ пятница
土曜日　ス**ボ**ータ суббота
1月　ヤン**ヴァ**ーリ январь
2月　フェ**ヴラ**ーリ февраль
3月　**マ**ールト март
4月　アプ**リ**ェーリ апрель

5月　**マ**ーイ май
6月　イ**ユ**ーニ июнь
7月　イ**ユ**ーリ июль
8月　**ア**ーヴグスト август
9月　スィン**チャ**ーブリ сентябрь
10月　アク**チャ**ーブリ октябрь
11月　ナ**ヤ**ーブリ ноябрь
12月　ヂ**カ**ーブリ декабрь

困ったとき

助けて！　パマ**ギ**ーチェ Помогите!
危ない！
アスタ**ロ**ージナ Осторожно!
ア**パ**ースナ Опасно!
警察を呼んで！
パザ**ヴィ**ーチェ　ミ**リ**ーツィユ
Позовите милицию!
医者を呼んでください。
ヴィーザヴィチェ　パジャールスタ　ヴラ**チャ**ー
Вызовите, пожалуйста, врача.
火事だ！　パ**ジャ**ール Пожар!
日本大使館へ電話してください。
パズヴァ**ニ**ーチェ　パジャールスタ　フ　パソーリス
タヴァ　イ**ポ**ーニイ
Позвоните, пожалуйста, в посольство Японии.
列車（飛行機）に乗り遅れました。
ヤー　アパズ**ダ**ール（男／アパズダーラ：女　ナ
ポーイスト（サマ**リョ**ート）
Я опоздал／опоздала на поезд (самолёт).
財布を盗まれたという証明書を書いてください。
サスターフィチェ　アークト　ア　**ト**ーム　シトー
ウ　ミ**ニャ**ー　ウクラーリ　カシ**リョ**ーク
Составьте акт о том, что у меня украли кошелёк.
日本で保険金を受け取るためのものです。
エータ　ドゥリャ　パルチェーニヤ　ストラ**ホ**ー
フキ　ヴ　イ**ポ**ーニイ
Это для получения страховки в Японии.
誰か日本語の話せる人をお願いします。
パプラ**スィ**ーチェ　カヴォーニプチ　クト**ー**　ズナー
イェト　イ**ポ**ーンスキーイ　イズ**ィ**ーク
Попросите кого-нибудь, кто знает японский язык.
パスポートをなくしました。
ヤー　パチ**リ**ヤール：男／パチリ**ヤ**ーラ：女　パ
ースパルト
Я потерял／потеряла паспорт.
日本大使館へどうやって行くのですか？
カーク　ダイ**チ**ー　ダ　パソーリストヴァ

イポーニイ
Как дойти до посольства Японии?

警察　ミリーツィヤ милиция
病院　バリニーツァ больница
医者　ヴラーチ врач
申告、申告書
ザィヴリェーニエ заявление
証明書　スプラーフカ Справка
紛失　ウトラータ утрата
財布　カシリョーク кошелёк
パスポート　パースパルト паспорт
クレジットカード
クリヂートナヤ　カールタチカ
кредитная карточка
カメラ　フォトアパラート фотоаппарат

病院

気分が悪いんです。
ヤー　プローハ シビャー　チューストヴユ
Я плохо себя чувствую.
熱があります。
ウ　ミニャー　ヴィソーカヤ チムピラトゥーラ
У меня высокая температура.
ここが痛いんです。
ズヂェースィ　ヴァリート　Здесь болит.
風邪をひきました。
ヤー　プラストゥヂールシャ：男
/プラストゥヂーラスィ：女
Я простудился/ простудилась.
私の血液型はO型です。
マヤー　グルーッパ クローヴィ　ピェールヴァヤ
Моя группа крови I.
私の血液型はA型です。
マヤー　グルーッパ クローヴィ　フタラーヤ
Моя группа крови II
私の血液型はB型です。
マヤー　グルーッパ クローヴィ　トリーチヤ
Моя группа крови III.
私の血液型はAB型です。
マヤー　グルーッパ クローヴィ　チトヴォールタヤ
Моя группа крови IV.
旅行を続けても大丈夫ですか？
モージナ　プラダルジーチ　プチシェーストヴィエ
Можно продолжить путешествие?

下痢　パノース понос
便秘　ザポール запор
やけど　アジョーク ожог
せき　カーシェリ кашель
めまい
ガラヴァクルジェーニエ　головокружение

嘔吐　ルヴォータ рвота
風邪　プラストゥーダ простуда
消化不良　ヂスペープシーヤ диспепсия
腹痛
ボーリ　ヴ ジヴァチェー
боль в животе
頭痛
ガラヴナーヤ　ボーリ
головная боль
歯痛
ズブナーヤ　ボーリ
зубная боль
食欲がない
アピチータ　ニェート
аппетита нет
薬　リカールストヴァ　лекарство
軟膏　マースィ мазь
処方（箋）　リツェープト рецепт
アレルギー　アリルギーヤ аллергия
外科手術　アピラーツィヤ операция
麻酔　ナルコーズ наркоз

食事

私は食べたい。
ヤー　ハチュー　イェースチ Я хочу есть.
私は飲みたい。
ヤー　ハチュー　ピーチ Я хочу пить.
この近くにおいしいレストランがありますか？
イェースチ リ パブリーザスチ ハローシィィ リスタラーン
Есть ли поблизости хороший
ресторан?
予約が必要ですか？
ヌージナ ザラーニェエ ザカザーチ ミェースタ
Нужно заранее заказать место?
予約してあります。私の名字は種田です。
ヤー　ザラーニェエ ザカザール：男/ザカザーラ：女
ミスター　マヤー　ファミーリヤ タネダ
Я заранее заказал/ заказала
места Моя фамилия Танэда.
メニューを見せてください。
パカジィーチェ メニュー パジャールスタ
Покажите меню, пожалуйста.
英語のメニューはありますか？
ウ　ヴァース　イェースチ メニュー ナ
アングリースカム イズィケー
У вас есть меню на английском языке?
ここの名物料理は何ですか？
カキーエ ウ ヴァース フィールメンヌィエ ブリューダ
Какие у вас фирменные блюда?
あれと同じ料理をください。
ダーイチェ ムニュー タコーエ ジェ ブリューダ
パジャールスタ

Дайте мне такое же блюдо, пожалуйста.
これをください。
ダーイチェ　パジャールスタ　エータ
Дайте, пожалуйста, это.
料理がまだ来ていません。
ブリューヂャ　イ**シ**ョー　ニ　プリニスリー
Блюда ещё не принесли.
コーヒー／紅茶　をお願いします。
プリニ**スィ**ーチェ　パジャールスタ　コーフェ／チャーイ
Принесите, пожалуйста, кофе／чай.
乾杯（出会いを祝して）！
ザ　**ナ**ーシ　フストリーチュ
За нашу встречу!
お勘定をお願いします。
シ**ショ**ート　パジャールスタ Счёт, пожалуйста.
とてもおいしかったです。ありがとう。
オーチン　フ**ク**ースナ。　スパ**スィ**ーバ
Очень вкусно. Спасибо.

○前菜
ザ**ク**ースカ закуска
ポテトサラダ
サラート　ス**タ**リーチヌイ
салат столичный
サーモン　**シ**ョームガ сёмга
チョウザメ　アシト**リ**ーナ осетрина
キャビア
チョールナヤ　イク**ラ**ー чёрная икра
イクラ
ク**ラ**ースナヤ　イク**ラ**ー красная икра
ハム　ヴィッチ**ナ**ー ветчина
ソーセージ　カルバ**サ**ー колбаса
チーズ　**スィ**ール сыр
バター　**マ**ースラ масло
カニ　ク**ラ**ープ краб
サワークリームの小型グラタン
ジュリ**エ**ン жульен
ロシア風クレープ　ブ**リ**ヌイ блины
○スープ　**ス**ープ суп
コンソメ　ブリ**オ**ーン бульон
ボルシチ　**ボ**ールシ борщ
サリャーンカ　サ**リ**ャーンカ солянка
魚スープ　ウ**ハ**ー уха
野菜（キャベツ）スープ　**シ**ィー щи
○メイン　フタ**ロ**ーエ второе
牛肉　ガ**ヴ**ァーヂナ говядина
豚肉　ス**ヴィ**ニーナ свинина
鶏肉　**ク**ーリツァ курица
フィレ・ステーキ　フィ**リェ**ー филе
羊の串焼き　シャシ**ル**ィーク шашлык
ビーフストロガノフ
ビフスト**ロ**ーガナフ бефстроганов

グリルド・チキン
ツィプ**リョ**ーノク タバカ ЦЫПЛЁНОК табака
キエフ風カツレツ
カト**リェ**ータ　パ**キ**ーエフスキ
котлета по-киевски
壺焼きビーフ
ガ**ヴ**ァーヂナ　ヴ　ガル**シ**ョーチケ
говядина в горшочке
焼肉　ジャル**コ**ー Ежаркое
オムレツ　アム**リェ**ート омлет
○付け合わせ　ガル**ニ**ール гарнир
ジャガイモ
カル**ト**ーフェリ картофель
カル**ト**ーシカ картошка
キャベツ　カ**プ**ースタ капуста
キュウリ　アグ**リェ**ーツ огурец
トマト　パミ**ド**ール помидор
パン　フ**リェ**ープ хлеб
ライス　**リ**ース рис
○デザート　ヂス**ヴィ**ェールト десерт
果物　フ**ル**ークトゥイ фрукты
アイスクリーム
マ**ロ**ージュナエ мороженое
ケーキ　ピ**ロ**ージナエ пирожное
デコレーションケーキ　**ト**ールト торт
ピロシキ
ピラ**ジョ**ーク（単数）пирожок
○飲み物　ナ**ピ**ータク напиток
赤ワイン
ヴィ**ノ**ー　ク**ラ**ースナエ вино красное
白ワイン
ヴィ**ノ**ー　**ヴェ**ーラエ вино белое
シャンパン
シャ**ン**パーンスカエ шампанское
ビール　**ピ**ーヴァ пиво
コニャック・ブランデー
カニ**ヤ**ーク коньяк
ウイスキー　**ヴィ**ースキ виски
ウオッカ　**ヴォ**ートカ водка
コーヒー　**コ**ーフェ кофе
紅茶　**チャ**ーイ чай
レモン　リ**モ**ーン лимон
ジャム　ヴァ**リェ**ーニエ варенье
ミルク　マラ**コ**ー молоко
ハチミツ　**ミ**ョート мёд
クリーム入り
サ　ス**リ**ーフカミ со сливками
ミルク入り　ス　マラ**コ**ーム с молоком
砂糖ぬき　ヴェス　**サ**ーハラ без сахара
ミネラルウオーター
ミニ**ラ**ーリナヤ　ヴァ**ダ**ー
минеральная вода

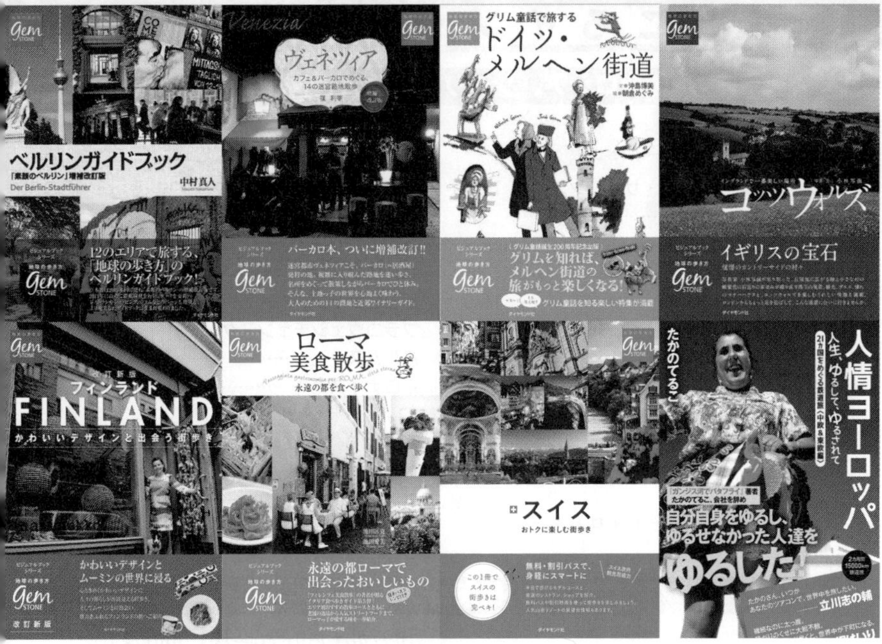

「地球の歩き方」の書籍

地球の歩き方 GEM STONE

「GEM STONE（ジェムストーン）」の意味は「原石」。地球を旅して見つけた宝石のような輝きをもつ「自然」や「文化」、「史跡」などといった「原石」を珠玉の旅として提案するビジュアルガイドブック。美しい写真と詳しい解説で新しいテーマ＆スタイルの旅へと誘います。

地球の歩き方 BOOKS

「BOOKS」シリーズでは、国内、海外を問わず、自分らしい旅を求めている旅好きの方々に、旅に誘う情報から旅先で役に立つ実用情報まで、「旅エッセイ」や「写真集」、「旅行術指南」など、さまざまな形で旅の情報を発信します。

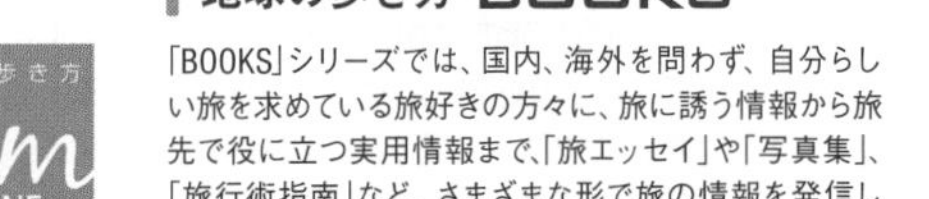

051 アマルフィ＆カプリ島 とっておきの散歩道

シベリア

サハリン

地球の歩き方 シリーズ年度一覧

地球の歩き方ガイドブックは1〜2年で改訂されます。改訂時には価格が変わることがあります。表示価格は本体価格(税別)です。
●最新情報は、ホームページでもご覧いただけます。URL www.diamond.co.jp/arukikata/

2019年3月現在

地球の歩き方 ガイドブック

A ヨーロッパ

A01	ヨーロッパ	2018〜2019 ¥1700
A02	イギリス	2018〜2019 ¥1700
A03	ロンドン	2019〜2020 ¥1600
A04	湖水地方&スコットランド	2018〜2019 ¥1700
A05	アイルランド	2017〜2018 ¥1700
A06	フランス	2019〜2020 ¥1700
A07	パリ&近郊の町	2018〜2019 ¥1700
A08	南仏プロヴァンス コート・ダジュール&モナコ	2019〜2020 ¥1600
A09	イタリア	2018〜2019 ¥1700
A10	ローマ	2018〜2019 ¥1600
A11	ミラノ、ヴェネツィアと湖水地方	2019〜2020 ¥1700
A12	フィレンツェとトスカーナ	2017〜2018 ¥1600
A13	南イタリアとシチリア	2019〜2020 ¥1700
A14	ドイツ	2019〜2020 ¥1700
A15	南ドイツ フランクフルト ミュンヘン ロマンティック街道 古城街道	2017〜2018 ¥1600
A16	ベルリンと北ドイツ ハンブルク・ドレスデン・ライプツィヒ	2018〜2019 ¥1700
A17	ウィーンとオーストリア	2019〜2020 ¥1700
A18	スイス	2018〜2019 ¥1700
A19	オランダ ベルギー ルクセンブルク	2018〜2019 ¥1600
A20	スペイン	2019〜2020 ¥1700
A21	マドリードとアンダルシア& 鉄道とバスで行く世界遺産	2018〜2019 ¥1600
A22	バルセロナ&近郊の町 イビサ島/マヨルカ島	2019〜2020 ¥1700
A23	ポルトガル	2018〜2019 ¥1600
A24	ギリシアとエーゲ海の 島々&キプロス	2018〜2019 ¥1700
A25	中欧	2019〜2020 ¥1800
A26	チェコ ポーランド スロヴァキア	2018〜2019 ¥1700
A27	ハンガリー	2019〜2020 ¥1700
A28	ブルガリア ルーマニア	2019〜2020 ¥1800
A29	北欧	2019〜2020 ¥1700
A30	バルトの国々	2017〜2018 ¥1700
A31	ロシア	2018〜2019 ¥1900
A32	極東ロシア シベリア・サハリン	2019〜2020 ¥1800
A34	クロアチア スロヴェニア	2019〜2020 ¥1600

B 南北アメリカ

B01	アメリカ	2019〜2020 ¥1900
B02	アメリカ西海岸	2018〜2019 ¥1700
B03	ロスアンゼルス	2018〜2019 ¥1700
B04	サンフランシスコとシリコンバレー	2018〜2019 ¥1700
B05	シアトル ポートランド ワシントン州とオレゴン州の大自然	2019〜2020 ¥1700
B06	ニューヨーク マンハッタン&ブルックリン	2018〜2019 ¥1750
B07	ボストン	2018〜2019 ¥1800
B08	ワシントンDC	2019〜2020 ¥1700
B09	ラスベガス セドナ& グランドキャニオンと大西部	2019〜2020 ¥1700
B10	フロリダ	2018〜2019 ¥1700
B11	シカゴ	2018〜2019 ¥1700
B12	アメリカ南部	2016〜2017 ¥1800
B13	アメリカの国立公園	2017〜2018 ¥1800
B14	ダラス ヒューストン デンバー グランドサークル フェニックス サンタフェ	2018〜2019 ¥1800
B15	アラスカ	2019〜2020 ¥1800
B16	カナダ	2017〜2018 ¥1700
B17	カナダ西部	2019〜2020 ¥1600
B18	カナダ東部	2019〜2020 ¥1600
B19	メキシコ	2019〜2020 ¥1800
B20	中米	2018〜2019 ¥1800
B21	ブラジル ベネズエラ	2018〜2019 ¥2000
B22	アルゼンチン チリ パラグアイ ウルグアイ	2018〜2019 ¥2000
B23	ペルー ボリビア エクアドル コロンビア	2018〜2019 ¥2000
B24	キューバ バハマ ジャマイカ カリブの島々	2019〜2020 ¥1850
B25	アメリカ・ドライブ	2017〜2018 ¥1700

C 太平洋／インド洋の島々&オセアニア

C01	ハワイI オアフ島&ホノルル	2018〜2019 ¥1700
C02	ハワイII ハワイ島 マウイ島 カウアイ島 モロカイ島 ラナイ島	2019〜2020 ¥1600
C03	サイパン	2018〜2019 ¥1400
C04	グアム	2019〜2020 ¥1400
C05	タヒチ/イースター島	2019〜2020 ¥1700
C06	フィジー	2019〜2020 ¥1700
C07	ニューカレドニア	2019〜2020 ¥1500
C08	モルディブ	2018〜2019 ¥1700
C10	ニュージーランド	2019〜2020 ¥1800
C11	オーストラリア	2018〜2019 ¥1800
C12	ゴールドコースト&ケアンズ	2018〜2019 ¥1700
C13	シドニー&メルボルン	2018〜2019 ¥1600

D アジア

D01	中国	2019〜2020 ¥1900
D02	上海 杭州 蘇州	2018〜2019 ¥1700
D03	北京	2019〜2020 ¥1600
D04	大連 瀋陽 ハルビン 中国東北地方の自然と文化	2019〜2020 ¥1800
D05	広州 アモイ 桂林 珠江デルタと華南地方	2019〜2020 ¥1800
D06	成都 九寨溝 麗江 四川 雲南 貴州の自然と民族	2018〜2019 ¥1700
D07	西安 敦煌 ウルムチ シルクロードと中国西北部	2018〜2019 ¥1700
D08	チベット	2018〜2019 ¥1900
D09	香港 マカオ 深圳	2018〜2019 ¥1700
D10	台湾	2019〜2020 ¥1700
D11	台北	2019〜2020 ¥1500
D13	台南 高雄 屏東&南台湾の町	2019〜2020 ¥1700
D14	モンゴル	2017〜2018 ¥1800
D15	中央アジア サマルカンドと シルクロードの国々	2017〜2018 ¥1900
D16	東南アジア	2018〜2019 ¥1700
D17	タイ	2019〜2020 ¥1700
D18	バンコク	2019〜2020 ¥1700
D19	マレーシア ブルネイ	2019〜2020 ¥1700
D20	シンガポール	2019〜2020 ¥1600
D21	ベトナム	2018〜2019 ¥1700
D22	アンコール・ワットとカンボジア	2018〜2019 ¥1700
D23	ラオス	2019〜2020 ¥1700
D24	ミャンマー	2018〜2019 ¥1700
D25	インドネシア	2018〜2019 ¥1700
D26	バリ島	2018〜2019 ¥1700
D27	フィリピン	2018〜2019 ¥1700
D28	インド	2019〜2020 ¥1800
D29	ネパールとヒマラヤトレッキング	2018〜2019 ¥1700
D30	スリランカ	2018〜2019 ¥1700
D31	ブータン	2018〜2019 ¥1700
D32	パキスタン	2007〜2008 ¥1780
D33	マカオ	2019〜2020 ¥1400
D34	釜山・慶州	2017〜2018 ¥1400
D35	バングラデシュ	2016〜2017 ¥1700
D36	南インド	2016〜2017 ¥1700
D37	韓国	2018〜2019 ¥1700
D38	ソウル	2018〜2019 ¥1500

E 中近東 アフリカ

E01	ドバイとアラビア半島の国々	2018〜2019 ¥2000
E02	エジプト	2014〜2015 ¥1700
E03	イスタンブールとトルコの大地	2016〜2017 ¥1700
E04	ペトラ遺跡とヨルダン レバノン	2019〜2020 ¥1900
E05	イスラエル	2019〜2020 ¥1700
E06	イラン	2017〜2018 ¥2000
E07	モロッコ	2017〜2018 ¥1800
E08	チュニジア	2015〜2016 ¥1700
E09	東アフリカ ウガンダ・エチオピア ケニア・タンザニア・ルワンダ	2016〜2017 ¥1900
E10	南アフリカ	2018〜2019 ¥1800
E11	リビア	2010〜2011 ¥2000
E12	マダガスカル モーリシャス セイシェル	2016〜2017 ¥1900

女子旅応援ガイド aruco

1	パリ '19〜'20	¥1200	20	クロアチア '14〜'15	¥1200
2	ソウル '18〜'19	¥1200	21	スペイン '19〜'20	¥1200
3	台北 '18〜'19	¥1200	22	シンガポール '19〜'20	¥1200
4	トルコ '14〜'15	¥1200	23	バンコク '18〜'19	¥1200
5	インド '14〜'15	¥1200	24	グアム '19〜'20	¥1200
6	ロンドン '18〜'19	¥1200	25	オーストラリア '18〜'19	¥1200
7	香港 '19〜'20	¥1200	26	フィンランド '17〜'18	¥1200
8	エジプト	¥1200	27	アンコール・ワット '18〜'19	¥1200
9	ニューヨーク '19〜'20	¥1200	28	ドイツ '18〜'19	¥1200
10	ホーチミン ダナン ホイアン '19〜'20	¥1200	29	ハノイ '19〜'20	¥1200
11	ホノルル '18〜'19	¥1200	30	台湾 '19〜'20	¥1200
12	バリ島 '18〜'19	¥1200	31	カナダ '17〜'18	¥1200
13	上海 '19〜'20	¥1200	32	オランダ '18〜'19	¥1200
14	モロッコ '18〜'19	¥1400	33	サイパン テニアン ロタ '18〜'19	¥1200
15	チェコ '16〜'17	¥1200	34	セブ ボホール エルニド '19〜'20	¥1200
16	ベルギー '16〜'17	¥1200			
17	ウィーン '17〜'18	¥1200			
18	イタリア '19〜'20	¥1200			
19	スリランカ '15〜'16	¥1200			

地球の歩き方 Plat

1	パリ	¥1200
2	ニューヨーク	¥1200
3	台北	¥1000
4	ロンドン	¥1000
5	グアム	¥1000
6	ドイツ	¥1200
7	ベトナム	¥1000
8	スペイン	¥1200
9	バンコク	¥1000
10	シンガポール	¥1000
11	アイスランド	¥1400
12	ホノルル	¥1000
13	マニラ&セブ	¥1000
14	マルタ	¥1400
15	フィンランド	¥1200
16	クアラルンプール マラッカ	¥1300
17	ウラジオストク	¥1300
18	サンクトペテルブルク モスクワ	¥1400
19	エジプト	¥1200
20	香港	¥1000
21	ブルックリン	¥1200

地球の歩き方 Resort Style

R01	ホノルル&オアフ島	¥1500
R02	ハワイ島	¥1500
R03	マウイ島	¥1500
R04	カウアイ島	¥1700
R05	こどもと行くハワイ	¥1400
R06	ハワイ ドライブ・マップ	¥1800
R07	ハワイ バスの旅	¥1500
R08	グアム※	¥1500
R09	こどもと行くグアム	¥1500
R10	パラオ	¥1500
R11	世界のダイビング完全ガイド 地球の潜り方	¥1800
R12	プーケット サムイ島 ピピ島	¥1500
R13	ペナン ランカウイ クアラルンプール	¥1700
R14	バリ島※	¥1700
R15	セブ&ボラカイ ボホール シキホール	¥1700
R16	テーマパークinオーランド	¥1700
R17	カンクン コスメル イスラ・ムヘーレス	¥1500
R18	ケアンズ& グレートバリアリーフ※	¥1700
R19	ファミリーで行くシンガポール※	¥1400
R20	ダナン ホイアン ホーチミン ハノイ	¥1700

※は旧リゾートシリーズで発刊中

地球の歩き方 BY TRAIN

1	ヨーロッパ鉄道の旅	￥1700
	ヨーロッパ鉄道時刻表 2019年冬号	￥2300

地球の歩き方 トラベル会話

1	米語＋英語	￥952
2	フランス語＋英語	￥1143
3	ドイツ語＋英語	￥1143
4	イタリア語＋英語	￥1143
5	スペイン語＋英語	￥1143
6	韓国語＋英語	￥1143
7	タイ語＋英語	￥1143
8	ヨーロッパ5ヵ国語	￥1143
9	インドネシア語＋英語	￥1143
10	中国語＋英語	￥1143
11	広東語＋英語	￥1143
12	ポルトガル語（ブラジル語）＋英語	￥1143

地球の歩き方 成功する留学

ワーキングホリデー完ペキガイド	￥1600
オーストラリア・ニュージーランド留学	￥1600
成功するアメリカ大学留学術 世界に飛びだそう！目指せ！グローバル人材	￥1429

地球の歩き方 JAPAN

離島01	五島列島	￥1500
離島02	奄美大島（奄美群島①）	￥1500
離島03	与論島 徳之島 沖永良部島（奄美群島②）	￥1500
離島04	利尻・礼文	￥1500
離島05	天草	￥1500
離島06	壱岐	￥1500
離島07	種子島	￥1500
離島08	小笠原 父島 母島	￥1500
離島09	隠岐	￥1500
離島14	佐渡	￥1500
離島11	宮古島 伊良部島 下地島 来間島 池間島 多良間島 大神島	￥1500
離島13	久米島	￥1500
離島13	小豆島（瀬戸内の島々①）	￥1500
	直島・豊島 女木島 男木島 犬島 本島 牛島 広島 小手島 佐柳島 真鍋島 粟島 志々島（瀬戸内の島々②）	￥1500
離島22	島旅ねこ にゃんこの島の歩き方	￥1222
	ダムの歩き方 全国版 はじめてのダム入門ガイド	￥1556

地球の歩き方 御朱印シリーズ

御朱印でめぐる鎌倉の古寺 三十三観音完全掲載 改訂版	￥1500
御朱印でめぐる京都の古寺 改訂版	￥1500
御朱印でめぐる奈良の古寺 改訂版	￥1500
御朱印でめぐる江戸・東京の古寺 改訂版	￥1500
御朱印でめぐる高野山	￥1500
日本全国 この御朱印が凄い！第壱集 増補改訂版	￥1500
日本全国 この御朱印が凄い！第弐集 都道府県網羅版	￥1500
御朱印でめぐる全国の神社 ～開運さんぽ～	￥1300
御朱印でめぐる関東の神社 週末開運さんぽ	￥1430
御朱印はじめました 関東の神社 週末開運さんぽ	￥1100
御朱印でめぐる秩父 三十四観音完全掲載	￥1430
御朱印でめぐる関東の百寺 坂東三十三観音と古寺	￥1650
御朱印でめぐる関西の古寺 週末開運さんぽ	￥1430
御朱印でめぐる東京の神社 週末開運さんぽ	￥1430
御朱印でめぐる関西の百寺 西国三十三所と古寺	￥1650
御朱印でめぐる北海道の神社 週末開運さんぽ	￥1430
御朱印でめぐる神奈川の神社 週末開運さんぽ	￥1430
御朱印でめぐる埼玉の神社 週末開運さんぽ	￥1430

地球の歩き方 コミックエッセイ

北欧が好き！ フィンランド・スウェーデン・デンマーク・ノルウェーのすてきな町めぐり	￥1100
北欧が好き！2 建築×デザインでめぐるフィンランド・スウェーデン・デンマーク・ノルウェー	￥1100
きょうも京都で京づくし	￥1000
女ふたり 台湾、行ってきた。	￥1000
日本てくてくゲストハウスめぐり	￥1000
アイスランド☆TRIP 神秘の絶景に会いに行く！	￥1100

地球の歩き方 BOOKS

●日本を旅する本

沖縄 南の島の私の隠れ家	￥1500
知って行く沖縄！2 旅のアドレス&テクニック117	￥1500
武智志穂のかわいい京都*しあわせさんぽ	￥1429
おいしいご当地スーパーマーケット	￥1600
地元スーパーのおいしいもの、旅をしながら見つけてきました。47都道府県！	￥1600
京都 ひとりを楽しむまち歩き	￥1200
青森・函館めぐり クラフト・建築・おいしいもの	￥1300
日本全国開運神社 このお守りがすごい	￥1384

●個性ある海外旅行を案内する本

世界の高速列車Ⅱ	￥2800
世界の鉄道	￥3500
葉てなし！アジアン・ファッション（WE LOVE ASIAN FASHION）	￥1500
WE LOVE エスニックファッション ストリートブック	￥1500
エスニックファッション シーズンブック ETHNIC FASHION SEASON BOOK	￥1500
へなちょこ日記 ハワイ嗚咽編	￥1400
もっと賢くお得に快適に 空の旅を楽しむ100の方法	￥1200
ニューヨークおしゃべりノート1	￥950
ブルックリン・スタイル ニューヨーク新世代アーティストのこだわりライフ&とっておきアドレス	￥1600
GIRL'S GETAWAY TO LOS ANGELES	￥1500
絶対トクする！海外旅行の新常識	￥1000
アパルトマンでパリジェンヌ体験 5日間から楽しめるパリ暮らし	￥1700
地球の歩き方フォトブック 世界の絶景アルバム101 南米・カリブの旅	￥950
地球の歩き方 旅するフォトグラファーが選ぶスペインの町33	￥1500
宮脇俊三と旅した鉄道風景	￥2000
キレイになる♡週末バンコク	￥2500
「幸せになる、ハワイのパンケーキ&朝ごはん」～オフブ屋で食べたい人気の100皿～	￥1500
MAKI'S DEAREST HAWAII ～インスタジェニックなハワイ探し～	￥1400
撮り旅！ 地球を撮り歩く旅人たち	￥1600
秘密のバリ案内Q77	￥1500
台湾おしゃべりノート	￥1200
HONG KONG 24 hours 朝・昼・夜で楽しむ 香港が好きになる本	￥1500
ONE & ONLY MACAO produced by LOVETABI	￥1300
純情ヨーロッパ 呑んで、祈って、脱いでみて	￥1280
人情ヨーロッパ 人生、ゆるして、ゆるされて	￥1380
雑貨と旅とデザイン	￥1400
とっておきのフィンランド 絵本のような町めぐり	￥1600
LOVELY GREEN NEW ZEALAND 未来の国を旅するガイドブック	￥1600
たびきた 歌で巡る世界の絶景	￥1200
気軽に始める！大人の男海外ひとり旅	￥1000

●乗り物deおさんぽ

パリの街をメトロでお散歩	￥1500
台北メトロさんぽ MRTを使って、おいしいとかわいいを巡る旅♪	￥1380
台湾を鉄道でぐるり	￥1380
香港トラムでぶらり女子旅	￥1500
NEW YORK, NEW YORK！ 地下鉄で旅するニューヨークガイド	￥1500

●ランキング&マル得テクニック

沖縄 ランキング&マル得テクニック！	￥900
ニューヨーク ランキング&マル得テクニック！	￥1000
香港 ランキング&マル得テクニック！	￥1000

●話題の本

パラダイス山元の飛行機の乗り方	￥1300
パラダイス山元の飛行機のある暮らし	￥1300
なぜモテる男とモテる女は飛行機に乗るのか？	￥1400
「世界イケメンハンター」窪咲子のGIRL'S TRAVEL	￥1400
さんぽで感じる村上春樹	￥1450
発達障害グレーゾーン まったり親子の成長日記	￥1500
島尻りんこの親の介護は知らなきゃバカ見るこだらけ	￥1200
親の介護をはじめたら お金の話で泣き見てばかり 知らなきゃ損する！トラブル回避の基礎知識	￥1200
熟年夫婦のスペイン 行き当たりばったり移住記	￥1350
海外VIP1000人を感動させた 外資系企業社員の「おもてなし」術	￥1500
理想の自分をつくる！失敗しない最高の体のつくり方	￥1500
日本一小さな航空会社の大きな奇跡の物語 業界の常識を破った天草エアラインの「復活」	￥1500
娘にリケジョになりたい！と言われたら 文系の親に知ってほしい理系女子の世界	￥1400
気軽に始める！大人の女海外ひとり旅	￥1000

地球の歩き方 中学受験

お母さんが教える国語	￥1800
お母さんが教える国語 親子で成績を上げる魔法のアイデア	￥1300
こんなハズじゃなかった中学受験	￥1500
なぜ、あの子は逆転合格できたのか？	￥1500
中学受験 叫ばせて！	￥952
わが子を算数嫌いにさせない家庭学習の進め方	￥1429
小6になってグンと伸びる子、ガクンと落ちる子	￥1500
偏差値が面白いほど上がる落ちる子	￥1500
名門中学の子どもたちは学校で何を学んでいるのか	￥1650
はじめての中学受験 第一志望合格のためにやってよかった5つのこと	￥1500
第一志望に合格にいなら「社会」の後回しは危険です。	￥1300
進路で迷ったら中高一貫校を選びなさい 6年間であなたの子はこんなに変わる	￥1200
親が後悔しない子供に失敗させない進学塾の選び方	￥1200
わが子を合格させる父親道 ヤル気を引き出す「神オヤジ」と子どもやり下げ「ダメオヤジ」	￥1200
まんがで学ぶ！国語がニガテな子のための読解力が身につく7つのコツ	￥1400
新お母さんが教える国語 わが子を志望校に合格させる最強の家庭学習法	￥1500

地球の歩き方 GemStone

001	パリの手帖 とっておきの散歩道	￥1500
003	キューバ 増補改訂版	￥1500
014	スパへようこそ 世界のトリートメント大集合	￥1500
021	ウィーン旧市街 とっておきの散歩道	￥1500
025	世界遺産 マチュピチュ完全ガイド	￥1500
026	魅惑のモロッコ 美食と雑貨と美肌の王国	￥1500
027	メキシコ デザインホテルの旅	￥1500
029	イギリス人は甘いのがお好き プディング&焼き菓子がいっぱいのブリティッシュ・スイーツ	￥1500
030改訂版	バリ島ウブド 楽園の散歩道	￥1500
036改訂版	フィンランド かわいいデザインに出会う散歩	￥1500
037新装改訂版	ベルリンガイドブック	￥1500
047	プラハ迷宮の散歩道 改訂版	￥1500
054	とっておきのポーランド 増補改訂版	￥1500
055	グリム童話で旅するドイツ・メルヘン街道	￥1500
056	ラダック ザンスカール スピティ 北インドのリトル・チベット 増補改訂版	￥1700
057	ザルツブルクとチロル アルプスの山と街を歩く	￥1500
059	天空列車 青海チベット鉄道の旅	￥1500
060	カリフォルニア オーガニックトリップ サンフランシスコ&ワインカントリーのスローライフへ	￥1500
061	台南 高雄 とっておきの歩き方 南国の旅ガイド	￥1500
062	イングランドで一番美しい場所 コッツウォルズ	￥1700
063	スイス おトクに楽しむ街歩き	￥1500
064	ジョージア 絶品！ ローカルごはん	￥1500
065	ローマ美食散歩 永遠の都を食べ歩く	￥1500
066	南極大陸 完全旅行ガイド	￥1500

地球の歩き方 MOOK

●海外最新情報が満載されたMOOK本

海外1	パリの歩き方［ムックハンディ］	￥1000
海外3	ソウルの歩き方［ムックハンディ］	￥1000
海外4	香港・マカオの歩き方［ムックハンディ］	￥1000
海外5	台湾の歩き方［ムックハンディ］	￥1000
海外8	ホノルルの歩き方［ムックハンディ］	￥1000
海外9	ホノルルショッピング&グルメ［ムックハンディ］	￥1000
海外10	グアムの歩き方［ムックハンディ］	￥1000
海外11	バリの歩き方［ムックハンディ］	￥1000
	ハワイ ランキング&マル得テクニック！	￥790
	パリ ランキング&マル得テクニック！	￥790
	台湾 ランキング&マル得テクニック！	￥790
	ソウル ランキング&マル得テクニック！	￥790
	シンガポール ランキング&マル得テクニック！	￥790
	バンコク ランキング&マル得テクニック！	￥790
	バリ島 ランキング&マル得テクニック！	￥740
	海外女子ひとり旅☆パーフェクトガイド！	￥890
	ハワイ スーパーマーケットハワイ得完全ガイド	￥890
	海外子連れ旅☆パーフェクトガイド！	￥890
	成功する留学 留学ランキング&テクニック50	￥700
	世界のビーチBEST100	￥890
	ヘルシーハワイ［ムックハンディ］	￥890
	aruco magazine	￥920

●国内MOOK

沖縄の歩き方［ムックハンディ］	￥917
北海道の歩き方［ムックハンディ］	￥926
東京 ランキング&マル得テクニック！	￥690

ダイヤモンド・セレクト

今、こんな旅がしてみたい！	￥824

ロシアを旅したら
周辺地域へも
足を延ばそう！

広大なロシアには、まだたくさんの見どころがある。
近隣のヨーロッパへも行きたくなった……。
そんなときの強い味方が「地球の歩き方」
あなたの旅を応援します。

地球の歩き方●ガイドブック

A14 ドイツ

大都市から小さな街まで見どころの多いドイツ
をくまなく紹介したガイドブック。初めてのド
イツでもひとりで歩ける、詳細情報が自慢です。

A25 中欧

中欧諸国がコンパクトにまとまったガイドブッ
ク。周遊するなら迷わずコレ！ チェコ、ポーラ
ンド、スロヴァキア、ハンガリー、オーストリア、
スロヴェニア、クロアチア、ボスニア・ヘルツェ
ゴヴィナ、セルビア、モンテネグロ、アルバニア、
マケドニア、ルーマニア、ブルガリアの14ヵ国
が掲載されています。

A26 チェコ／ポーランド／
スロヴァキア

中世の建造物や歴史的な遺産が多く残っている
チェコ、ポーランド、スロヴァキア。マリオネッ
トを使った人形劇やおいしいピルスナーはチェ
コが本場です。

A25 ブルガリア／ルーマニア

ヨーロッパとアジアの狭間にあるブルガリアと
ルーマニアは、歴史に翻弄され、さまざまな文化
が融合したところ。中世のおとぎ話のような世
界へご案内します。

A29 北欧

デンマーク、ノルウェー、スウェーデン、フィ
ンランドの北欧4ヵ国を自由に旅するための
本。フィヨルドの絶景、森と湖にかこまれたお
とぎの国のようなたたずまい、洗練された都会
の暮らしなど、北欧の魅力をあますことなく伝
えます。

A30 バルトの国々

エストニア、ラトヴィア、リトアニアのバルト
諸国を取り上げた日本唯一のガイド。国ごとに
異なる歴史や文化などを徹底的に解説し、首都
タリン、リーガ、ヴィリニュスについてはホテ
ル、レストラン、ショップなどの情報も充実さ
せました。

A31 ロシア ウクライナ、ベラルーシ、
コーカサスの国々

中央アジアからヨーロッパにまたがる広大な地
には、さまざまな民族が暮らしています。本書で
は、ロシアのほか、ウクライナ、ベラルーシ、コー
カサスの国々（アルメニア、グルジア、アゼルバ
イジャン）を詳しく紹介しました。

女子旅応援ガイド● aruco

元気な旅好き女子を応援する、旅のテーマが
いっぱい詰まっています。

15 チェコ
17 ウィーン
26 フィンランド
28 ドイツ

地球の歩き方● Plat

短い滞在時間で効率的に観光したいアクティ
ブな旅人におすすめのシリーズです。

06 ドイツ
11 アイスランド
15 フィンランド
17 ウラジオストク
18 サンクトペテルブルク モスクワ

トラベル・エージェント・インデックス

Travel
Agent
INDEX

専門旅行会社で新しい旅を発見!

特定の地域やテーマを扱い、
豊富な情報と経験豊かなスタッフが
そろっている専門旅行会社は、
航空券やホテルの手配はもちろん、
現地の生活情報や最新の生きた情報などを
幅広く蓄積しているのが魅力です。
<トラベル・エージェント・インデックス> は、
旅のエキスパートぞろいの
専門旅行会社を紹介するページです。

※ 広告に記載されている内容（ツアー料金や催行スケジュールなど）に関しては、直接、各旅行代理店にお問い合わせください。
※ 旅行契約は旅行会社と読者の方との直接の契約になりますので、予めご了承願います。

Travel Agent
INDEX

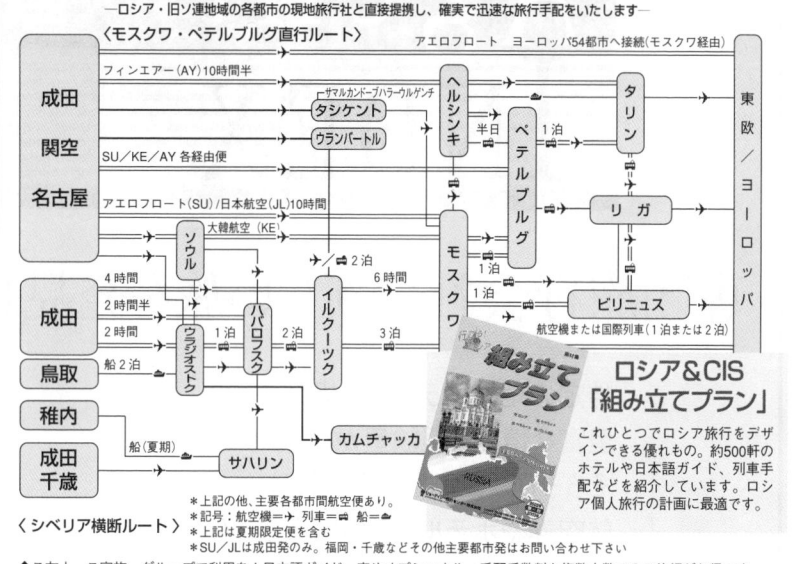

Travel Agent
INDEX

ユーラスツアーズ （株式会社ユーラストラベル）

東京都知事登録旅行業第3-6973号
JATA正会員

〒108-0014 東京都港区芝5丁目13-18 いちご三田ビル9階　Home Page: http://www.euras.co.jp
電話：03-6453-6632/6633　FAX:03-6453-6630　E-mail : tokyo@euras.co.jp

きめ細やかなサービスで安心の旅行をお手伝いします。
ロシア旅行が初めての方もおまかせください。

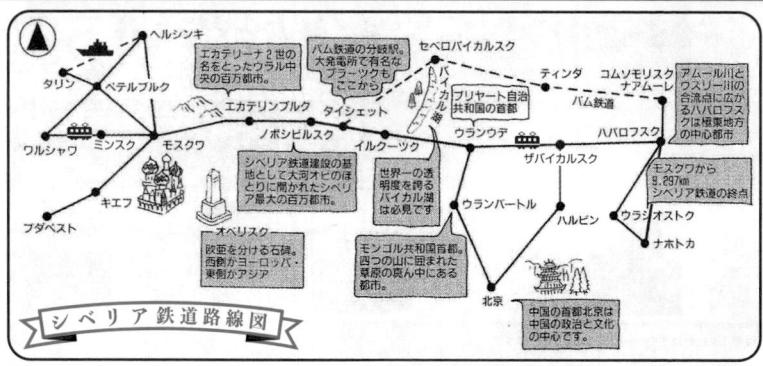

シベリア鉄道路線図

ヘルシンキ
タリン
ペテルブルク
ワルシャワ
ミンスク
モスクワ
キエフ
ブダペスト

エカテリーナ2世の名をとったウラル中央の百万都市。
エカテリンブルク
ノボシビルスク

シベリア鉄道建設の基地として大河オビのほとりに開いたシベリア最大の百万都市。

オベリスク
欧亜を分ける石碑。西側がヨーロッパ・東側がアジア

バム鉄道の分岐駅。大発電所で有名なブラーツクもここから
タイシェット
イルクーツク
世界の透明度を誇るバイカル湖は必見です
バイカル湖
ウランウデ
ブリヤート自治共和国の首都

モンゴル共和国首都。四つの山に囲まれた草原の真ん中にある都市。
ウランバートル
ハルピン
北京
中国の首都北京は中国の政治と文化の中心です。

セベロバイカルスク
ティンダ
コムソモリスク
ナアムーレ
バム鉄道
アムール川とウスリー川の合流点に近かるハバロフスクは極東地方の中心都市
ハバロフスク
ザバイカルスク
モスクワから9,297kmシベリア鉄道の終点
ウラジオストク
ナホトカ

トロイカフリープランの例　1名様から参加OK！

赤レンガとアムール川の町へ ハバロフスク4日間
たった2時間半でヨーロッパの街並みへ。
雄大な大河アムール川のほとりを散策。

よくばり鉄道旅ウラジオストク・ハバロフスク4日間
ちょっとだけシベリア鉄道を体験したい方、必見！
ロシア極東2都市と鉄道を含む充実プラン。

急成長中！ 港湾都市 ウラジオストク4日間
APEC以降新しくなった街並みと、古くからの街並みが
混在したシベリア最先端の今を満喫。

現地発着オプショナルプランの例

バイカル湖岸鉄道（5月～9月予定）
バイカル湖を眺めながら、観光鉄道で巡る一日旅。
イルクーツク発着！ バイカル湖での宿泊も可！

ダーチャ（家庭菜園付セカンドハウス）訪問
ロシアの家庭菜料理を堪能しつつ、ツアーでは体験できな
いロシア人との交流を楽しもう！

地下シェルターへ行こう
1939年～1942年に作られたとされるウラジオストク市
内にある地下シェルター。
ちょっと変わったウラジオストクを体験しよう！
そのほか各種プランあります！

・格安航空券・ホテル・送迎・日本語ガイド・列車チケットなどの幅広いニーズに応えます。
・短期、長期、個人からのグループレッスンなど、お客様のニーズに合ったロシア語留学手配。
・その他、趣味・アウトドア（フィッシング・トレッキング等）につきましても、お気軽にお問い合わせください！

ユーラスツアーズ（株式会社ユーラストラベル）

TEL（個人旅行）: 03-6453-6632
TEL（団体旅行）: 03-6453-6633
FAX: 03-6453-6630

都営浅草線「三田」駅 A3出口より徒歩6分
都営三田線「三田」駅 A8出口より徒歩6分
JR山手線・京浜東北線「田町」駅 西口より徒歩7分
都営大江戸線「赤羽橋」駅 赤羽橋口より徒歩9分

慶應義塾大学
桜田通り（国道1号線）
至「赤羽橋」駅→
三田図書館
ユーラスツアーズ→1階が郵便局の建物です
第一京浜
JR田町駅
A3出口
A8出口

地球の歩き方　投稿　　検索🔍

あなたの旅の体験談をお送りください

『地球の歩き方』は、たくさんの旅行者から
ご協力をいただいて、改訂版や新刊を制作しています。
あなたの旅の体験や貴重な情報を、これから旅に出る人たちに分けてあげてください。
なお、お送りいただいたご投稿がガイドブックに掲載された場合は、
初回掲載本を1冊プレゼントします！

ご投稿は次の3つから！

インターネット

URL www.arukikata.co.jp/guidebook/toukou.html
画像も送れるカンタン「投稿フォーム」
※「地球の歩き方　投稿」で検索してもすぐに見つかります

郵便

〒160-0023　東京都新宿区西新宿 6-15-1
セントラルパークタワー・ラ・トゥール新宿 705
株式会社地球の歩き方メディアパートナーズ
「地球の歩き方」サービスデスク「○○○○編」投稿係

ファクス

(03)6258-0421

郵便とファクスの場合

次の情報をお忘れなくお書き添えください！　①ご住所　②氏名　③年齢　④ご職業
⑤お電話番号　⑥ E-mail アドレス　⑦対象となるガイドブックのタイトルと年度
⑧ご投稿掲載時のペンネーム　⑨今回のご旅行時期　⑩「地球の歩き方メールマガジン」
配信希望の有無　⑪地球の歩き方グループ各社からの DM 送付希望の有無

ご投稿にあたってのお願い

★ご投稿は、次のような《テーマ》に分けてお書きください。
《新発見》ガイドブック未掲載のレストラン、ホテル、ショップなどの情報
《旅の提案》未掲載の町や見どころ、新しいルートや楽しみ方などの情報
《アドバイス》旅先で工夫したこと、注意したいこと、トラブル体験など
《訂正・反論》掲載されている記事・データの追加修正や更新、異論・反論など
※ 記入例：「○○編 201X 年度版△△ページ掲載の□□ホテルが移転していました……」

★データはできるだけ正確に。
ホテルやレストランなどの情報は、名称、住所、電話番号、アクセスなどを正確にお書きください。
ウェブサイトの URL や地図などは画像でご投稿いただくのもおすすめです。

★ご自身の体験をお寄せください。
雑誌やインターネット上の情報などの丸写しはせず、実際の体験に基づいた具体的な情報をお待ちしています。

ご確認ください

※ 採用されたご投稿は、必ずしも該当タイトルに掲載されるわけではありません。関連他タイトルへの掲載もあります。
※ 例えば「新しい市内交通バスが発売されている」など、すでに編集部で取材・調査を終えているものと同内容のご投稿をいただいた場合は、ご投稿を採用したとはみなされず掲載本をプレゼントできないケースがあります。
※ 当社は個人情報を第三者に提供いたしません。また、ご記入いただきましたご自身の情報については、ご投稿内容の確認や掲載本の送付などの用途以外には使用いたしません。
※ ご投稿の採用の可否についてのお問い合わせはご遠慮ください。
※ 原則は原文を尊重しますが、スペースなどの関係で編集部でリライトする場合があります。
※ 従来の、巻末に綴じ込んだ「現地最新情報・ご投稿用紙」は廃止させていただきました。

制作：鹿野博規		Producer：Hironori Shikano	
編集　中村正人（株式会社フィールドワークス）		Editor：Masato Nakamura（Fieldworks Inc.）	
取材　中村正人		Reporter：Masato Nakamura	
服部朗宏		Akihiro Hattori	
平井和良		Kazuyoshi Hirai	
藤原浩		Hiroshi Fujiwara	
執筆　中村正人		Writer：Masato Nakamura	
服部朗宏		Akihiro Hattori	
藤原浩		Hiroshi Fujiwara	
撮影　佐藤憲一		Photographer：Kenichi Sato	
写真協力　ジャパン・エア・トラベル・マーケティ		Photo cooperation：Japan Air Travel	
ング（JATM）		Marketing（JATM）	
ダリゲオ・ツアー		Dalgeo Tours	
ポータル セゾノフ		PORTAL SEZONOV	
ヤクーツク観光局		National Tourist	
中川善博		Information Center	
©iStock		"Yakutia"	
		Yoshihiro Nakagawa	
デザイン：酒井デザイン室		Design：SAKAI DESIGN OFFICE	
株式会社アトリエプラン		atelier PLAN Co.,Ltd.	
株式会社エストール		STOL Co.,Ltd.	
表紙：日出嶋昭男		Cover Design：Akio Hidejima	
地図：高棟博（ムネプロ）		Maps：Hiroshi Takamune（Mune Pro.）	
株式会社ジェオ		GEO Co.,Ltd.	
校正：有限会社トップキャット		Proofreading：Topcat	

Special Thanks to：ウラジオ.com、宮本智、日本海ブリッジ、ウラジミール・ルセンコ、ジャパン・エア・トラベル・マーケティング（JATM）、アナスタシア・ベストーフスカヤ、門倉俊明、北村彩乃、アナスターシャ・ステパシコ、ウラジミール・ポポロツキー、ヤコベンコ・タチアナ、マサロヴァ・エレーナ、有馬潤一、中川善博、ビートモ旅行会社、山本博志、加藤イリーナ、内藤祐太、A. アレックス（敬称略、順不同）

読者投稿
　　　　〒160-0023　東京都新宿区西新宿6-15-1　セントラルパークタワー・ラ・トゥール新宿705
　　　　株式会社地球の歩き方メディアパートナーズ
　　　　地球の歩き方サービスデスク「極東ロシア　シベリア　サハリン」投稿係
　　　　FAX.(03)6258-0421　www.arukikata.co.jp/guidebook/toukou.html
地球の歩き方ホームページ（海外旅行の総合情報）
　　　　http://www.arukikata.co.jp
ガイドブック『地球の歩き方』（検索と購入、更新・訂正・情報）
　　　　http://www.arukikata.co.jp/guidebook

地球の歩き方 A32 極東ロシア　シベリア　サハリン　2019〜2020年版
1991年9月1日　初版発行
2019年3月27日　改訂第14版1刷発行
2020年2月7日　改訂第14版2刷発行

Published by Diamond-Big Co., Ltd.
2-9-1 Hatchobori, Chuo-ku, Tokyo, 104-0032, Japan
TEL. (81-3) 3553-6667 (Editorial Section)
TEL. (81-3) 3553-6660 FAX. (81-3) 3553-6693 (Advertising Section)

著作編集	「地球の歩き方」編集室
発行所	株式会社ダイヤモンド・ビッグ社
	〒104-0032　東京都中央区八丁堀2-9-1
	編集部　TEL. (03) 3553-6667
	広告部　TEL. (03) 3553-6660　FAX. (03) 3553-6693
発売元	株式会社ダイヤモンド社
	〒150-8409　東京都渋谷区神宮前6-12-17
	販売　TEL. (03) 5778-7240